中小学课堂教学设计
切片诊断（下）

魏宏聚　申建民 ⊙主编

科学出版社

北京

内 容 简 介

　　课堂教学设计理论是中小学教师专业发展的核心，也是上好一节课的前提与基础。本书是中小学教师以切片诊断的方式，对课堂教学中常见核心教学设计的教学切片进行分析、提炼，分析的结论是具有实践性和操作性的教学设计理论，本质上是一线教师实践智慧的理论化总结，这些结论对于一线中小学教师的教学活动具有较强的参照与指导意义。

　　本书非常适合一线中小学教师阅读，对于基础教育研究者也具有较强的学术参考价值。

图书在版编目（CIP）数据

　　中小学课堂教学设计切片诊断 . 下 / 魏宏聚，申建民主编 . —北京：科学出版社，2019.10

　　ISBN 978-7-03-062477-2

　　Ⅰ.①中⋯　Ⅱ.①魏⋯②申⋯　Ⅲ.①课堂教学−教学研究−中小学　Ⅳ.①G632.421

　　中国版本图书馆CIP数据核字（2019）第217258号

責任编辑：崔文燕 / 責任校对：何艳萍
責任印制：李　彤 / 封面设计：润一文化

编辑部电话：010-64033934
E-mail: edu_psy@mail.sciencep.com

斜 学 出 版 社 出版

北京东黄城根北街16号
邮政编码：100717
http://www.sciencep.com

北京虎彩文化传播有限公司印刷
科学出版社发行　各地新华书店经销

*

2019年10月第 一 版　开本：720×1000　B5
2019年10月第一次印刷　印张：16 1/4
字数：300 000

定价：89.00元
（如有印装质量问题，我社负责调换）

编 委 会

主　编　魏宏聚　申建民

副主编　朱　毅　贾永乐　李香菊

编　委　（按姓氏汉语拼音排序）

<table>
<tr><td>白俊花</td><td>曹凤霞</td><td>陈瑞花</td><td>董利允</td></tr>
<tr><td>董永飞</td><td>董志华</td><td>高　敏</td><td>高凤梅</td></tr>
<tr><td>高少慧</td><td>贾　辉</td><td>贾红霞</td><td>江素萍</td></tr>
<tr><td>李珂倩</td><td>李科伟</td><td>李丽革</td><td>李鸣奇</td></tr>
<tr><td>李媛梅</td><td>刘培娟</td><td>刘青霞</td><td>刘振中</td></tr>
<tr><td>吕红霞</td><td>马晓辉</td><td>苗玉凤</td><td>彭玲霞</td></tr>
<tr><td>齐允玉</td><td>宋艳玲</td><td>孙丽绢</td><td>田美丽</td></tr>
<tr><td>王美玲</td><td>王文生</td><td>王艳丽</td><td>吴慧娟</td></tr>
<tr><td>吴俊丽</td><td>肖泽泽</td><td>谢俊梅</td><td>许静利</td></tr>
<tr><td>杨兰花</td><td>张凤琴</td><td>张海霞</td><td>张利粉</td></tr>
<tr><td>张伟鸿</td><td>张艳玲</td><td>赵淑华</td><td></td></tr>
</table>

序 一

行走在教育实践的田野上

李政涛教授指出,对教育实践的关注,是我们这个时代教育研究的主旋律,教育研究的实践转向已经成为众多研究者的共同旨趣。[①]"课堂教学切片诊断"是基于中小学实践而开发的一种课堂诊断方法,是我深入中小学校实践开展教学研究九年的创新性研究成果。本书是"课堂教学切片诊断理论"的实践成果,是我带领濮阳县中小学教师开展"课堂教学切片诊断"三年的校本研究成果。

2015年,切片诊断理论开始在河南省濮阳县广大中小学开展实践研究,研究分为两个阶段。第一阶段是由专家团队引领的切片诊断,首先是每月开展一次切片诊断理论报告,然后是深入学校听课、开展切片分析课,这一"实在、有效"的研究方式受到了广大中小学教师和校长们的热烈欢迎。研究的第二阶段由专家团队引领转变为一线教师走到前台,培养研究型教师,让一线教师成为切片诊断的实施者,让切片诊断成为一线中小学校本研究的主要工具,以此改变传统的听、评课,让一线教师由"教书匠"转变为"研究型教师",以促进教师的专业成长,并取得了不错的效果。

中小学校开展课堂教学切片诊断的有形成果分为两类:一类是切片诊断微报告(学术报告);另一类是教学设计主题的案例分析文本。本书就是一线教师针对教学切片分析报告所撰写的教学设计理论专题,本质上是对同行上课所呈现

---

① 李政涛.论教育实践的研究路径 [J]. 教育科学研究,2008(4):3-7.

的典型教学经验的提炼和归纳，具有很强的操作性和实践性。

课堂教学切片诊断能在濮阳县持续开展并形成研究成果，得益于河南省濮阳县教育局申建民副局长、濮阳县第二实验小学李香菊校长、濮阳县实验中学张林江校长的大力支持。在这里还要特别感谢的是各案例的写作者及他们的单位，这些作者都是一线中小学教师，他们工作繁忙，无暇抽出专门时间写作；他们中有的从没有写过"文章"，但在专家团队的引导下，他们把自己的想法写了出来，并且写得"很不错"；有的实践工作很忙，但仍努力克服各种困难参与研究，完成了"切片分析文本"。在此，要特别向他们说声谢谢！

"对于当代中国教育研究来说，对教育实践的研究已成为挡不住的诱惑。在一种研究中具有多少实践内涵和实践品质，似乎已成为越来越多的教育研究者对自身和他人研究成果进行评价的一种标准。"[1] 本书是我提升自我研究品位的尝试，是多年行走在教育实践之路上取得的阶段性成果。

河南大学　魏宏聚

2018 年 9 月 15 日

---

[1]　李政涛. 论教育实践的研究路径 [J]. 教育科学研究，2008（4）：3-7.

序　二

发现教学改进路径：切片诊断

教师是距离教学最近的人，他们的教学观念与教学实践行为直接影响着教学的有效性，关乎着学生的学业质量。长期以来，人们一直高度重视课堂教学技能研究，中小学教师经常用"课堂是教学的主阵地""向课堂教学要质量"之类的语言表达对于课堂教学的关注，但课堂教学研究在一线中小学教师中的实效性一直不算很好，一时间，课堂教学研究似乎成为中小学教师校本研究的"鸡肋"，食之无味，弃之可惜。2015 年以来，濮阳县教育局引进河南大学魏宏聚教授的"课堂教学切片诊断理论"，并在魏教授的直接指导下，开始了具体的课堂教学案例诊断研究。几年来，实验学校老师自身及其课堂教学发生的显著变化，让我们发现了一条清晰、有效的教学改进路径。

课堂教学切片分析理论借鉴医学诊断的思路，通过观察课堂教学，将录像观察与现场观察相结合，以定性分析的方式，从微观分析的角度，研究教师的教学设计与教学实施活动，聚焦独立而具体的教学设计与实施，将教学目标、情境创设、课堂提问、预设与生成、教学拓展、教学语言、课堂小结、作业设计、课堂板书等具体的教学行为作为观察点，把课前设计、课中实施和课后总结反思紧密结合起来，细分项目，有针对性地比较自我设计与实施较之名师设计与实施的差异，定向性地梳理中外学术研究成果，主题化地归纳一线教师实践感悟。参与实验的教师在持续、具体的教学技能研究中，深入研读教学理论，系统反思教学实践，形成落地的教学技能理论。教师把常见于专家教授论文论著中的学术理论转化为一线教师听得懂、看得明、用得上的结论，演绎成一线中小学教师教学改进的指南。更为难能可贵的是，老师们随即将这些研究成果付诸实践，指导其自我课堂教学改进，从而优化了课前的教学设计，较好地实现了教学设计的针对性，使得教学设计对于教学活动的指导性显著增强，进而提高了课堂教学的实效性，教师的专业化发展因此成为可视可感的现实，教师之间的联合教研也因此形成了一种默契协作的自觉。

理论一旦为群众掌握，必将生发无穷的革命性力量。借助于课堂教学切片诊断研究的教师实现了自身专业发展形态的根本转变。指向具体教学技能的专业阅读无需任何外力的推动，变成了教师自我教学改进的内在需要；指向具体教学改进的专业反思无需任何外人的催促，变成了教师展开自我教学设计与名师教学比较研究的内化行为；指向具体教学行为的专题研究除去了一线教师做科研常见的"空心病"，进入了学习理论—设计实施—反思实践—内化理论—改进实践的研究过程；指向具体课堂教学观察的研课、议课、评课，很自然地演变成了教师日常交流的焦点，改变了教师校本教研的基本形态。课堂教学切片诊断研究发生的改变吸引了教师的注意力，提升了教师对于教学研究和教学活动的认知，使教学变得非常有意义，教研变得非常有价值，交流变得非常有意思，教师对于自我未来发展有了新期待，制订自我专业发展规划并以规划引领自我专业发展成为不少教师的自觉选择。苏霍姆林斯基说过，如果您想让教师的劳动能够带给教师一些乐趣，使天天上课不致变成一种单调乏味的义务，那你就应当引导每一位教师走上从事研究的道路上来。两年多来随着濮阳县切片诊断校本研究项目的推进，幸福在每一位教师身上不断出现。这再一次印证了濮阳县教师专业发展的"一个信仰，五专模式"（以教育为信仰为教师注入教育理想，以专业发展规划引领专业发展，在专业阅读、专业写作、专题研究中结成专业同伴，建设专业成长共同体）的有效性。

河南省濮阳县教育局副局长

申建民

2018 年 9 月 15 日

目　　录

序一　行走在教育实践的田野上

序二　发现教学改进路径：切片诊断

第一篇　导课切片诊断……………………………………………………………1

导课技能切片诊断

　　——以小学数学为例 / 张艳玲…………………………………………2

导入教学设计的功能与操作要求 / 赵淑华　宋艳玲………………………6

课堂导入的有效策略

　　——以初中语文为例 / 吴俊丽…………………………………………10

善始者　事半成

　　——小学数学课堂导课切片诊断 / 白俊花………………………………17

小学语文课堂导入环节教学切片 / 李媛梅………………………………………24

课堂导入切片诊断

　　——以小学数学学科为例 / 苗玉凤　彭玲霞　李珂倩………………………31

初中英语教学中的导课方法切片分析

　　——以初中英语学科为例 / 江素萍………………………………………43

切片诊断：初中语文课堂导入设计的原则 / 王文生…………………………50

历史课"难忘九一八"导入切片分析 / 齐允玉………………………………57

第二篇　预设与生成切片诊断⋯⋯⋯⋯⋯⋯⋯⋯⋯⋯⋯⋯⋯⋯65

　基于"平行四边形的面积"教学论预设与生成的策略 / 李丽革⋯⋯⋯⋯66

　"运算定律与简便计算的复习"教学生成探究 / 彭玲霞　马晓辉　孙九利⋯74

　切片诊断：小学语文教学中预设与生成的应对策略 / 贾辉⋯⋯⋯⋯⋯⋯80

　小学数学课堂预设与生成切片诊断 / 李珂倩　彭玲霞　苗玉凤⋯⋯⋯⋯88

　小学数学课堂诊断：如何实现预设与生成的平衡 / 贾红霞　刘培娟　李丽革⋯95

　小学语文课堂动态生成的原则与策略 / 刘振中　吕红霞　张凤琴　曹凤霞⋯104

第三篇　教学拓展切片诊断⋯⋯⋯⋯⋯⋯⋯⋯⋯⋯⋯⋯⋯⋯⋯⋯119

　切片诊断：初中语文课堂教学拓展与延伸的对策研究 / 吴俊丽⋯⋯⋯⋯120

　小学语文课堂教学拓展原则探究

　　　——基于"卖火柴的小女孩"的切片诊断 / 董利允⋯⋯⋯⋯⋯⋯⋯127

　切片分析：初中语文课堂教学中拓展迁移的原则 / 肖泽铎⋯⋯⋯⋯⋯⋯133

第四篇　教学语言切片诊断⋯⋯⋯⋯⋯⋯⋯⋯⋯⋯⋯⋯⋯⋯⋯⋯141

　初中语文课堂教学过渡语切片诊断 / 李科伟⋯⋯⋯⋯⋯⋯⋯⋯⋯⋯⋯142

　让精彩的过渡语点亮语文课堂

　　　——以"卖火柴的小女孩"课堂教学切片诊断为例 / 田美丽⋯⋯⋯⋯149

第五篇　其他类型切片诊断⋯⋯⋯⋯⋯⋯⋯⋯⋯⋯⋯⋯⋯⋯⋯⋯157

　"师生互动"切片诊断 / 高少慧⋯⋯⋯⋯⋯⋯⋯⋯⋯⋯⋯⋯⋯⋯⋯⋯158

　初中语文对话教学的切片诊断研究 / 陈瑞花⋯⋯⋯⋯⋯⋯⋯⋯⋯⋯⋯170

　阅读不识指导"味"，教"尽"经典也枉然

　　　——浅谈中学语文课堂阅读指导的切片研究 / 孙丽娟⋯⋯⋯⋯⋯⋯182

　小学语文朗读指导存在的问题与解决策略 / 吴慧娟　杨兰花　董永飞⋯⋯191

　小学数学复习课教学设计策略切片诊断 / 谢俊梅　高凤梅⋯⋯⋯⋯⋯205

　课堂小结的切片诊断

　　　——以中学数学为例 / 王艳丽　张海霞　刘青霞　许静利⋯⋯⋯⋯212

作业设计的有效性切片教学分析

　　——以初中"思想品德"课为例 / 王美玲·····················218

附录　关于教学切片诊断的学习心得·····················227

切片教研引领教师专业成长 / 贾红霞·····················228

"切片诊断"理论学习，燃起我的教研梦 / 董志华·····················234

目标明、脉络清、教师动、享成功

　　——学习课堂"教学切片诊断"教学反思 / 高敏·····················237

关于"教学切片诊断"的思考 / 张伟鸿·····················240

第一篇

导课切片诊断

导课技能切片诊断
——以小学数学为例

张艳玲

（濮阳县第二实验小学　河南　濮阳　457100）

数学是一门系统性和逻辑性极强的学科。在进行数学教学时，教师需要有效把握好前后学习内容之间的联系。因此，备课时，教师要精心设计一个小小的导入环节来集中学生的注意力，从而为其学好新知识创造良好的前提。一段精巧的课堂导入，能唤起学生强烈的求知欲望，燃起学生熊熊的智慧之火，牢牢地抓住学生的注意力和好奇心。反之，一段失败的课堂导入既会使学生产生厌烦心理，学习不主动；也会使教师情绪低落，有口无心等。有效地导入新课是课堂教学中一个十分重要的环节，它短小而精悍，虽仅占3～5分钟，却似一根导火索，引导学生积极地迈入激情燃烧的知识课堂。

一、导课的功能 [1]

（一）优秀的导课能激发学生学习的兴趣，凝聚注意力

课刚开始的时候，学生的心理往往非常复杂，有的学生还沉浸在课间的游戏情境中，有的学生还在思考上节课的问题，还有的学生可能会感到疲惫或专注于其他事情，兴奋点还没有转移到新的教学活动上来。精彩的导入能引起学生强烈的求知欲，将学生由非学习状态转入本节课的学习状态之中，同时能形成良好的课堂氛围。

（二）优秀的导课能够沟通师生情感，营造课堂氛围

在导课环节，教师和学生进行恰当的对话，不仅能够将学生引向对新知识的学习，而且可以联系师生情感、化解紧张情绪，营造一种和谐、融洽的课堂教学氛围，使学生在愉悦的心境中产生对新知识的渴望。如在"运算定律和简便计

算复习课"① 这节课开始之前，常老师对学生说："常老师最喜欢有自信的孩子，你们有自信吗？"简单的几句话就化解了学生的紧张情绪，为课堂的学习奠定了基础。

（三）优秀的导课能够指向教学目标

优秀的课堂导入，在激发学生学习兴趣、提神的基础上，明确了学生的学习方向。导课中适时设疑，引起学生认知冲突，使学生产生想要解决问题、化解问题的动机。常老师一句"我写一个数，你能读出来吗？谁能用 125 出一道简便计算的题……"，既激发了学生的学习兴趣，又给学生明确了学习方向。

课堂导入是一节课中不可缺少的重要环节，是吸引学生学习兴趣的第一个亮点，是打开学习本节课知识大门的第一把钥匙。

二、导入的主要类型

（一）直接导入

教师在授课前，直接向学生出示新的课题，指明学习活动的方向，这样能使学生很快就安静下来，既起到组织教学的目的，又为后面的巩固练习留下充足的时间。

例如，"多位数的读法和写法"这一节课，上课伊始，教师可在黑板上写一个很大的数，比如 8 970 000、19 亿（用读数表示）。然后教师指出：

这种数的位数很多，读好这种数和写准这种数对今后的学习与工作有很大的帮助。下面，大家就和我一起来学习"多位数的读法和写法"。

（二）回顾旧知识，引出新知识导入

当新知识与旧知识联系紧密时，教师就可以把与新知识有关的旧知识抽出来作为新知识的"生长点"，为引进新知识搭桥铺路，形成正迁移。这样做能够唤起学生对旧知识的回忆，为旧知识向新知识的迁移做好必要的准备，从而建立新旧知识的联系，使学生能够真正地体会到新知识是旧知识的延伸与发展。

例如，在教学"认识几分之一"② 时，教师先给同学们讲：

有两个小朋友去买月饼。卖月饼的老爷爷说："你们要买月饼可以，我先得考考你们。"他拿出四块月饼，说："四块月饼平均分给你们俩，每人

---

① 2016 年 4 月，常老师执教的人教版数学四年级下册"运算定律和简便计算复习课"
② 2016 年 11 月，张老师执教的人教版数学三年级上册"认识几分之一"

得几块？"两人很快答出。然后，老爷爷拿出两块月饼平均分给两人。最后，他拿出一块月饼问："一块月饼平均分给你们俩，每人得几块？"两个小朋友异口同声地说："半块。""那么'半块'用数字表示怎么写呢？"这下便难住了他们俩。

这里，教师利用生活中的问题很自然地从整数除法向认识分数过渡，利用旧知识做铺垫，过渡到新知识，真正做到了"启"而能"发"，激起了学生探求新知识的欲望。

（三）实物演示导入

通过和教材有关的实物、图片等教具进行实验演示导入新课，直观形象，操作性强，容易吸引学生的注意。小学生的思维是以具体形象思维为主的，抽象逻辑思维在很大程度上依赖于其感性经验。因此，新课的导入可利用实物演示，变抽象概念为具体的实物，这样不仅能激发学生的学习兴趣，还培养了学生的观察能力和应用数学的能力。

例如，在教学"长方体和正方体的表面积"[①]时，教师可拿出长方体和正方体的模型，让学生观察六个面面积该如何计算，使学生对长方体和正方体的表面积有一个感性认识，为下面的教学起到铺垫作用。

（四）趣味导入

兴趣是学生学习动机中最现实、最活跃的因素，是学生获得知识、拓宽视野、丰富心理生活的最重要的动力。针对小学生爱听奇闻轶事的心理特点，在导入新课时，教师适当引入一些与教学内容有关的故事、寓言、谜语等，可以帮助学生联想，使他们兴致勃勃地投入新知识的学习中。[2]例如，张老师在讲"小数点的位置移动引起小数大小变化的规律"[②]时举例：

孙悟空和师父取经途中遇见了一个小妖，悟空随即拿出金箍棒对付小妖，金箍棒从耳中取出，由 0.009 米变为 0.09 米，再变为 0.9 米，最后变为 9 米，打死了小妖。金箍棒的这种变化是有规律的，你们想知道吗？

这样导课既轻松又自然。

（五）游戏导入

如果教育充满了乐趣，学生自然喜欢。游戏是儿童喜爱的活动形式。根据小学生活泼好动、好奇心强的特点，为体现"课堂教学要为学生创设轻松愉快的

---

① 2016 年 4 月，苗老师执教的人教版五年级数学下册"长方体和正方体的表面积"
② 2015 年 4 月，张老师执教的人教版四年级数学下册"小数点的位置移动引起小数大小变化的规律"

学习氛围"的新课程理念，在新课导入时，教师可以通过组织学生做各种新颖有趣的游戏或进行一些别出心裁的小竞赛，寓教于乐，融知识、趣味、思想于一体，让学生在轻松、愉快的教学氛围中积极参与到新课的学习中来，这样可以更好地培养学生学习数学的兴趣。

三、导入应遵循的原则和要求

（一）导入要符合教学的目的性和必要性

导入是完成教学任务的一个必要而有机的组成部分。课堂导入一定要围绕教学目标来精心设计，教师不要为了导课而导课。

（二）导入要符合教学内容本身的科学性

导入的设计要从教学内容出发：有的是教学内容的重要组成部分，有的是教学内容的必要补充，还有的虽然与教学内容关系不很紧密，但能激发学生的学习兴趣，吸引学生的注意力。

（三）导入要符合学生的实际

学生是学习的主体，教学效果要通过学生的学习来体现。因此，导入的设计要从学生的实际出发，要照顾到学生的年龄、思维方式等。

（四）导入要从课型需要入手

导入的设计要因课型的不同而不同。在一般情况下，教师授新课时要注意温故知新、架桥铺路，在复习课上要注意分析比较、归纳总结，不能用授新课的导入方法去讲复习课。

（五）导入要注意把握时间

导入要短小精悍，不可拖沓。导入设计应以分秒计算，一般应在两三分钟为宜。

（六）注重多种导入方法综合运用

导入的方式很多，教师设计导入时要注意配合运用，不能每一堂课都用同一种模式的导入语，否则就不能激起学生的学习兴趣。

总之，导入绝非雕虫小技，而应该被视为一门科学。归根结底，设计导入的目的是激发学生学习数学的兴趣，而兴趣在数学学习过程中的作用是至关重要的。皮亚杰说过，所有智力方面的工作都要依赖于兴趣。对于这一点，我国古代教育家孔子也深有体会，"知之者不如好之者，好之者不如乐之者"《论语·雍也》，可谓经验之谈。在数学教学中，对新知识的导入没有一个固定的模式，教师要根据教材的特点、学生的认知规律及年龄特点和辅助教学工具，精心组织，灵活运用，以达到最佳的教学效果。

参考文献

[1] 肖荣，黄宏新，车云霞. 论课堂导入及其设计 [J]. 天津市教科院学报，2001（2）：38-41.

[2] 马向辉. 重视课堂第一亮相：课堂导入 [J]. 教育实践与研究（B），2010（11）：28-29.

导入教学设计的功能与操作要求

赵淑华　　宋艳玲

（濮阳县第二中学　河南　濮阳　457100）

苏霍姆林斯基说过，如果老师不想办法使学生产生情绪高昂的智力振奋的内心状态，就急于传授知识，那么这种知识只能使人产生冷漠的态度，而给不动感情的脑力劳动带来疲劳。[1]实践证明：学生在课堂上的积极思维活动是教学成功的关键，而富有启发性的课堂导入就如同中药的药引子，"药无引使，则不通病所"（清·尤在泾）。所以，课堂导入作为课堂教学的首要环节，起着承上启下、"疏通"整个课堂的作用。有效的导入可以为学生营造浓厚的学习气氛，激发学生的学习兴趣，化解学生的焦虑，强化学生的求知欲。

导入的目的在于"激活学生已有的相关背景知识，补充必要的、新的背景知识，启发学生对有关话题的思考"，"同时也是为了让学生归纳、总结已有的语言知识，如词汇、句型等，为进一步学习新内容、新知识做好铺垫"。[1]所以，教师上课之初应该用不同的激趣方式来激发学生的思维，以引发他们对新知识、新内容的探求。课堂导入是课堂教学的主要环节之一，一堂课导入的成与败直接影响着整堂课的教学效果。

一、好的课堂导入的作用

（一）思维的转换

课间是学生游戏打闹的时间，他们的感性思维极度活跃，而十分钟之后的课堂则是需要他们注意力高度集中、进行理性思维活动的时间。所以，课堂导入是课前喧闹与课堂肃静的分界线。学生从课间休息时的高度兴奋状态到上课铃响后安静状态，需要一个思维的转换阶段，这就需要发挥课堂导入的作用。有经验的教师善于运用导入语发挥开场白威慑全局的特有魅力，以自身的风度、清晰的声音、新奇的内容、精彩的语言控制全场，抓住学生心理，让学生思维关注点尽快回归到课堂上来。富有创意的导入语，可以点燃学生思维的火花，开阔学生的视野，增长学生的智慧，使其善于思考问题，并能培养其定向思维能力，使其尽快把握思维中心，围绕教学内容开动思维，积极思考，探微知幽。

（二）兴趣的激发

兴趣是最好的老师，它会引导学生步入知识的殿堂，收获丰收的喜悦。教育家第斯多惠说："教学成功的艺术就在于使学生对你所教的东西感兴趣。"[2]精彩的导入会使学生如沐春风，如饮甘露，进入一种美妙的境界。在导课过程中，教师风趣幽默的讲解、富有感情的朗诵、漂亮美观的板书、潇洒动人的风姿或一幅精彩的绘画、一首美妙的乐曲、一段有趣的视频都可以吸引学生的注意力，激发学生学习新课的兴趣。

（三）注意力的集中

教学过程对学生来说是一种心理认知过程，需要感觉、知觉、记忆、思维、想象等多种心理活动的参与，而注意力是否集中则是这种认识过程能否顺利进行的必要条件和重要保证。生动、新颖的导入可以使学生自然进入最佳学习状态，形成对新的学习内容的"兴奋中心"[3]，把学生的注意力迅速集中到特定的学习任务中，使其为完成新的学习任务做好心理准备。只有在这样的情况下开始上课，才能使教者轻松愉快，听者获益匪浅。

（四）情感的培养

良好的导课是接通师生信息的关键。教师一走上讲台，其一个眼神、一抹微笑、一个动作、一句话，如果一下子能吸引学生、博得学生的好感，那便意味着这节课教师能够走进学生的心灵，为教与学之间的信息交流、情绪反馈打开了通路，铺平了道路，使教师的讲课建构在学生对教师的期待、信赖、尊重、理解的基础上。朴实亲切的导入语会在师生之间搭起一座友谊的桥梁，师生的情感会在导课过程中潜移默化地得到交流和升华。有经验的教师总是善于运用独特的开场白来活跃气氛，以达到师生心理相通的目的。这种良好的教学氛围既有利于教师的教，也有利于学生的学。

二、导入的基本要求

通过一段时间以来对"课堂导入"环节进行的切片分析，我深刻体会到，良好的导入是一节课成功的关键。正确而巧妙的导入可以激发学生的学习兴趣和求知欲望，将学生的注意力吸引到特定的教学任务和教学过程之中。它是整个教学活动中的热身活动，能让学生在最短的时间内进入课堂学习的最佳状态。这就要求教师根据每个课型的特点选择切实可行的导入方式，并正确运用课堂导入。

（一）课堂导入的导语要简明扼要、目标明确

好的导课一定要根据既定的教学目标精心设计导语，把学生从课间活跃的感性思维吸引到课堂上记忆、判断、分析、总结的理性思维上来。上课之初的导语是完成教学任务的一个必要而有机的组成部分。上课伊始，教师就应该注意使用带有积极思维活动的优美导语来有效地刺激学生的思维，激发和诱导他们思维兴奋点的有效过渡。所以，这就要求导语一要简洁、明了，一语中的，切忌拖沓；二要紧扣教学目标，与教学目标无关的内容即使再精彩也不要硬加上去，不要使导语游离于教学内容之外。

（二）课堂导入的内容要具有激趣性、新颖性和科学性

心理学研究表明：如果学生看见新异、刺激的内容就可以有效地加强学生的感知。由此可见，新颖内容对于课堂效率的重要性与必要性。其实，每个人都有求知欲望，对于学生来说更是如此。如果课堂教学导入内容设计具有新颖性与创造性，那么求知欲望能够成为开发学生智力的驱动器，能够提高他们的学习效率。另外，课堂导入的内容要符合学生的认知规律，既要激发学生的学习兴趣、唤醒学生的求知欲望，又要新颖、富有时代气息，并且要科学严谨。因为，现在学生所学的知识也是与时俱进的，教材的内容越来越具有时代感，所以，在上课伊始的导课环节，教师可以选用时代感较强且有趣味的内容作为本节课的"引子"，使学生能够自然进入最佳学习状态，形成对新的学习内容的"兴奋中心"，把学生的注意力迅速集中到特定的学习任务中，为完成新的学习任务做好心理上

的充分准备。

（三）课堂导入的方法要多样性

针对不同的课型，不同的对象，不同的教学方法，教师应该具备运用不同的导入方法和扮演不同角色的能力，力求课课有变、堂堂出新，使学生在每次课堂教学中都感到新鲜而保持旺盛的学习热情。因此，导入环节要求教师讲究导课艺术，做到巧妙导课，以趣启思。导入得法可以使学生在心理和知识上做好学习的准备，使学生进入良好的学习状态，激发学生的学习兴趣，唤起学生的学习动机，从而集中精力学习新内容。

（四）导入的各环节要具有悬念性的衔接、时间要适当

心理学研究发现，一个人对与自己已有联系的事物比完全陌生的事物容易产生注意。好奇心驱使学生努力去寻求"柳暗花明又一村"，从而进入新知识领域。应该注意的是，教师在导课各环节的设计上要有悬念，这些悬念应该是发生在学生周围的，是学生特别感兴趣的，但是又不脱离教学内容。所以，教师的导入设计不仅有一个个能激趣、引导学生打开灵感的好想法，更包括每一个环节，甚至每一句话都具有悬念的衔接设计。这些富有悬念的衔接是新课导入成功的关键，一个恰如其分、水到渠成的过渡会使各环节自然衔接、浑然天成。另外，导入的时间不要过长，一个好的导课环节应在三分钟左右为宜，时间过长会有一种喧宾夺主的感觉。

（五）教师本身要有亲和力和掌控课堂的能力

一个好的导课不仅要求教师要有一些技术上的技巧，而且教师本身要有亲和力和掌控课堂的能力。教师若想让自己的课堂吸引学生的注意力，平时需要主动接近学生，了解学生的性格特点及学习风格，留意学生的兴趣爱好，有意识地收集相关的信息，建立丰富多彩的信息库。另外，教师还要关注学科间的横向联系，对要讲授的内容进行适当的删减、补充、替换或扩展，从而使教材更加符合学生的知识水平、认知水平和心理发展水平。教师可以通过提供具有思想性、拓展性及趣味性较强的导课内容和活动，激发学生的学习兴趣和学习动机，巧妙地呈现前后知识的连续性，做到自然过渡。如果教师的"药引子"用好了，整节课的效果自然而然就好了。

教师的教学活动，特别是导课这一环节应努力诠释新课程标准的精神——让学生在课堂中学得快乐、学得主动、学得富有成就感；充分实现课堂良性互动，带给学生更有价值的学习内容（更贴近学生的生活实际，更能代表现代文明

的发展方向，更有助于学生去创造自己的幸福人生）[4]，带给学生更多充满生命活力和生命情怀的学习过程。

参考文献

[1] 苏霍姆林斯基. 给教师的建议.（修订本全一册）[M]. 杜殿坤编译. 北京：教育科学出版社，1984：35.

[2] 第斯多惠. 德国教师培养指南 [M]. 北京：人民教育出版社，2001.

[3] 李秉德. 教学论 [M]. 北京：人民教育出版社，2011.

[4] 湛蓊才. 课堂教学艺术 [M]. 湖南：湖南师范大学出版社，1993.

课堂导入的有效策略
——以初中语文为例

吴俊丽

（濮阳县城关镇第三初级中学　河南　濮阳　457100）

"起句当如炮竹，骤响易彻。"[1]明代文学家谢榛的这句话表明了一课之始——课堂导入的分量。毋庸置疑，新课的导入是很重要的一个环节，它是师生间情感共鸣的第一个音符，是师生心灵沟通的第一座桥梁。响鼓还需重槌敲。如果说一节课是响鼓，那么导语则是重槌的第一槌，一定要浑厚激越，声声击到学生的心扉，让学生的思维在碰撞中产生智慧的火花，消除其他课程的延续思维或心理杂念的干扰，把学生的注意力迅速集中起来，让学生饶有兴趣地投入新的学习情境中，从而提高学习效率。

一、课堂导入的教学作用

课堂导入就是要引起学生注意、激发学生兴趣、调动学习动机、明确学习目的和建立新旧知识之间相互联系的一种教学活动方式，即在新的教学内容开始讲授之前，教师引导学生进入所要学习内容的学习状态，把学生吸引到特定的教学任务和程序当中去。

良好的开端是成功的一半。恰如其分的导入可以起到画龙点睛的作用，不仅能激发学生的学习兴趣，又能挖掘每个学生身上的最大潜能，充分调动每一个学生身上的每一个细胞、每一条神经去听课，使学生在课堂上真正地"动"起来。课堂导入，虽然只是一个小环节，但它对于改变语文课堂教学的沉闷古板会起到"一石激起千层浪"的作用，对于激发学生的学习兴趣、活跃学生的思维也可以产生立竿见影、一触即发的效果。其作用具体表现在以下几方面。

（一）优秀的导入能够集中学生注意力、激发学习兴趣

对学生来说，每一堂课都是一个新的开始，其内容也各不相同，而学生在课前却可能从事各种各样的活动，其兴奋点也可能还沉浸在刚才的活动之中。那么，怎样才能使学生实现兴奋中心的转移呢？关键在于导入，只要导入得法，就能使学生离开正从事的活动，集中自己的注意力，全身心地转到课堂上来。教育家第斯多惠说："教学成功的艺术就在于使学生对你所教的东西感兴趣。"[2] 巧妙的开讲会使学生产生浓厚的兴趣，并怀着一种期待、迫切的心情渴望新课的到来。

（二）优秀的导入能够有效地联结知识

人类的学习总是以一定的经验和知识为前提，是在联想的基础上更好地理解和掌握新知识。因此，新课的导入总是建立在联系旧知识的基础之上，以旧引新或温故知新，借此促进学生知识系统化学习。

（三）优秀的导入能够明确学习目标

目的性是人类实践活动的根本特性之一，很多教师在导入新课时常常直接或间接地让学生预先明确学习目的，从而激发学生学习的内在动机，使其有意识地控制和调节自己的学习。

（四）优秀的导入能够沟通师生间的情感

导入既是传授知识的开始，又是沟通师生情感的过程，师生的情感会在导课中得到交流和升华。教师的一举一动都影响着学生的情感，牵动着学生的心弦。唐代诗人白居易说："感人心者，莫先乎情。"[3] 因此，教师在导入新课时必须注意激发学生的情感，注意师生间情感的交流，只有在和谐愉悦的气氛中，学生才能畅饮知识的琼浆，完善个性的发展。

二、初中语文课堂导入设计存在的问题

在现实教学中，我们不难发现，许多教师不太重视导入的设计，导语往往

千篇一律，直奔主题。有的教师甚至还认为，在导入上费心思花时间实在是小题大做得不偿失，不如一律从简，开门见山。究其原因，主要有以下两点。

（一）导入缺乏精心设计

教师非常清楚课堂导入的重要性，但是没有下功夫去思考怎样进行导入设计，怎样引起学生的注意，课前没什么准备，想说什么就说什么，或者运用惯用的方法——直接导入法，如"今天我们学习第几课，请同学们打开课本"。

【课例1】"猫"[①]

有一个学期开展推门听课活动，刘老师正教授新课"猫"，他是这样导入的。

同学们，今天我们来学习第二十六课"猫"，请同学们翻到课本第 195 页。

台下学生的情绪还未稳定，教师已经开始了新课的讲授，这样的开场白，怎能让学生进入文本？又怎能谈及调动学生的学习积极性？这样的导入设计无疑把学生领进了一潭死水，无效率可言。

设计有趣的导入固然能够很好地激发学生兴趣，但是不能为了激趣而脱离了教学内容。在实际的课堂教学中，教师往往为了激趣，所选择的导入内容与教学主题毫不相干或关系不够紧密，造成学生对学习目标不明确。这是导入常见的问题之一。

【课例2】"纸船——寄母亲"[②]

王老师在教授冰心的诗歌"纸船——寄母亲"时，信心十足，手拿彩纸，兴致勃勃地进行导课。

师：同学们，今天我教给大家一项手工——叠纸船，现在请同学们拿起事先发给大家的彩纸，咱们一起叠。

师（边折纸边说）：这虽然是一只易破的纸船，但它却曾经承载过一位游子对母亲的深切思念，她就是我国著名作家冰心。

生1：叠好了。

生2：没叠好。

---

① 2016年10月10日，濮阳县城关镇三中刘老师执教的2013人教版语文七年级下册"猫"
② 2017年9月15日，濮阳县城关镇三中王老师执教的2013人教版语文七年级上册"纸船——寄母亲"

生 3：老师，再等一分钟。

生 4：这纸船真能在水里漂浮吗？我们在水里试试吧！

王老师也没有制止学生的举动，好好的一节导课设计就这样在学生的试游纸船的游戏中结束了。导课目的非但没有凸显，整节课的内容重点也没有明晰呈现。如果王老师在设计导语前，当场向学生演示叠纸船的过程，然后顺势说："这虽然是一只易破的纸船，但它却曾经承载过一位游子对母亲的深切思念，她就是我国著名作家冰心。今天，让我们随作者一同漂洋过海，一起来感受作者的赤子情怀。"这样顺理成章地导入新课，既形象又简洁，岂不更好？

（二）导入创设情境过短或过长

正常的课堂导入时间控制在 3～5 分钟为宜，导入的时间过长或过短都不是成功的课堂导入。如果导入时间过长就会喧宾夺主，不仅使课堂导入拖沓复杂，而且影响整节课的教学进程；如果导入时间过短，又会使课堂导入苍白无力，达不到预期的教学目的和效果。

三、初中语文课堂导入的有效策略

（一）教学导入应遵循激趣性原则，符合教学的目的性和必要性 [4]

课堂教学导入一定要根据既定的教学目标来精心设计导语，不要加入与教学目标无关的导语，不要使导语游离于教学内容之外。导语的设计要从教学内容出发，要能激发学生学习的兴趣，要能吸引学生的注意力。

【课例 3】"台阶" [①]

安素瑞老师在执教"台阶"一课时，设置的导语合理有效，极大地调动了学生学习的积极性。

师：同学们，让我们欣赏一首歌曲《父亲》。（同时幻灯片展示一组以"父亲"为主题的油画）同学们，当你看到画面中这张刻有岁月痕迹的沧桑面容，那双充满期待的眼眸，你会想些什么？

生 1：我想到了我的父亲，每天面朝黄土背朝天地辛勤劳作。

生 2：我想到了我的父亲，每天起早贪黑，为我们操碎了心。

---

① 2017 年 3 月 28 日，濮阳县城关镇三中安素瑞老师执教的 2013 人教版语文八年级上册"台阶"

悠扬的音乐让学生的情感得到了激发，他们都能积极参与，畅所欲言，很快就走进了文本，把握了父亲形象的特点，理解父辈、尊敬父辈、热爱父辈的情感也得到了培养。

【课例4】"奇妙的克隆"①

范利平老师在讲授"奇妙的克隆"一课时是这样导入的：

假如你是足球迷，你肯定希望世上再多一个罗纳尔多；假如你是音乐爱好者，你当然愿意再拥有一个贝多芬；假如你是科技迷，你肯定希望世上再有一个爱迪生、爱因斯坦。

古希腊有位哲学家曾经说过，"世上不可能有两片完全相同的叶子"。换句话说，在过去，以上的梦想都只能是空想。但现在，新兴生物技术"克隆"或许可以做到这一点。克隆是什么呢？它奇妙在哪里呢？今天就让我们一同走进——"奇妙的克隆"。

这样有目的的导入大大调动了学生的学习积极性。

（二）导语的设计应联系学生的实际，从课型的需要入手，力求新颖、有趣

导语的设计要因课型的不同而不同。教师在新授课上要注意温故而知新，要架桥铺路；在讲授课上要注意前后照应，承上启下；在复习课上要注意分析比较、归纳总结。教师不能用新授课的导语去讲复习课，也不能用复习课的导语去引入新授课，否则导语起不到应有的作用。

【课例5】"在山的那一边"②

在学习王家新的诗"在山的那一边"时，由于它是七年级上册语文的第一课，学生是刚刚步入初中大门的孩子，考虑到这些，教师设计了这样的导语。

同学们，人生如山脉，它需要我们不停地去攀登，去跨越，去领略山那边的美景。首先，我要祝贺大家，你们已经成功地翻过了六座山，也领略到了不少的美景，欣喜之余，我们发现前方美景依旧，它仍在召唤着我们继续前行，前方

---

① 2017年4月11日，濮阳县城关镇三中范利平老师执教的2013人教版语文八年级上册"奇妙的克隆"
② 2017年4月18日，濮阳县城关镇三中吴俊丽老师执教的2013人教版语文七年级上册"在山的那一边"

的美景是什么呢？"在山的那一边"将会告诉我们答案，让我们一起向它冲锋吧！

这样的导入很快唤起了学生强烈的"乐知""乐学"欲望，他们很愉快地跟随老师进入了诗的境界。

【课例6】"紫藤萝瀑布"①

赵爱霞老师在执教"紫藤萝瀑布"这一课时，用讲故事的方法导入新课。

19世纪，英国著名的将军威灵顿在一次战争中被打败了，落荒而逃。他躲在一座破旧的农舍中，可以想象，他的心情是多么的痛苦、沮丧啊！可就在此时，有一件事情改变了他的命运，让他重新英雄般地站了起来，并最终打败了赫赫有名的拿破仑。那么，到底是什么事让他站起来了呢？原来，他看到墙角有一只蜘蛛在风中拼力结网，蜘蛛丝一次又一次地被风吹断，但它毫不气馁，并最终结好了网。（然后老师再激情导入）同学们，人生就是这样，总会遇到一些坎坷与不幸，但生活中一些细小的事情常常令我们感动，甚至改变我们的境遇。今天，让我们一起学习宗璞的"紫藤萝瀑布"，看看她的境遇是从什么时候改变的呢？

赵老师的故事导入让学生很投入，他们的学习兴趣也很浓厚，学生更急迫地想知道是什么让作者的境遇发生了改变，产生了走进文本的欲望，所以很快就融进了文本中。

（三）导语创设形式要多样，语言要遵从简洁性原则 [4]

课堂导入的形式很多，教师设计时可配合着交叉运用，而不能总是使用同样的模式，而应灵活运用，以便达到引人入胜的效果。同时，导语要短小精悍，一般两三分钟就要转入正题，千万不要时间太长，否则会喧宾夺主，影响教学效果。

【课例7】"老王"②

倪巧芝老师在执教"老王"一课时的导入简洁明了。

---

① 2017年4月25日，濮阳县城关镇三中赵爱霞老师执教的2013人教版语文七年级上册"紫藤萝瀑布"
② 2017年5月6日，濮阳县城关镇三中倪巧芝老师执教的2013人教版语文八年级上册"老王"

同学们，在我们周围有许多这样的人，他们生活艰辛，不被人重视，却有一颗金子般的心，他们平凡却传递着爱意，渺小却流露着真情，朴实却诠释着感动，奏出一曲曲感人至深的乐章。今天，让我们一起走进"老王"，共同聆听他内心深处那善意温馨的独白。

精辟、简洁的导入语瞬间捕获了学生的心。

（四）导语创设遵从设疑性原则 [4]

所谓设疑，就是教师在导入情境中巧设带有启发性的悬念疑问，以唤起学生的好奇心和求知欲。设疑的目的有三个：一是激发兴趣。疑问本身也是激趣点。二是启动思维。俗话说"好奇之心，人皆有之"，利用疑问催人思索。三是为达成教学目标做铺垫。

【课例8】"罗布泊，消逝的仙湖"①

李老师在讲授"罗布泊，消逝的仙湖"一课时，是这样导课的：

师：请同学们审视题目，从中你捕捉到了哪些信息？
生：罗布泊，原本是非常美丽的仙湖，如今却消逝了，成了荒漠。
师：罗布泊曾是一个怎样的仙湖？什么时候消逝的？为什么会消逝？现在的罗布泊是什么样子？罗布泊的消逝带来了怎样的恶果？同样的悲剧还有哪些？今天，让我们一起走进"罗布泊，消逝的仙湖"，共同探讨罗布泊的命运。

同学们的思维被启动，心底疑问被激起，便迅速地跟随老师走进了文本。

课堂导入是一门艺术。教师要根据教材内容和学生实情认真思考，寻找最佳的方案，设计漂亮而精彩的导语，尽可能地设计一种与教学内容相关的美的情境，叩开学生的心灵之门，让学生悄然动容、神采飞扬、跃跃欲试，很快进入学习境界，真正达到一种"未成曲调先有情"的效果。

总之，课堂导入既是一节课开始的"起点"，也是一节课能否成功的关键。响鼓还需重槌敲。[5]初中语文教师在设计课堂导入时，要重视课堂导入的艺术性，要有针对性地结合学生的实际情况，对不同的教学内容和教学对象设计不同的导入方法；要与教学材料相结合，因材施教，精心设计一个有趣味、新颖、生动的课堂导入方法，把第一槌敲响敲好。

---

① 2017年5月13日，濮阳县城关镇三中李翠红执教的2013人教版语文八年级下册"罗布泊，消逝的仙湖"

参考文献

[1] 甘爱清. 起句当如炮竹，骤响易彻：小议议论文的开头 [J]. 课外语文，2015（18）：160.

[2] 夸美纽斯. 大教学论 [M]. 傅任敢译. 北京：教育科学出版社，2007：12.

[3] 蒋凡，郁源. 中国古代文论教程 [M]. 北京：中华书局，2005：2.

[4] 魏宏聚，杨润勇. 中小学教师教学技能研训 [M]. 北京：教育科学出版社，2013：54-59.

[5] 丁霞. 语文课堂教学导入法微探 [J]. 考试周刊，2009（42）：11.

善始者　事半成
——小学数学课堂导课切片诊断

白俊花

（濮阳县第二实验小学　河南　濮阳　457100）

　　小学数学课堂导入是指小学数学课堂教学开始之初，老师依据小学生的特点、小学数学教学内容的特点，既为达到引起学生的注意、塑造良好的教学情境、激发学习兴趣、调动学生的积极性，也为本节课的顺利展开做好铺垫、师生共同参与而展开的教学行为。[1] 一般课堂导入为 3 ～ 5 分钟。那么，简短精彩的课堂导入对整节课的教学有何作用呢？

一、导入的作用

　　教育家苏霍姆林斯基曾说："课堂要有趣。课上得有趣，学生就可以带着一种高涨的、激动的情绪从事学习和思考，对前面展示的真理感到惊奇和震惊。"[2]

　　《义务教育数学课程标准（2011 年版）》要求，在数学课堂教学中，教师应该注重调动学生的积极性，激发学生的学习兴趣，引导学生思考数学问题。该标准进一步明确了导入在数学课堂教学中的地位与作用。良好的开端是成功的一半，结合自己多年的教学经验，我认为精彩的导入还具有以下作用。

（一）定向激发兴趣，导入新知

　　导入情境创设的选材要结合教学内容和目标，要生活化，与学生的经验要紧密结合。在生活中，我们需要一双发现美的眼睛。同样，数学教师也要有一双善于发现数学的眼睛。例如，在教"乘法交换律和乘法结合律"时，我是这样导入新课的。

师：有人想知道咱们班有多少人，你有快速而简便的方法数出咱们班的人数吗？（孩子们的眼睛亮了，环视着教室想办法。很快，一只只小手举起来）（老师指了一名学生让其回答）

生1：一排有8人，共9排，全班有8×9=72（人）。

师：还可以怎样列式？

生2：9×8=72（人）。

师：观察这两个算式，你有什么发现？①

于是，乘法交换律就这样出来了。这样的导入方式定向激发了学生的兴趣，吸引了学生的注意力，将抽象的数学规律转变为生活现象，让学生发现生活中处处都有数学的影子。

（二）吸引注意力，形成学习期待

导入新知识设计时，有的教师是从素材中提炼出新知识，有的教师则是设计问题吸引学生注意力，先形成学习期待，再引出新的教学内容和教学活动，问题的解决就是实现导入新知识的功能。

例如，在教学"能被2整除的数的特征"时，我是这样设计导入的。

师：110这个数能被2整除吗？

生：计算。

师：我不用计算，就能直接判断任意一个数能否被2整除。请同学们报数，我来判断。

（生纷纷报数）

（师对答如流）

生：老师您真神……

师：今天我就来教你们这个本领（出示课题）。②

---

① 2016年3月10日，濮阳县第二实验小学白老师执教的人教版数学四年级下册"乘法交换律和乘法结合律"导入片段

② 2017年9月6日，濮阳县第二实验小学白老师执教的人教版数学五年级下册"能被2和5整除的数的特征"导入片段

这样的导入让学生对于新知识的探索更迫切了,这种强烈的求知欲就是学生学习的最大动力。这样既导入了新知识,又激发了学生的好奇心,让学生对新知识的学习充满期待。

因此,在课堂上,导入是最基本的也是很重要的一步,一个精彩的课堂导入,像一场戏有一个引人入胜的序幕,像磁石深深吸引着学生,像金钥匙悄然开启学生的思维。"理想的新课导入是依据教学目的、教材内容和学生年龄心理特征,创造性地导入新课的最佳入口处,扣住学生的心弦,创设愉悦的学习氛围,激发学生的情感和学习兴趣,引发学生强烈的参与欲,促使学生以最佳心理状态进入新课的学习。"[3] 那么,怎样导入才精彩呢?

二、精彩的导入应遵循的原则

(一)注重导入的实效性

人教版数学五年级下册"解决问题的策略——倒推"一课的教学目标是让学生形成倒推策略并应用它解决一些特定问题。

《义务教育数学课程标准(2011 版)》明确指出:"教师教学应该以学生的认知发展水平和已有的经验为基础。"所以,在设计这节课的新知识导入时,马老师选择了一种最为原始的、最为实用的、最为有效的复习导入法。

师:你能快速填出上面这四个方框里的数字吗?

生(情绪高涨、兴趣盎然):能。

师:那你准备先填哪个方框呢?

生(争先恐后):第四个、最后一个……

师:为什么呢?

生:倒过来从后往前填容易些。

师:说说吧,你们都怎么填的?

生1:把算式倒过来算就行了。

生2:80+20=100,100÷5=20,20-15=5,5×3=15。

师:"倒过来思考"很好,知道嘛,有时这是一种重要的解决问题的策略。它可以帮助我们解决不少问题呢! ①

在反思这节课成功之处时,我发现课堂上马老师并没有多么新颖奇特的引

---

① 2016 年 10 月 19 日,濮阳县第二实验小学马晓辉老师执教的人教版数学五年级下册"解决问题的策略——倒推"导入片段

导，只是针对学生的心理特征，联系他们已有的知识经验，以较为熟悉的简单计算导入对新知识的学习。这样的导入设计可以有效调动学生的已有知识经验，促进旧知识经验的迁移，同时营造轻松课堂气氛，让他们树立学好数学的信心，为整节课的教学做好铺垫，引出倒推的真谛——倒过来想，真可谓一举多得。所以，合适的导入才是最精彩的导入，是最有效的导入，也是最好的导入！

（二）情境中制造悬念，注重新颖性和趣味性

例如，宫老师执教"图形的认识"一课时是这样导入的：

师：下面给你们介绍一位小朋友，想知道他是谁吗？请听他说了些什么？
（出示幻灯片机器人悠悠）
师：悠悠带来的这八宝箱里到底藏着什么宝物呢？
（生猜测后，师出示各种立体图形）
师：你能给这些图形分类吗？
（生动手操作进行分类）①

宫老师以学生喜爱的"悠悠"为开头引入本课，制造悬念，唤起学生的好奇心，激发了学生的学习兴趣，创造了一个良好、轻松的学习氛围，也为下面的结尾埋下伏笔，这也是她这节课的最大亮点。

呼应的导入结尾片段如下：

同学们表现得都非常好，老师告诉你们关于"悠悠"的一个小秘密，其实"悠悠"是我们人制造的，它身上有我们今天要认识的长方体、正方体、圆柱、球。请同学们在"悠悠"身上找一找，数一数它们分别有几个。

这样"首尾呼应"的教学片段既注重了导课的新颖性和趣味性，又提升了课堂教学的层次性和完整性，使导课环节更厚重。

注重新颖性和趣味性固然很好，但教师也不能为了刻意追求导入的"创意""新颖"，便生搬硬套地创设各种相对比较"时髦"的导入法。

例如，六年级下册"图形的放大与缩小"一课，上课伊始，教师播放了大约 5 分钟的一段视频，内容是介绍庐山的美：庐山的树木美，庐山的花草美，庐山的山石美，庐山的姿态美……配上轻缓的音乐，再加上教师动情的解说，的的

---

① 2016 年 10 月 21 日，濮阳县第二实验小学宫老师执教的人教版数学一年级上册"图形的认识"导入片段

确确呈现了一座美丽的庐山，令人神往。可是教师花了这么多的时间和精力，这段视频或者说这段教学导入对于本节课的教学起到的作用却令人费解。最终答案揭晓：原来教师在庐山一处山石前照了一张照片，等到旅游回来以后，觉得当时的这张照片太小了，于是去照相馆重新放大了。接着，教师说这节课就从这张放大的照片开始学习……

在课下访谈中，他说这样挖空心思的设计就是为了使导入新颖有趣。其实大可不必。课堂导入不需要刻意地追求新意，因为课堂导入是为高效的新知识教学服务的，不能喧宾夺主。

（三）创设谈话情境，导入注重针对性和启发性

教师应注意把握好导入的针对性和启发性。好的课堂导入一定是具有针对性和启发性，它能一下就集中学生的注意力，把他们的思维很快带入新的知识情境中。

1. 典型优秀教学切片分析

师：生活中有这样一种怪象，如"吴—吞""杏—呆""干—士"，你发现了什么规律？

生：这些字都前后结构反过来了。

师：那么，数学中是否也有这样的现象呢？

生：有，$\frac{3}{4}$、$\frac{4}{3}$。（分数举例）

师：像你们刚才的举例分数，就是互为倒数（板书：倒数），对于课题你想知道什么呢？

生1：什么叫作倒数？

生2：怎么求倒数？

生3：学倒数有什么用？ [①]

由学生熟悉的文字颠倒现象，到提出"数学中是否也有这样的现象呢"的数学问题，张老师在这样的情境谈话中导入，有针对性和启发性地为学生创设一个"生活化"的情境，让学生在真实、具体的情境中开始数学学习，体验和理解数学。

这节导入接下来更大的亮点是让学生围绕课题提自己感兴趣的问题，由"要我学"到"我要学"，使学生产生一种迫切求知的心理状态，同时激发学生的学

---

① 2016年10月21日，濮阳县第二实验小学张老师执教的人教版数学六年级上册"倒数"导入片段

习热情，活跃思维，丰富想象，使学生能跟着问题打开思维，思考本节课的核心教学内容。不得不说，这样的导入设计很厚重，超越了导入具有针对性和启发性的基本标准。

2. 不足的教学切片分析

这节课是人教版数学三年级下册"认识轴对称图形"。为了给学生讲解对称的概念，我在课前准备了大量的脸谱图片，并制作好 PPT 课件。课堂上，我依次放映给学生欣赏，并且告诉学生这些脸谱都是国粹。放映完后，我让学生说说欣赏感受，学生大多默默无语。我再问学生："国粹是什么？"有的学生摇摇头，有的学生则调皮地说："鬼脸就是国粹！"让人忍俊不禁。我课下反思自己所提出的问题为什么会让学生无言以对。其原因就在于设计的导入脱离了教学内容和学生的实际，创设的情境缺乏针对性，没有激发学生的兴趣，因此课堂教学效果不佳。

（四）设计优秀的导入，教师应具备教学机智

课堂是一个动态的、充满变化的环境，教学技能也是一种开放性的技能。因此，教师要善于根据课堂的气氛、学生的即时状态以及教学任务和教学内容的改变，运用教学机智，调整教学的行为方式。数学教育家波利亚曾说：教师在课堂上讲什么当然是重要的，然而学生想的是什么却更是千百倍地重要。要知道学生所想，教师不仅要提问，更重要的是要学会倾听。由于导入环节时间较为短暂，又承载着引入新课的使命，教师往往容易忽略提问后学生的回应和缺乏驾驭课堂的教学机智，更多的是关注走完导入流程，顺利引入新课。

请看如下导课片段：

师（出示情境图后提问）：你发现了哪些图形？

生：有长方形、平行四边形……

师：你会计算它们的面积吗？

一女生：会，平行四边形的面积等于底乘高。

师：你也会计算平行四边形的面积？

生：会。

师（沉默了一下）：你真棒！我还没讲你们就会呀！（尴尬场面出现）

师：我们以前学的长方形的面积怎么求？（师转换话题）

（生回答，师板书）

师：计算平行四边形的面积大家都会呀？那么，我们今天再进一步研究平行四边形的面积。（尴尬再次出现）①

张老师先依据教学重点、难点设计具有启发性的问题，使学生能跟着问题打开思路，这样导入向教学目标靠拢。但在导课中出现了两次尴尬场面。教师语言有些啰唆，导入课题有些牵强。归结原因，是教师忽略学生和教学机智的欠缺。我们都知道，课前备课不但备教材，还要备学生，只有这样课堂上教师才能得心应手。对于平行四边形的面积，学生通过预习可能已经知道计算公式，但对于公式的推导过程和用公式计算时应注意哪些问题还不明白，这也是本节课的重点和难点。当那位女生说出"平行四边形的面积等于底乘高"时，如果张老师在夸奖那位女生的同时，再追问："为什么呢？"那位女生就可能不知怎么去表达。这样就可以避免出现第二次的尴尬。导入中张老师说"我们今天再进一步研究平行四边形的面积"，因为今天这节课才开始学习平行四边形的面积，也不是第二节的学习，何来"再进一步研究平行四边形的面积"，很明显，张老师只关注走完导入流程，没关注到学生。张老师忽略了提问后学生的回应，缺乏驾驭课堂的教学机智。这节课的导入违背了针对性、新颖性、趣味性、简洁性的原则。

著名教育家巴班斯基说："一堂课上之所以有趣味性，并非为了引起笑声或耗费精力。趣味性应该使课堂上掌握所学材料的认识活动积极化。"[4] 总之，巧妙地设置一个引人入胜的导入，激发起学生的学习兴趣，是学生成功获取知识、提高能力的前提，也是优化课堂教学的起点。在实际教学中，教师应该做到因材而异、因生而异，这是导课实施的关键，也是难点。切不可摆花架子，要实中求活，将知识性、趣味性融合在一起，在反复的教学实践中积累经验，就会形成不同风格的导课艺术方式。[5] 最后，套用一段流行语结束这个话题：有一种包不是LV，但它可以装下我最心爱的漫画书；有一种手机不是 iPhone，但能在节日时送去我对亲人的问候；有一种相机不叫单反，但能留下记忆中那美好的瞬间；有一种导入不叫华丽，但却能带给我的学生最实用的、最有效的课堂教学效果，不管世界怎么变，合适的才是最重要的！让我们真正做到"课伊始，趣亦生"，尽力达到"善始者，事半成"的效果。

......

参考文献

[1] 王敏奇 . 小学数学课堂导入法研究 [J]. 小学时代（教师版），2009（10）：66.

---

① 2016 年 3 月 10 日，濮阳县第二实验小学张老师执教的人教版数学五年级下册"平行四边形的面积"导入片段

[2] 丹丹 . 优秀课堂导入教学切片评析 .http://blog.sina.com.cn/s/blog_161b9dbca0102wv1f.html. [2018-8-26].

[3] 黄欢欢 . 浅谈小学数学导课的艺术 .http://blog.sina.com.cn/s/blog_5122e6fd0102vobv.html. [2018-02-01].

[4] 转引自刘艾明 . 谈谈数学课堂教学导入的设计 .http://blog.sina.com.cn/s/blog_4cc366420100hgaj. html.[2018-08-26].

[5] 杨玉洁 . 课题《提高农村学校青年教师课堂教学技能研究》.https://ktyj.zzedu.net.cn/space_s2.jsp?do=thread&id=26049&uid=5955.[2018-08-27].

小学语文课堂导入环节教学切片

李媛梅

（濮阳县第二实验小学　河南　濮阳　457100）

何为"导"？这可从字的起源谈起。其繁体字"導"上面是道路的"道"，下面是"寸"，"寸"字在古代和"手"字意思相近。所以，"导"字本义是用手指引道路。《现代汉语词典》对"导"字做了如下解释：① 指引，带领；② 启发，使明白；③ 引起，传递。[1] 由此推及小学语文课堂的导入环节。课堂导入是指在一项新的教学内容或活动开始前，教师通过有效的方法引导学生明确学习目标或要求，为教学内容的学习做好准备的教学行为。它是课堂教学常用的教学手段之一，也是完整课堂教学环节不可缺少的一部分。每节课几乎都有导入，但其效果却不尽相同。理想的导入可起到"一石激起千层浪""未成曲调先有情"的效果，能引起学生强烈的求知欲，激发学生学习的兴趣，开启学生的心智，使学生产生学习动机，拉近学生与文本的距离。失败的课堂导入会使课堂气氛死气沉沉，无法激起学生的学习兴趣。发扬成功导入的优点，总结失败导入的教训，是进行课堂导入切片研究的意义所在。

一、理想导入的教学意义

导入是语文课堂教学的重要环节，精彩的导入可以牢牢抓住学生的心弦，使课堂教学产生意想不到的效果。开头犹如一幕戏剧的序幕，方式得当，足以达到引人入胜的效果。

（一）巧妙的导入像磁石能吸引学生注意力

下课和上课时学生的思维和行为状态是不一样的，而导课是下课和上课的分割点。理想的导课应像磁石一样在最短的时间内把学生的意识吸引到教学内容上来。如果导入能使学生表现出愿意接纳和主动参与的意向，那么，导入就起到了"黄金分割点"的作用。

（二）优秀的导入能激发学生的学习兴趣

学习兴趣是指一个人对学习对象的一种积极的认识倾向与情绪状态，是可以推动其求知的一种内在力量。兴趣一旦被激发，就会让学生产生强烈的学习动机、积极主动地投入学习中。这种发自内心的愿望一旦被诱发，学生学习的劲头就会随之而来，相继出现的便是学生对本节课内容的热爱，甚至是对学习本身的热爱。[2]

（三）导入在良好的情境下，渲染气氛

有研究证明，人与人之间的信息传递与交流需要在心理认同和情感共鸣的基础上进行。好的导入就是创造这种情感共鸣的场所。教师通过导入创设与学习内容相似的情景，从而激起教师、学生、教学内容之间的情感共鸣，唤发学生良好的学习热情。

（四）良好的导入可以启迪思维

富有创意的导入可以点燃学生思维的火花，增长学生的智慧，使其善于思考问题。教师有重点地导入新课，使学生的思维迅速定向。[①] 例如，对于浙教版小学语文第一篇课文"冬眠"[3]，某老师是这样导入的：

师：谁知道什么叫冬眠？
生：冬眠就是在冬天里睡觉。
师：那么，你在冬天里的睡觉也叫冬眠吗？
生（大笑）：动物在冬天里睡觉才叫冬眠。
师：那么，老牛在冬天里的睡觉也叫冬眠吗？
生：不叫冬眠，冬眠是……（说不出来）
师：好，看来这不是一个简单的问题，要弄懂它还得认真读书。今天，我们就来学习一篇这方面的课文——"冬眠"。

---

① "冬眠"一课的教学切片来自《小学语文教学切片式解读》一书，执教老师不详

在这样步步追问的谈话导入中，学生的思路被打开。衍生出的两次追问——"那么，你在冬天里的睡觉也叫冬眠吗""那么，老牛在冬天里的睡觉也叫冬眠吗"，使得学生的学习兴趣被充分调动，激发了学生学习本课的欲望。不得不说，这是一次理想的导入。

（五）科学的导入能建立新旧知识之间的联系

课堂导入是新旧知识之间的"桥梁"和"纽带"，具有承上启下的作用。尤其是通过复习的方式导入的新课，可以建立起新旧知识之间的联系，为深入学习打下基础。导入既小结了上一节课的内容，又引出将要学习的内容，起到承上启下的作用，这对学生的学习有很大的帮助。

二、常见的导入方法

由于教学内容和教师素质及教学经验的不同，导入的方法也多种多样。下面介绍几种常见的导入方法。

（一）直接导入法

优点：开门见山，节约时间。

缺点：很难激起学生的学习兴趣。

直接导入所学新知识，不拐弯抹角，单刀直入，由题及文，节省了教学时间。但如果把握不好，容易平铺直叙，难以让学生在较短时间内集中注意力，还有可能会"导而不入""导而难入"。名师名家较多直接导入法，特别是在公开课等大型场合，但普通教师需慎用之。

（二）温故知新导入法

优点：能架起新旧知识之间的联系，学生学习起来更容易接受。

缺点：学习内容重复出现，导致学生学习兴致不高，即很难激起学习兴趣。

温故知新，即通过复习旧知识，找到新旧知识的联结点，顺理成章地引出新知识的一种方法。它由已知导向未知，过渡流畅自然，适用于前后知识连贯性较强的教学内容。

【课例1】"那片绿绿的爬山虎"[①]

同学们，还记得叶圣陶老先生有篇文章叫《爬山虎的脚》吗？叶老对爬山

---

① 2017年9月，濮阳县第二实验小学赵老师执教的人教版语文小学四年级上册"那片绿绿的爬山虎"

虎进行了细致的描写。（PPT 出示：那些叶子绿得那样新鲜······）

这美妙的景象一定让同学们留下了深刻的印象。今天，我们要学习的新课"那片绿绿的爬山虎"，写的就是叶圣陶爷爷家的爬山虎。

（三）情境导入法

优点：渲染气氛，激发学生的情感和学习兴趣，是理想的导入方法。

缺点：易侧重于趣味性的激发而偏离教学主题，使导入功能简化、弱化。

情境导入法，就是利用语言、设备等手段，制造一种符合教学氛围需要的情境，以激发兴趣，诱发思维。

【课例 2】"惊弓之鸟"①

师：现在空中飞着一只大雁，请同学们想想用哪些办法能把它打下来？

生：用箭射，用枪打······

师：你们想到的办法都很好，可是，古时候有个射箭能手更棒，他只拉弓不用箭，就把大雁射下来了，这究竟是什么缘故呢？请大家仔细阅读课文，看谁先把答案找到。

由于悬念的吸引，学生立即对课文产生了浓厚的兴趣。一种强烈的好奇心促使他们主动认真地读书、思考、寻找答案。

（四）布障导入法

优点：由问题导入，能引发学生思考。

缺点：问题设计脱离学生最近发展区，易出现冷场。

布障导入法也叫设疑导入法或问题导入法，即在讲授新知识前有意识地设立小小的障碍或问题，从而引发学生探究真谛的欲望。

【课例 3】"想别人没想到的"②

师：老师在黑板上画了一条线，谁能把这条线变短，但是不能擦掉。开动脑筋，想办法吧。

（生都不吭声，但都在认真想办法）

师（请班里最高的学生站起来）：这是我们班里边个子最高的学生，但现在

---

① 2017 年 9 月，濮阳县第二实验小学由张老师执教的人教版语文三年级下册"惊弓之鸟"

② 2017 年 3 月，濮阳县第二实验小学李老师执教的人教版语文三年级下册"想别人没想到的"

老师站在他身边，他还是我们班里个子最高的学生吗？

（班里一个平时不太喜欢发言的学生举手了，到黑板上又画出了一条更长的线）

师：同学，你的办法别人都没想到哟。你想到了别人想不到的方法，你很厉害！

教师由问题设疑，在一问一答中学生的好奇心和求知欲望被激发出来。这样，他们后面的学习过程也将是认真、有效的。

好的课堂导入是打开学生求知大门的钥匙。然而，语文课堂教学导入是有方法而无定律的，教师要根据课文特点、教学目标以及学生实际来选择有效的方法。当然，为了取得导入的最佳效果，教师还要因课制宜，将各种方法整合在一起运用，才容易发挥导入的功能，起到事半功倍的效果。

三、实现理想化的导入的要求

其实，很多时候我们知道不是该不该做，而是怎样把它做好。知道了课堂导入的作用、方法，如何才能做好课堂导入呢？课堂导入有什么样的规律可循呢？

（一）导入要和教学目标相结合 [4]

导入在设计时要做到心中有目标，这个目标就是教学目标。无论采用何种导入方式都应该使设置问题情境指向教学目标。通过导入教学活动，使学生明确学习内容。与教学内容无关的导入不要加上去，不能只追求形式的新颖，而加入一些与主题无关的内容。不能让导入游离于教学内容之外，而应该让导入成为实现教学目标的必要和有机的组成部分。总而言之，导入要和教学目标相结合。这一方面是为了体现关联的原则，另一方面是为了让导入环节显得厚重。

【课例4】"太阳" ①

师：同学们喜欢猜谜语吗？

生：喜欢。

师：有位老公公，一副圆面孔，有朝一日不见他，不是下雨就刮风。

生：太阳。

---

① 2016年5月，濮阳县优质课大赛参赛张老师执教的人教版语文三年级下册"太阳"

师：这节课我们就来学习"太阳"这篇课文。

【课例5】"太阳"①

师：今天，我给大家带来了一个谜语——有位老公公，一副圆面孔，有朝一日不见他，不是下雨就刮风。

生：太阳。

师：那你知道太阳离我们有多远吗？它有多大吗？它对人类做了哪些贡献，你知道吗？

（生摇头）

师：下面让我们一起从"太阳"一文中寻找答案吧。

评析：两位老师虽然都用谜语进行导入，第一位老师只是为导入"太阳"课题而导入，第二位老师则把导入与本节课的教学内容相联系，使导入实现了向新知识的延伸。

（二）导入要符合学生实际

导入要符合学生的年龄特点、认知特点以及所处环境的情况，由此才能与学生产生共鸣，实现激趣的效果。

【课例6】"卖木雕的少年"②

师：同学们，你们喜欢旅游吗？

生：喜欢。

师：旅游前是不是需要做些准备，对要去的地方做些了解呢？

生：是。

师：清明节假期马上到了，假如我们要去非洲旅游，你会到哪里去玩？会带回来一些什么纪念品呢？

（生沉默）

评析：根据濮阳县第二实验小学学生的实际情况，学生们大多来自农村，外出旅游的机会很少。此导入设计忽视了学生所处环境的实际情况，所以不能引起学生共鸣，不能激发学生的学习兴趣。

---

① 2016 年 5 月，濮阳县级优质课大赛参赛刘老师执教的人教版语文三年级下册"太阳"

② 2017 年，在濮阳县第二实验小学由参赛县级优质课刘老师执教的人教版语文四年级下册"卖木雕的少年"

（三）导入要注意把握时间

导入设计应以分秒计算，一般应在 2～3 分钟为宜。导入要短小精悍，不可拖沓。以下是我剪辑的濮阳县 2017 年优质课大赛参赛选手的 7 节课切片所用时间安排：

课程	导课时长
"太阳"	1 分 06 秒
"静夜思"	2 分 08 秒
"文具的家"	57 秒
"彩色非洲"	56 秒
"丑小鸭"	1 分 43 秒
"触摸春天"	1 分 25 秒
"我为你骄傲"	2 分 20 秒

通过比较发现，7 位教师的导课中，最短用时 56 秒，最长用时 2 分 20 秒。由此可见，老师们的课堂导入用时是合理的、科学的。

（四）注重多种方法综合运用

导课的方式很多，教师设计导入时要注意将其配合运用，不能每一堂课都用同一种模式的导入语，那样就不能激起学生的学习兴趣。

【课例 7】"从现在开始"①

师（谈话激励，出示课件）：一般的孩子做大家都能做的事，优秀的孩子做一般孩子做不了的事。你们选吧，你们做什么样的孩子？

（语言激励虽然与课文内容无关，但贵在激起学生的学习兴趣，激发学生敢于挑战困难的情感，因为本节课老师借助思维导图引导学生讲故事，这样的事情平时学生做得少）

生：我们做一般孩子做不了的事。

师：那你们就是优秀的孩子了。

师：咱们一起再玩一次"回声游戏"。（出示词语，把全班分成四排，第一排的学生正常语音读，后面排的学生语调越来越小，复习词语是为顺利讲故事做铺垫）

---

① 2017 年 3 月，濮阳县第二实验小学李媛梅老师执教的人教版语文二年级上册"从现在开始"

教师在导入这节课时，先由谈话导入激发学生学习的欲望，再通过游戏复习旧知识，连接新授课。

虽然教学导入只是整堂课一个微小的组成部分，但教师不能忽视导入，而应谨慎待之，因为它不仅仅是一门技术，更是一门艺术。我相信，只要老师们心中明晰目标，瞄准教材的重点、难点，依据学生的心理特点，灵活设计，巧妙运用，导入这个教学的第一槌，就会敲在学生心灵上，散发出迷人的火花。

参考文献

[1] 中国社会科学院语言研究所词典编辑室 . 现代汉语词典 [M]. 北京：商务印书馆，2017：264.

[2] 魏宏聚，杨润勇 . 中小学教师教学技能研训 [M]. 北京：教育科学出版社，2013：38，97.

[3] 朱家珑 . 义务教育课程标准教学切片试解读小学语文 [M]. 北京：教育科学出版社，2012：135.

[4] 王宗海，肖晓燕 . 小学语文教学技能 [M]. 上海：华东师范大学出版社，2011：96.

课堂导入切片诊断
——以小学数学学科为例

苗玉凤　彭玲霞　李珂倩

（濮阳县第二实验小学　河南　濮阳　457100）

柏拉图曾说过，良好的开端是成功的一半。在小学数学教学过程中，课堂导入作为教学过程的第一环节，能够定向目标，激发学生的学习兴趣，使学生产生强烈的求知欲，创设轻松愉悦的学习氛围。《义务教育数学课程标准（2011 年版）》要求数学课堂教学中，教师应该注重调动学生的积极性，激发学生的兴趣，引导学生思考数学问题。该标准进一步明确了导入在数学课堂教学中的地位与作用，教师要充分利用导入环节，在课堂一开始就抓住时机，激发学生迅速进入学习状态。

一、课堂导入的内涵及作用

课堂导入是课堂教学的起始环节，也是一节课必不可少的组成部分，它在一定程度上决定课堂教学的成与败，会直接影响到整个课堂教学的进行和发展。课堂导入如果能够吸引人，就会激发学生的好奇心、求知欲，课堂教学就顺利进行；课堂导入如果一开始就平平淡淡，学生的注意力就不容易集中，课堂教学质量就难以保证，课堂教学也就达不到预期的效果。

（一）课堂导入的含义

顾名思义，"导入"即一"导"二"入"，又叫作"导课"、"开讲"或"开场白"。从教育学的意义上来理解，"导"就是引导，"入"就是进入学习。导入是课堂正式教学的启动，它是指课堂教学开始之时，教师有意识、有目的地引导学生进入新的学习状态的教学组织行为，是教师和学生在此过程中所有教与学活动的统称，是为即将开展的教学活动而进行的必不可少的学生心理和生理上的唤醒。[1] 它的目的是导入课题，衔接新旧，启发学生，激发兴趣，说明目的，暗透时机，创造氛围，营造情境，等等。[2]

著名教育家叶圣陶说得好："教师当然要教，而尤宜致力于导，导者多方设法，使学生自求得之。"[3] 导入是课堂教学的第一步，如同一出戏的序幕，预示着后面的高潮和结局，引导学生思维的方向。苏联著名教育家苏霍姆林斯基曾经说过："如果教师不想办法使学生产生情绪高昂和智力振奋的内心状态，就急于传授知识，那么这种知识只能使学生产生冷漠的态度。"[4]

（二）课堂导入的作用

课堂导入的好坏对教学成败起着至关重要的作用。具体来讲，课堂导入的作用主要体现在以下几方面。

1.激发学习兴趣，引起学习动机

子曰："知之者不如好知者，好之者不如乐知者。"孔子这句话说明，兴趣是影响学生学习积极性和自觉性的最直接因素，是学生主动、积极学习的重要内驱力。教师可以充分利用学生好奇心强与渴望获得新知识的心理，让新课的导入与学生的思维碰撞出激情的火花，使导入通过环环相扣的引导像磁石一样将学生的思维、意识、注意力牢牢地吸引住，从而保证课堂教学的顺利展开。导入新课时，教师可以结合教学内容和教材特点，设置扣人心弦的悬念，通过让学生对一系列问题的思考，激发学生的好奇心与学习兴趣，引发学生对事物的思考、追索。[5]

【课例 1】"分数与除法"①

师：唐僧师徒四人沿着西天取经之路一直向西走。一天，他们来到人烟稀少的地方，沙僧出去化缘，但整个上午，他只化到了 1 张饼，没办法，师徒四人只好分着吃。他们平均每人吃了这张饼的几分之几？

生：$\frac{1}{4}$。

是啊，才吃了 $\frac{1}{4}$ 张饼怎么能饱啊！猪八戒饿得受不了了。于是，第二天就换猪八戒去化缘，八戒运气还不错，这次他化到了 3 张饼。可是，这却把八戒难住了，急得他抓耳挠腮，不知如何解决。

师：3 张一样大的饼平均分给 4 个人，该怎么分？每人分到多少张饼呢？猪八戒想请大家帮忙解决"分饼"这个问题，大家愿意帮这个忙吗？（揭示课题：分数与除法）

兴趣是最好的老师。学生的学习动机和求知欲在很大程度上受制于兴趣，恰如其分、新鲜有趣、引人入胜的导入，可以强烈地激发学生的学习兴趣和求知欲，使学生迅速做好学习新知识的心理准备，并产生学习期待。小学生对《西游记》的故事大多很熟悉，而且喜欢故事里面的人物，通过这个小故事来导入，能够增加学生的学习兴趣，引发学生思考，为接下来讲授"分数与除法"一课打下良好的基础。

2. 创设教学情境，引发学生的思考

新课程标准指出，课程内容应符合学生的认知规律，因而创设的情境应充分切合学生的已有经验和心理特点，激发学生的学习兴趣和探索热情。教学活动是一个师生积极参与、交往互动、共同发展的过程，因而情境以及引出的问题应有效调动学生的积极性，引发其数学思考，鼓励其创造性思维。学生的学习应当是一个生动活泼的、主动的和富有个性的过程。所以，创设合适的教学情境能引导学生认真听讲、积极思考、动手实践、自主探索和合作交流。

【课例 2】"乘法的意义"②

同学们，我班在我校的花样跳绳比赛中，车轮跳（2 人），参加 3 组；交互跳（3 人），参加 2 组；单双摇接力（4 人），参加 2 组；绳操（每排 5 人），参加

① 2016 年 4 月 15 日，濮阳县第二实验小学张老师执教的人教版数学六年级上册"分数与除法"
② 2016 年 4 月 5 日，濮阳县第二实验小学赵老师执教的人教版数学二年级上册"乘法的意义"

2组；明星展示（每班6人），参加2组；十人八字跳（8人），参加2组。我们班共有多少个人参加比赛呢？

上课开始，赵老师通过课堂导入，把学生带入一个与学生密切相关的教学情境中，营造愉快轻松的课堂氛围，激发了学生的学习热情与学习兴趣，引发学生的数学思考，给学生提供了创造性思维的发展空间。

3. 引起学生关注，进入学习情境

课堂教学从开始阶段就需要学生的身心处于良好的学习状态。课间休息时间，学生可能会从事各种活动，他们或追逐打闹，或散步闲谈，或完成作业，或看书读报……上课伊始，他们的大脑大部分仍处于兴奋状态，但其兴奋的中心、注意的方向却各不相同。鉴于上述情况，教师需要在课堂导入环节给学生一些恰当的信息刺激，实现学生兴奋点的转移，把注意力指向教师，指向课堂学习内容，从而全身心地投入课堂学习。如果学生不能把注意力集中到课堂教学中，不能专心致志地进行学习，教师无论如何努力教学，也只能是事倍功半。所以，导入的作用首先就是集中学生的注意力。

【课例3】"用字母表示数"①

王老师在执教"用字母表示数"的时候，上课开始，让学生唱《数青蛙》的儿歌：

生：1只青蛙1张嘴，2只眼睛4条腿，扑通1声跳下水；2只青蛙2张嘴，4只眼睛8条腿，扑通2声跳下水；3只青蛙3张嘴，6只眼睛12条腿，扑通3声跳下水……

（学生唱，王老师就在黑板上把这些数字写下来，然后接着提问）

师：N 只青蛙有几张嘴、几只眼睛和几条腿呢？

（一听到这个问题，很多学生愣住了。教师顺势引出今天的新课——"用字母表示数"）

儿歌是小学生喜闻乐见的一种艺术形式，学生读起来朗朗上口，特别能吸引学生的注意力。学生在饶有兴趣地唱《数青蛙》的儿歌时，很快便会收敛与学习无关的思维与行为，把兴奋点转移到课堂教学中来，专心致志地进行学习，开始对新知识的探究。

---

① 2016年4月10日，濮阳县第二实验小学王老师执教的人教版数学五年级上册"用字母表示数"

二、小学数学常用课堂导入方式

《义务教育数学课程标准（2011年版）》指出，教师教学以学生的认知发展水平和已有的经验为基础，面向全体学生，注重启发式和因材施教相结合。教师要发挥主导作用，处理好讲授与学生自主学习的关系，引导学生独立思考、探究学习。该标准融入了教师主导、学生主体的新的教育理念，课堂导入应秉持这一理念，发挥教师的主导作用，促使学生更好地参与课堂教学，成为课堂的积极参与者。我们结合平时的课堂教学，对课堂导入进行了系统的研究。现将常用的导入方法归纳如下。

（一）复习导入法

复习导入法是利用旧知识进行导入，是以学生已学过的知识为基础，引出新的教学课题。子曰："温故而知新，可以为师矣。"有经验的老师非常注意引导学生温故而知新，以复习、提问以及做习题等教学活动开始，提供新、旧知识联系的支点。这样的导入从旧知识到新知识过渡得连贯自然。教师用旧知识搭桥过渡的导入方法成功地运用了从已知到未知的教学原则，导入新课自然，既巩固了旧知识，又为新知识做了铺垫，使学生感到新知识并不陌生，是课堂教学中最常用的一种导入方法。

【课例4】"小数的性质"[①]

孙老师在黑板上出示了这样一道题目。

师：同学们，你有办法使1、10、100这三个数相等吗？
（顿时同学们就议论了起来）
生1：可以在这三个数的后面分别加上单位米、分米、厘米。
生2：也可以分别加上元、角、分等单位。
生3：还可以在10、100中添上小数点，使它们相等，也就是1=1.0=1.00。
（接着孙老师提出问题）
师：它们会相等吗？那就让我们一同来验证吧。
（顺势也就引入了新课）

简单的三个数引发了学生的学习兴趣，激发了学生强烈的求知欲望，使数

[①] 2016年5月18日，濮阳县第二实验小学孙老师执教的人教版数学四年级下册"小数的性质"

学课堂焕发了生命力，这样从复习旧知识来进行导入，不仅自然，而且为学生学习提供了方法，再提出与之有关的新问题，让学生利用已有的知识和经验，去解决新的问题。

【课例5】"三角形的分类"①

师：我们在前面学习过角，同学们回忆一下，角有哪几种类型？

生：有锐角、直角、钝角三种类型。

师：什么是锐角？什么是直角？什么是钝角？

生：……

师：同学们刚刚回顾了锐角、直角、钝角的定义，请大家看课件上的角，判断它们分别是什么角，并说出你的理由。

生：……

师：同学们对于角的知识掌握得很好。今天，我们将带着角的知识进一步认识三角形，学习三角形的分类。

马老师试图通过对角的知识的复习，帮助学生学习新课三角形的分类。但该导入内容设计得不够科学。教师选择复习角的知识引导学生进入三角形分类的学习，会对学生形成三角形分类一定与角的知识有关的心理暗示。

该导入方法虽然较易实现新、旧知识的衔接，但是无法激发学生学习的兴趣，不利于学生进行自主探索，阻碍了学生思维的发展。

可见，复习导入设计得好，就可以打开学生的思维，激发学生的学习兴趣，调动学生学习的积极性，让学生在创设情境中产生强烈的求知欲望，从而很自然地达到最佳的学习状态，并主动地去探究、去获取知识。反之，教学达不到预期的效果。

（二）游戏导入法

游戏导入法是在授新课之前，通过组织学生做各种有趣的游戏引入新知识的导入方法。游戏是学生间进行互动的有规则的玩耍，爱玩是小学生的天性，游戏导入能寓教于乐，并增加学生对新知识的兴趣，提高求知欲望。游戏导入充分利用了小学生活泼好动的特点，同时体现了"课堂教学要为学生创设轻松愉快的学习氛围"的新课程标准的理念。

---

① 2016年5月28日，濮阳县第二实验小学马老师执教的人教版数学四年级下册"三角形的分类"

【课例6】"平均数"①

师：同学们，我们今天来搞一次拍球比赛，大家等下推荐6个人上来，分成两个队，在规定的时间内看哪个队拍球的总数最多，哪个队就为胜利队。大家觉得怎么样？

生：好。

师：好，那现在就选这6位同学作代表，先分成甲乙两个队。每人拍5秒钟，请同学们当小裁判。老师把各队拍球的数量板书在黑板上。

师：比赛开始！

师：乙队分别拍了8个、13个、14个，甲队分别拍了11个、14个、16个。现在请同学们以最快的速度口算或用计算器计算每队的结果。

师：通过比总数，甲队拍了47个，乙队拍了35个，甲队胜了。我对获胜方表示祝贺。

（这时老师要求加入乙队，现场拍球5秒钟，使乙队拍球数增加了12个。现在老师又宣布乙队为获胜队。乙队欢呼，甲队学生不同意）

师：你们为什么不同意？

生：我们队3个人拍球，乙队4个人拍球，这样比赛不公平。

师：看来人数不相等，用比总数的办法来决定胜负不公平，难道就没有更好的办法来比较这两队总体水平的高低吗？

教师利用学生的认知思维冲突和在解决问题的需要，由学生提出"平均数"。教师在进行课前导入的时候利用游戏能够增加孩子的吸引力，很容易达到激发学生学习兴趣的目的。

数学与游戏的结合度相比其他学科而言契合度较低，加之游戏有其特别的规则与约束，在小学数学课堂几分钟导入过程中，如果教师把握不好，会画蛇添足，使课堂陷入混乱。

【课例7】"搭配"②

师：今天我们一起出游智慧乐园好吗？

生（齐说）：好！

师：咱们的智慧乐园可不是随便进的，智慧乐园的大门有一个密码锁，密码锁的密码是由1、2两个数字组成的两位数。请同学们说一说，密码可能是哪

---

① 2016年4月15日，濮阳县第二实验小学孟老师执教的人教版数学四年级下册"平均数"

② 2015年3月14日，濮阳县第二实验小学孟老师执教的人教版数学四年级下册"综合与实践"第一课时"搭配"

两个数？

生1：可能是12。

生2：可能是21。

师：好，让我们一起来试一试。（密码：21）

师：通过试密码的方法我们打开了智慧乐园的大门，现在让我们一起进入智慧乐园。

师：现在遇到了第二道门，这道门的密码是由1、2、3三个数字随机组成的两位数。请同学们思考，密码的组成有多少种可能？

生：12、21、23、32。

师：还有补充的吗？

生：13、31。

师：通过刚才同学们的回答，我们发现总是容易遗漏那么几种情况。谁能说一说，你有什么方法，能够更加准确无误地找出全部可能的密码。

生：我先选出两个数字，然后交换两个数字的位置，就能组成新的密码。

师（试密码，成功开启第二道门）：同学们，想一想这样的问题，对你有什么样的启发？

（学生自由讨论）

师：秘诀就是六个字——有序、不漏、不重。

师：这就是我们今天要学习的"搭配"。

闯关游戏导入环节设置了两道密码门，教师在上课15分钟的时候才点题"搭配"。相对于后续环节，本堂课头重脚轻，以至于影响了新授课环节的圆满。游戏导入法在执行的过程中，最容易忽略的是"精"的原则，导入要精练，不能超过5分钟。在游戏导入环节应该把握好游戏的"度"，切忌"刹不住车"。课堂上，学生多，教师难以调控局面，往往在游戏中丢失了导入环节的原则与要求。

（三）故事导入法

故事导入法是一种用讲故事的形式引入课题的导入方法。故事导入法能增加课堂教学的趣味性，激活学生的思维。

【课例8】"可能性"的教学导入[①]

（教师多媒体课件出示一休的图片）

---

① 2015年9月14日，濮阳县第二实验小学彭老师执教的人教版数学五年级上册"可能性"

师：大家认识他吗？这是一休，一个聪明又可爱的日本小和尚。老师有许多有关他斗智斗勇的传奇故事，大家想听吗？

生：想！

师：天皇嫉妒一休的聪明与勇气，处处为难一休。有一天，天皇把一休关进了死牢。按照法律规定，死囚在临刑前还有最后一次选择生死的机会，于是大法官拿来一个盒子，里面装着"生"和"死"两张纸条，一休摸到写有"生"的纸条则可以生还，摸到写有"死"的纸条便会被天皇处死。

师：你们认为一休摸纸条会出现什么结果呢？谁能用"可能"说一句话，预测一下结果呢？

生：他有可能摸到写有"死"的纸条。

生：一休可能摸到写有"生"的纸条。

（师板书：可能）

师：可天皇偏偏想让一休死，于是天皇派人偷偷拿走了盒子里写有"生"的那个纸条，换成了一个写有"死"的纸条。这回，同学们想一想，结果会怎么样呢？谁能用"一定"或"不可能"来预测一下结果呢？

生：一休一定会摸到写有"死"的纸条。

（师板书：一定）

生：一休不可能摸到写有"生"的纸条。

（师板书：不可能）

师：一休难道就真的没救了吗？其实，生活中有许多一定发生、可能发生、不可能发生的事情。今天，我们就一起来研究生活中的各种可能性，相信通过我们的学习，我们一定能救出聪明的一休。

（师板书：可能性）

这个教学切片增加了数学课的趣味性，帮助学生展开思维，丰富联想，使学生很自然地进入最佳的学习状态。

在课堂教学中，在故事选择时主要存在的问题是故事与教学内容结合度不够，或者故事对于小学生数学学习的启发性不够。同一个故事，在不同的表达与呈现方式下会有不同的效果。将故事讲得生动有趣、深入浅出是教师教学艺术水平的体现，也是故事导入的关键。教师既要做到语言简洁明快，绘声绘色，也要注意与学生交流互动。

【课例9】"观察物体"①

师：同学们，请看大屏幕，这是《盲人摸象》的故事，你们听过吗？

生：没有。

师：那老师来给大家讲一讲这个故事。

师：从前，有四个盲人遇到一个赶象人，盲人便请求赶象人让他们摸一下大象。盲人们开始摸象。胖盲人摸到了大象的牙齿，说："大象像个大萝卜。"高个子盲人摸到了大象的耳朵，说："不对，大象像把大扇子！"第三个盲人摸到了大象的腿，大声说："你们都不对，大象是根大柱子。"最后一位盲人摸到了大象的尾巴，说："大象只不过是一根草绳。"四个盲人争论得很厉害，都认为自己摸到的才是大象的样子。

师：孩子们，《盲人摸象》的故事给了我们什么样的启示？

生：应该全面地看待事物。

这节课通过《盲人摸象》的故事导入新课，能够引导学生树立全面观察事物的意识，与这节数学课的教学内容联系紧密，有较好的启发意义，是一个很好的导课教学切片。但在操作的过程中，老师只是为了讲故事而讲故事，并且用时太长，没有起到导课的作用。因此，该故事导入的课堂效果并不理想。

（四）提问导入法

未解之惑，未识之物，未辨之味，未通之理，皆可谓之"疑"。疑是思之始，学之端。这就要求通过提问使学生运用知识去分析问题、解决问题，一个问题往往有多种提问的方式。提问导入法在提问的时候一定要注意提问的方式、方法，要有艺术性。运用此方法要特别注意：要把一个问题由难变易，把抽象的知识变为形象的知识点，把枯燥的内容变为有趣的知识，使得问题能够引发学生的思考；根据教材的实际内容和学生的实际情况，采用多种多样、灵活多变的提问方式。

【课例10】"平行四边形的面积"②

师（开始先出示情境图——一个平行四边形和一个长方形的花坛）：你们会计算它们的面积吗？

生1：会计算长方形的面积，长方形的面积等于长乘宽。

---

① 2016年3月15日，濮阳县第二实验小学李老师执教的人教版数学五年级下册"观察物体"
② 2016年5月8日，濮阳县第二实验小学苗老师执教的人教版数学三年级下册"平行四边形的面积"

生2：不会计算平行四边形的面积。

师：长方形的面积我们大家会计算，那怎么样能得到平行四边形的面积呢？

（学生说出不同的猜想，很自然地进入了本节要学习的主题"平行四边形的面积"。）

这个导入环节教师所提的问题是依据教学重点平行四边形的面积的公式的推导，其设计具有启发性的问题，使学生能跟着老师提出的问题"那怎么样能得到平行四边形的面积呢"打开思路，思考这节课的核心学习内容。问题是要注重知识之间的衔接，可根据学生所熟知的内容变换角度进行提问，注意新、旧知识之间的迁移。另外，教师要尽量避免简单的判断性提问，应该多用疑问性、发散性提问。

【课例 11】"克与千克"①

师（先让体重、身高有着明显差距的两名同学站在黑板前）：看着他们俩，你们想说什么？

生：小红比小明高很多。

生：小明比小红胖很多。

生：……

师：我们可以看出小红比小明高，那有什么办法知道小红到底比小明高多少呢？

生：用尺子测量。

师：生活中，我们可以用尺子来测量长度。那么，要知道小明和小红的体重，我们应该怎么办呢？要用到什么单位？

生：……

戴老师请体型差别大的两个同学上台，创设贴近学生的情境，让学生进行实际观察，在一定程度上解决了数学高度抽象性和小学生具体形象思维占主导之间的矛盾。但是，该导入环节问题的设置明显缺乏科学性、可行性。在对"克与千克"这一重量单位学习时，老师在导入环节将其与长度单位混在一起提问，容易使学生的思维混乱。

———————————

① 2016 年 4 月 18 日，濮阳县第二实验小学戴老师执教的人教版数学二年级下册"克与千克"

三、课堂导入的要求

孙文杰在《小学数学微格教学教程》中详细介绍了导入应用原则，他认为不管导入类型及方法如何，都应该遵循四字原则：准、联、精、巧。准就是符合教材的特点，遵循学生的认知规律。联就是与所学知识要有密切的联系。精就是应该是时间上短暂和内容的精湛。巧就是运用导入方法的巧妙。在实际教学中，导入的类型和方法很多。对不同的年级、不同的教学内容有不同的导入方法，即使同一内容也可以用不同的方法导入，教师应灵活掌握。然而，教师不管运用哪种导入方式，都应该遵循以下几点要求。

（一）导入要有针对性

课堂导入要根据教学实际有针对性地设计。一是导入设计要与学科性质、教学内容和教学目标相适应。二是针对不同年龄阶段学生的心理特点、知识能力基础、认识水平设计导入。脱离教学目标、教学内容，不适合学生特点的导入，不管多么别致、吸引人，都不能发挥应有的作用。

（二）导入要有启发性

积极思维活动是课堂教学成功的关键。富有启发性的导入能引导学生去发现问题，激发学生解决问题的强烈愿望，能给学生思维上创造矛盾冲突，调动学生积极的思维活动，使他们更好地理解新的教学内容。教师可以通过设置悬念、创设情境、做游戏、展示现象等方法来设计具有启发性的课堂导入。

（三）导入要有趣味性

兴趣是学习的动力、求知的力量。课堂导入要简练概括，巧妙自然，独特新颖，引人入胜。导入的趣味性包括内容的趣味性、运用方法的趣味性和教师语言的趣味性等。为提高趣味性，课堂导入的设计要尽可能生动活泼、含蓄有趣，不要故弄玄虚。

（四）导入要有"度"

尽管课堂导入和正式教学有着密切的联系，但二者并不等同。课堂导入的主要目的是把新、旧知识联结起来，引出新知识，使学生更好地学习新知识。因此，教师一定要把握好导入的"度"。课堂导入应尽量做到简练省时，力争用最少的话语、最短的时间导入新课，使导入既能够引出新的教学内容，又不冗长拖沓，不挤占新课的教学时间。

（五）导入要有艺术性

导入的艺术性表现在导入的内容与形式具有高度的统一性；表现在导入设计上的科学性和教育性；表现在导入语言上的准确性和生动性；表现在导入与新课衔接上的自然巧妙性。导入的艺术性是课堂导入的最高要求，也是教师导入技巧的综合体现。[6]

俗话说，万物皆是数。我们的数学来源于生活，服务于生活，或许不同的老师有不同的数学导入方法，有善于提问、有喜于复习、有惯于开门见山者，可谓是"仁者见仁，智者见智"，但学数学最终还要回归到生活中去，用来解决生活中的一些实际问题。因此在教学中，精心设计的导入越接近学生的实际生活，学生就越容易接受和理解，教学效果就会越好，学生就会对数学产生更大的兴趣。

参考文献

[1] 李森. 现代教学论纲要 [M]. 北京：人民教育出版社，2005：248.

[2] 王宝大等. 导入技能结束技能 [M]. 北京：人民教育出版社，2001：2.

[3] 余国良. 学孔子：做优秀教师（下）：《论语》教育思想探微. 2014. http://www.doc88.com/p-8426063507632.html.[2017-10-18].

[4] 教育星空教学工作室. 数学课堂教学的优化. http://blog.sina.com.cn/s/blog_9bc9b3540102xqlo.html.[2017-09-20].

[5] 郭芬云. 课的导入与结束策略 [M]. 北京：北京师范大学出版社，2010：10.

[6] 卫建国，张海珠. 课堂教学技能理论与实践 [M]. 北京：北京师范大学出版社，2008：11-38.

初中英语教学中的导课方法切片分析
——以初中英语学科为例

江素萍

（濮阳县第二中学　河南　濮阳　457100）

第斯多惠说过，教学的艺术不在于传授本领，而在于激励、唤醒和鼓舞。

毫无疑问，导课在教学活动中就起着重要作用。

一、导课的作用

俗话说，良好的开端是成功的一半。在一节课的教学过程中，导入应该是最基本的也是较为重要的一步。由于英语是一门语言学科，语言交流、语境营造、词汇积累都是课堂教学的关键要素，教师如果能巧妙结合导入环节渗透教学难点，将会大大激活学生的学习兴趣，助力学生发展语言能力。一堂课如果导入得当，会起到以下作用。[1]

第一，容易把学生引入特定的英语语言环境之中，引导学生迅速进入学习状态。有效的导入可以把学生的注意力从课外吸引到课内，使学生进入良好的学习状态。

第二，能激活学生已有的知识，建立新旧知识的联结；能激发学生的学习兴趣，营造良好的英语学习氛围，为新知识的呈现做好铺垫。

导课环节处理恰当，对整节课的顺利完成可以起到事半功倍的作用。

二、导课的要求

课堂导入的好坏直接关乎整节课的教学效果，因此有效的导入需要达到以下要求。

（一）短

教师在导课时采用简洁、易懂的语言，以便激发学生的学习兴趣和求知欲望。[2]

【教学切片 1】Whose cap is this？

刘老师在讲授 "Whose cap is this?" 时，在上课伊始便直接利用学生课桌上的学习用品做例子。

师（拿起文具）：Whose pen is this?

生：It's <u>my</u> pen. It's <u>mine</u>.

师：Oh，it's <u>your</u> pen. It's <u>yours.</u>

师：This is <u>his</u> / <u>her</u> pen. It's <u>his</u>/ <u>hers</u>.

生：They are <u>their</u> pens. They are <u>theirs</u>. ①

老师引导学生说出"... their ... 和 ... theirs ..."导入新课，一下子抓住学生们的兴趣点和注意力，他们马上投身于积极寻找物品主人的活动中，直截了当且有效地导入新课，为主题教学活动创设了简短有效的铺垫。

【教学切片 2】Can you sing an English song?

王老师在讲授"Can you sing an English song?"时，唱着英语歌曲走进了教室，同时还拉着小提琴，在成功吸引学生注意力后提出一系列问题。

师：Can you sing the English song?
生：No，we can't.
师：Would you like to sing with me?
生：Yes，we'd love to.
......

师：What else can I do?（拉小提琴，帮助孩子回答）I can play the violin. What about you？（写出自己的才艺并帮他们说出来，完成新课能力表达）
生 1：I can....
生 2：I can.... ②

随即教师进入新课，有效引起学生学习兴趣和积极性，为本课成功开篇点题。

如果导课环节过于拖沓、复杂，会大大减弱学生的学习兴趣，或不关注本节课的学习内容，对学习起消极作用。如陈老师在九（19）班讲授仁爱版英语九年级上册第 3 单元话题 1 "English is widely spoken throughout the world."时，先让学生观看英语对话视频，又展示各国街头聊天场景，之后又展示课堂书法，大概用了 20 分钟的时间在显示英语，并没有合理利用这些资源，结果造成学生已经只关心图片或不再留意图片，对老师接下来的授课显然没有形成帮助，而老师的导课也因为太冗长冲淡了本课的主题，所以这节课下来的效果不好，败笔就在于导课时间太长。

----

① 2013 年秋，濮阳县第二中学英语教师刘老师在七（9）班讲授仁爱版英语七年级上册第 2 单元话题 3 "Whose cap is this?"
② 2014 年夏，濮阳县第二中学英语教师王老师在七（2）班讲授仁爱版英语七年级下册第 7 单元话题 2 "Can you sing an English song?"

（二）新

导语要富有新意，内容形式要力求新颖，避免千篇一律。在导课过程中，我们可以不拘一格，可唱可跳、或弹或奏，等等，力求切合实际又具有新意，从而达到常出新、常有新，让学生经常处于期待之中、回想之中，有益于提高学生对该科目的学习兴趣。[3]

【教学切片 3】When is your birthday?

濮阳县第二中学英语教师冯老师就是这样一位丰富、多才、出新的老师。她在讲授仁爱版英语七年级下册第 7 单元话题 1 "When is your birthday?"时，用小时候玩的"绳子变形"游戏导课，边玩边问"What's it like?""Is it like…?""What was it like?""Was it like…?"这样既导入新课"形状"，又极大地调动学生的学习兴趣，整节课令学生们印象深刻。形状原本是一个难点，老师通过这种方式化解了难点又加深了学生记忆，事半功倍。

（三）巧

教师平时要灵活应变，善用一切随机发生的事件进行导课，这样会起到意想不到的作用。[4]比如，濮阳县第二中学英语教师翟老师在讲授仁爱版英语七年级下册第 7 单元话题 1 "When is your birthday?"时，发生了一个小插曲。坐在前排的一个学生一个转身打翻了后面学生的颜料，黑黑的颜料在白色的纸上很显眼，后面的学生气得哭了。翟老师灵机一动，联想到画画，就让大家参与将颜料变成了荷花。于是，上课时她就用这幅画进行导课，她问学生们"What's it like?""What was it like just now?"等问题，这样既有效化解了矛盾又成功地导入过去时的课程，同学们积极参与，为整节课的顺利进行开了精彩的头，同时也为下节课"Can you…?"提供导课素材。

【教学切片 4】What does your mother do?

濮阳县第二中学英语教师王红要老师在讲授仁爱版英语七年级上册第 3 单元话题 2 Section C "What does your mother do?"时，刚好有家长来，于是王老师马上采用"现场采访"的方式，通过询问家长、学生本人和其他同学，顺利完成家庭成员单词的学习，理清彼此之间的关系，收到不错的教学效果。

师：Who is he?

生：He is my uncle？

师：He is your father's...

生：My father's brother.

师：You call your mother's brother _____ .What about your father's sister ? And your father's parents? Your uncle's son/daughter... .

（四）精

精心设计导入语，以达到内容精练，讲解精准，练习精典，抓住关键，起到画龙点睛的作用。

【教学切片5】What should we do?

濮阳县第二中学英语教师江老师在讲授仁爱版英语八年级上册第2单元话题1"What should we do?"时，由流行疾病入手，从探讨疾病症状、防病措施、关爱自己、关心他人到面临不同困境时我们应该如何做，以精练的语言引领，层层推进、环环相扣、联系实际，既突出了主题又使之得到了更大的升华。

师：What's the matter with you?

生：I have a...

师：Have you taken your temperature?
　　How do you feel ? …

师：What should we do if he is ill like this?
　　Can you help him?

生：…

师（呈现各种困难和灾难图片）：What should we do when they happen around us?

生：…

三、英语课堂常见的导课方法

在英语实际教学中，我们常用的导课方法有以下几种：直接导课法、温故知新导课法、音乐导课法、联系时事导课法、游戏导课法和视听导课法。

（一）直接导课法

直接导入，也是开门见山式，是平时我们教师最常用的一种导入方法。需要老师明确学习目标和要求，以清单形式呈现本课重点词、短语，直接点题。

（二）温故知新导课法

【教学切片 6】Where were you doing at this time yesterday?

仁爱版英语八年级上册第 3 单元话题 3 "What were you doing at this time yesterday?"的主要知识点为过去进行时。因为曾经学习过现在进行时，所以可以选择用温故知新的方式导课。在上课伊始，我通过大屏幕展示几组活动，让同学们一起说并做动作，以复习现在进行时。同时利用新旧知识之间的逻辑联系，让同学们找出新旧知识之间的联结点：be（am，is，are）+ doing，利用旧知识搭桥过渡，引出新知识 be（was，were）+doing，学生容易理解也能很好地掌握新知识。

（三）音乐导课法

通过歌曲，同样可以激发学生主动学习的兴趣。

【教学切片 7】I'm going to play basketball.

在讲授仁爱版英语八年级上册 Unit 1 Topic1 Section B "I'm going to play basketball" 时，濮阳县第二中学张夫英老师采用让学生欣赏歌曲《Whatever will be，will be》的方式，让学生边欣赏边畅想未来，激发学生渴望学习的心理状态，激发学生的学习兴趣，使课堂教学紧紧扣住学生的兴趣话题 "dreams"，启发学生积极思考 "What are you going to be when you grow up"，从而提高教学效果。

（四）联系时事导课法

用学生所关心的时事来导入新课，同样能很好地引起学生的共鸣，从而激起学生想积极主动地学习新课，来发表自己的观点，这是一种常见又有效的导课方式。

【教学切片 8】What should we do?

2008 年 5 月 12 日的汶川大地震牵动了全国人民的心，各行各业的人们尽自己所能，积极帮助灾区的人们，作为学生的我们该做些什么呢？"What should we do？"

用联系时事的方式导课，既对学生进行了情感教育，又起到了导入新课、升华主题的目的，可谓一举多得。

（五）游戏导课法

限时猜词是一件刺激又富有挑战的事情，用不断更换的图片引导学生进入一个个猜词的情境，可以让学生集中精力，迅速对新课产生兴趣。

【教学切片 9】What does your mother do?

在对仁爱版英语七年级上册第 3 单元话题 2 "What does your mother do?" 讲解时，我设置了几个连续的情境，比一比谁反应最快速，充分调动了课堂气氛，使学生全神贯注地进入特定的氛围，激发了学生学习的兴趣。

（六）视听导课法

【教学切片 10】What do your parents do?

仁爱版英语七年级上册第 3 单元话题 2 "What do your parents do?" 的主要知识点为家庭成员与职业的表述。因为曾经学习过有关家庭成员的单词 father、mother，所以可以选择用温故知新导课法的升级版视听导课法。在上课伊始，我通过大屏幕播放公益广告视频 *Family* 的 FLASH 动画，并和同学们一起观看，我告诉他们 "family" 这个单词中每个字母所代表的意义组合起来就是 "Father and mother I love you"。然后，依次展开本话题进行对家庭成员单词的学习，收到良好的效果。

导课的一个很重要的目的就是激发学生的学习兴趣，争取在最短的时间里抓住学生的心。含有新意和富有创意的导课会让学生眼前一亮，心灵为之而动。要想拥有精彩的新意和创意，需要我们为师者多学习、勤思考！总之，导课无定法，设计需合理！不管怎样，导课的方法一定要基于学科特征，符合该课型和教学内容，让学生对英语课堂充满期待，爱上英语！[5]

参考文献

[1] 郭芬云 . 课的导入与结束策略 [M]. 北京：北京师范大学出版社，2010：10.

[2] 周丽 . 精心设 "导" 引人 "入" 胜：谈初中英语课堂教学的导入 [J]. 校园英语（教研版），2011（4）：97.

[3] 魏宏聚，杨润勇 . 中小学教师教学技能研训 [M]. 北京：教育科学出版社，2013：53-64.

[4] 王尔 . 课堂教学的情景设计 [J]. 中小学教师培训，2006（2）：32-34.

[5] 黄玉宏 . 浅谈初中英语课堂导入的艺术 [J]. 中学教学参考，2010（34）：23.

切片诊断：初中语文课堂导入设计的原则

王文生

（濮阳县第四中学　河南 濮阳　457100）

俗话说"万事开头难"，但是也有人说"好的开头等于成功的一半"。由此看来，做好一件事，开头十分重要。对于一节课来说，情境的创设和导入就是开头，也是决定课堂教学成败的关键。上课之初，学生的情绪尚不稳定，创设良好的情境导入新课能够激发学生的学习兴趣，让学生在短时间内集中精力，从非学习状态转移到课堂的学习状态之中。依据"同化理论"，学生在接受学习中，新旧知识的联结很重要，巧妙地导入能建立新旧知识的联系，把学生引到一个特定的学习方向上来。精彩的导入还能明确指向本节课的教学目标，给学生指明学习的方向。特别是到外面讲公开课，面对陌生的学生和陌生的环境，课前情境的创设能有效化解师生之间的紧张、陌生情绪，建立亲切、融洽的师生关系，为授新课开个好头。因此，情境的创设和巧妙的导入是学生与文本之间的重要媒介，也是打造高效课堂的重要环节。

一、课堂导入设计的基本原则

情境创设是营造教学氛围，吸引学生注意力，调动学生学习积极性的重要手段，优秀的课堂导入设计要遵循几个基本原则：激趣原则、设疑原则、关联原则和简洁原则。[1]

（一）激趣原则

夸美纽斯曾说过，兴趣是创造一个欢乐和光明的教学环境的主要途径之一。课堂创设情境的目的在于营造一个轻松和谐的课堂氛围，吸引学生的兴趣。学生对学习产生兴趣时，才会产生学习的动机，才会积极地参与到学习中来。[2] 课堂导入的选材要力求新颖激趣，常用的方法是结合日常生活以激发学生的学习兴趣，吸引学生的注意力。

【教学切片 1】"爱莲说"

郭老师在执教"爱莲说"一课时设计的导语如下：

师：同学们，上课前老师先给你们出几个谜语，看谁能猜出来？小小一姑娘，身穿粉红袄，坐在水中央。

生：荷花。

师：荷花还叫什么？

生：莲花。

师：陶令最怜伊，山径细栽培，群芳冷落后，独自殿东篱。

生：菊花。

师：你怎么猜出来是菊花而不是梅花呢？

生：陶渊明有首诗写到"采菊东篱下，悠然见南山"。

师：得天独厚艳而香，国色天香美名扬。

生：牡丹。

师：刚才咱们猜的这些都是花，今天我们来学习一篇文言文，里面也写到了几种花，同学们读一读都有哪些花？①

执教者通过猜谜语的方式一下子激活了学生的思维，为学习创设了积极的氛围，其内容又紧扣文本，该导入起到了一定的激趣效果。因此，教师就要在学生的兴趣上下功夫。依据心理学知识，初中阶段的孩子对游戏、谜语、悬念、图片、音乐、微视频等感兴趣。如果通过学生感兴趣的内容进行导课，就能调动学生的肢体、听觉和视觉，并经过大脑思维来接收信息，能够较好地排除课前活动的干扰，使学生集中精力回归课堂。从心理学角度讲，兴趣是认识事物过程中产生的良好情绪。这种心理状态会促使学习者积极寻求认识和了解事物的途径和方法，并表现出一种强烈的责任感和旺盛的探究精神。教师在设计导入环节时要充分考虑如何激发学生的学习兴趣，结合文本内容寻找合适的导入方式。

（二）设疑原则

俗话说，学起于思，思起于疑。有疑才会多思，多思才能调动学生的积极性和创造力。结合教学内容巧设悬念或制造认知冲突，能够唤起学生的好奇心和求知欲，促使学生主动探索文本内容。

王君老师在执教"湖心亭看雪"一课时，就紧紧抓住"独往湖心亭看雪"的"独"与后文又出现舟子等其他人这一矛盾设置困惑，让学生在学习文章中探索原因，最后揭示原因——这是张岱遗世独立的性格造成的。成功的设疑能激起学生学习的欲望，保持充足的精神。值得注意的是，设疑之后要有答案，以帮助

---

① 2013 年 9 月 4 日，濮阳县第四中学郭殿立老师执教的人教版语文八年级上册"爱莲说"

学生揭开疑惑。设疑导入语设计的关键在于问题的精巧。所提问题应是本课要解决的重点，既要有趣味、有想头，又要通过阅读和思考后能回答得出来。同时，设计的第一个问题就要激起学生的疑问和思考，否则很难收到预期的教学效果。

（三）关联原则

事物之间是相互联系的，课堂情境的创设目的就在于建立新旧知识之间的联系，课外与课内知识之间的联系。因此，选材要紧密结合教学内容，特别是跟教学目标的内容或价值取向保持一致，以确保导入不偏离教学内容，并可顺利导入新知识。

【教学切片2】"伟大的悲剧"

吕教师在执教"伟大的悲剧"一课时，这样创设情境：

师：同学们，请看大屏幕上三幅图片。
（出示课件）
师：这是1986年1月28日美国航天飞机"挑战者"号升空73秒后突然爆炸时的情景，机上7名宇航员全部遇难。

这是2002年北大科考队和登山队攀登希夏邦马峰时的照片，队员不幸遭遇雪崩，5人遇难。

这是2003年2月1日，美国"哥伦比亚"号航天飞机在即将返回地面前夕解体时的照片，机上7名宇航员全部遇难。

师：在科学家探险的道路上，这样的事情发生的太多太多了。可见，人类科学探险的道路并不是一帆风顺的。但是，这一切从未阻止过人类继续探险的脚步。今天，我们一起学习著名的奥地利作家茨威格写的"伟大的悲剧"。①

这一导入采用的是图片导入法，三幅科学探险的悲剧图片给予学生直观的感受，加上老师的生动讲解，就创设了凝重、沉思的气氛。关键在于，这些事例与文章内容具有相似点，这就建立起学生学习课文的情感基础。情境创设应以完成教学目标为出发点，与文章的内容要有紧密的联系，能够启发学生的思维，搭起与文本建构的桥梁，达到定向激趣的效果。教师在课堂教学中，不能仅仅考虑如何创设一个好的情境，还要考虑导入的设计是否能让学生走进课堂，学生通过本堂课学习学到了什么，否则就失去了语文课本身的意义。[3] 课型不同、教学内

---

① 2014年5月7日，濮阳县第四中学吕伟霞老师执教的2013人教版语文七年级下册"伟大的悲剧"

容不同、教学目标不同，导入的方法也不同。如何选择导入方法？教师要结合具体学科特征和教学内容，找好切入点，依据关联原则选择巧妙的过渡方式。

（四）简洁原则

导入语言要力求简洁，避免重复。时间要求 3 ～ 5 分钟，切忌时间过长而喧宾夺主。

【教学切片 3】"月迹"

姚教师在执教"月迹"一课时是这样导入的：

师：同学们，今天我们来学习一篇散文"月迹"，它的作者是当代著名作家贾平凹。

（学生读作者的姓名，对"凹"的读音出现了分歧，有的读"wā"，有的读"āo"。）

师：这个字有两个读音，在这里应该读"wā"，贾平凹小时候父亲给他取名叫平娃，在陕西方言中就念"平凹"。长大后这个"凹"就替代了"娃"字。这个字的笔顺容易写错，我们来写一下。[①]

这个导入就是直奔主题，不兜圈子不绕弯，显得亲切自然。在导入中，教师还进行了字音纠正，体现了语文的味道。情境创设毕竟只是课堂教学的辅助手段，不宜拖沓繁冗，大量占用课堂时间。特别是运用多媒体上课时，播放影视片段、歌曲、图片占用了几分钟的时间，从某种意义上满足了学生的视觉和听觉感受，但是对课堂学习没有产生多大作用。对于这些内容，教师要精选剪切，避免浪费时间、喧宾夺主。

二、课堂导入常见的问题

在日常备课时，很多老师很重视情境的创设和导语的设计。然而，有些老师不能正确理解和运用创设原则，反而出现了种种问题。

（一）为激趣而激趣，不能指向教学内容

在实际教学中，一些老师往往只为达到激趣效果，而忽视了学习内容和教

---

① 2011 年 11 月，江苏省南通市东方中学姚敏老师执教的苏教版语文七年级下册"月迹"

学目标，不能设计巧妙的认知冲突以吸引学生，造成学生对学习的目标和内容兴趣不浓厚。

【教学切片 4】"绿色蝈蝈"

王老师执教"绿色蝈蝈"一课时，是这样创设情境导入新课的：

师：同学们，这两人是谁呀？认识吗？（多媒体出示图片）

生：哦！是周杰伦、韩红。

师：他们是做什么的呀，同学们？

生：哈哈……唱歌的。

师：是唱歌的是吧？咱们人类可以唱出优美的歌声，那么昆虫会不会唱歌，同学们？

生：会。

师：有的昆虫也是歌星，比如……（出示昆虫图片）。

生：蝈蝈、小鸟、蟋蟀、知了、公鸡……

师：还有什么吗，同学们？想不起来了吗？今天，让我们一起跟着法国昆虫学家法布尔去拜访一位昆虫歌星朋友——绿色蝈蝈。①

这一情境创设体现了激趣原则，执教者试图用学生所熟悉的歌星激起学生的兴趣，现实生活中多数学生都喜欢歌星，这些内容符合学生的审美视角，达到了激趣效果。另外，此设计也运用了关联原则，由人类的歌唱过渡到自然界昆虫的歌唱，顺理成章地出示昆虫的图片，架起了学生与文本之间的桥梁。从时间上分析，此设计从开始到结束共用 3 分 40 秒，大大节省了学生自主学习的时间，体现了简洁原则。在导入的方式上，此设计综合运用了图片导入和对话导入。图片能让学生直观感受信息，立刻做出反应，并留下深刻的印象。师生之间的对话体现了课堂教学的平等原则，给课堂创设了平等和谐的氛围，有助于启发学生的思维。对话的内容与课文的内容联系紧密，让学生先抓住蝈蝈是大自然的歌手这一特征，为理解文本做了铺垫。

不足之处是没有创设认知冲突，只是把学生和文本内容联系起来。导入内容没有指向教学目标和教学内容，这些内容过于肤浅，仅仅指向蝈蝈的叫声美妙这一特征，有点片面，也不能引起学生的深度思考，对学生接下来的学习缺乏更大的吸引力。建议就文中所体现的蝈蝈的外形、生活习性等特征出示几幅图片，

---

① 2014 年 12 月 26 日，濮阳县庆祖镇一中王文生老师执教的 2013 人教版语文七年级上册"绿色蝈蝈"

让学生从文中找到相应的内容，体会作者的表达技巧。因此，导入设计在激趣的同时，还要针对学习目标和文本内容。要依据教材内容明确学习目标，结合教学目标中的重点、难点和关键，从学生实际出发，抓住学生年龄特点、认知规律、知识基础、兴趣爱好等特征创设情境，做到有的放矢。

（二）导入内容不够贴切，偏离主题

部分老师在没有认真解读教材的情况下，依据题目断章取义来设计导语，有时往往与文本内容偏离，致使学生误读文章。这样的情境创设非但起不到激趣的作用，反而会浪费时间，降低课堂效率。

【教学切片5】"走一步，再走一步"

肖老师在执教"走一步，再走一步"一课时是这样设计导语的：

师：同学们，老子有句话说得很好。千里之行……
生：始于足下。
师：同学们真聪明。那下面老师再考考你们，能不能把"始于足下"换成另一句话来表达（7个字）？
（生沉默，无人应答）
师：那同学们看一看第17课的题目"走一步，再走一步"。我们再来一次，千里之行……
生：走一步，再走一步。①

从这节课的导语设计上不难看出，这位老师在说"千里之行"后，希望学生能立即把"始于足下"变换成"走一步，再走一步"。可是，这仅仅是老师个人的看法，学生却沉默不语，这就证明老师没有从学生的角度去考虑。从本文的中心内容来说，其旨在告诉学生遇到困难不要害怕，要善于把大困难分解成小困难，然后一点点克服，最终战胜困难。"千里之行，始于足下"强调的是第一步的重要性，不管路多远，要敢于迈开第一步。从二者的性质来说，关联不大，还是有一定的区别。这个教学切片告诉我们：在导语的设计上，一定要紧扣文本，与教学内容相关，并且内容一致，要直接指向教学目标，不能有偏离。导入设计应该建立在科学的教学理论系统基础之上，要确保导入内容的科学性，即做到导入内容准确无误。

---

① 2015年11月4日，濮阳县第四中学肖泽铎老师执教的2013人教版语文七年级"走一步，再走一步"

（三）导入时间过长，喧宾夺主

导入只是课堂的前奏，是引子和过渡，对知识的探究学习才是课堂的主体。因此，理想的导入在时间上要控制在3～5分钟，不宜过长。在日常课堂教学中，部分教师往往不注意，把大量的时间花在导入上，导致学习内容还没来得及展开就下课了。

【教学切片6】"竹影"

李教师在执教"竹影"一课时，设计的导语是：

师：同学们，你们小时候有没有玩过一些觉得很有趣的游戏，有时也会因此遭到长辈的责骂，能否说一下让大家分享一下。

生1：有，我来给大家说一说小时候玩跳皮筋的游戏……

师：说得很好，老师要求说的要有趣、富有创造性，也可以是破坏的。

生2：老师，我也有。我想说小时候用泥巴捏泥人的游戏……

师：有创意，谁还有？

生3：我想说跟伙伴玩打仗的游戏……

生4：我想说老鹰捉小鸡的游戏……

师：那你们想不想知道著名艺术家丰子恺小时候玩的游戏呀？

众生：想。

（师板书题目，介绍作者丰子恺……）①

从导入的方式来说，这是谈话法。设计者也能从与文章相关联的话题游戏入手，吸引学生的兴趣，打开了学生的话匣子，起到了一定的激趣效果。但是，文章的主旨是表达儿童的天性，爸爸借机教育孩子。本课的导入只是单纯地谈游戏，虽然起到了激趣效果，但与文章的内容关联不大。整个导入过程中，学生发言有点收不住场，花了将近12分钟。介绍作者又用了约3分钟，共用时大约15分钟。很显然导入时间过长，与核心教学联系不紧密，也造成了后面自学环节的时间紧张。本来一课时就能完成的略读课，这样设计可能需要两课时。

因此，成功的导入，不仅在于创设良好的情境，像磁石般吸引住学生，集中学生注意力，激发学生的学习兴趣和探究欲望。同时，设计的内容还要科学合理，有针对性地与文本之间建立联系，合理地把握好时间，力求简洁明快。教学有法，但教无定法。一堂课的导入不可能千篇一律，同样的导入，面对不同层次

---

① 2016年5月3日，濮阳县第四中学李世杰老师执教的2013人教版语文七年级下册"竹影"

的学生也会有所变化。要想营造良好的教学氛围，设计巧妙的导语，达到定向激趣的效果还需要我们活学活用。坚持以学生为主体的理念，在继承中创新，依据教学实际和具体学情选择合适的导入方式，激活学生的思维，丰富学生的情感体验，调动学生的积极主动性，打造灵动的课堂。

参考文献

[1] 魏宏聚，杨润勇 . 中小学教师教学技能研训 [M]. 北京：教育科学出版社，2013：53-64.

[2] 廖爱云 . 初中语文教学的情境创设研究 [J]. 学周刊（B），2012（6）：40.

[3] 王明勇 . 让学生在体验中成长——情景设计在初中语文课堂教学中的应用 [J]. 思茅师范高等专科学校学报，2009（6）：134.

历史课"难忘九一八"导入切片分析

齐允玉

（濮阳县渠村乡第一中学　河南　濮阳　457183）

课堂教学是一门艺术，课堂导语更是艺术中的艺术。良好的开端是成功的一半。课堂教学中的导入环节是整个教学的重要组成部分，是教学成败的关键一环。在历史教学中，情境导入能够把学生带进一种有效学习与对话的情境世界，从教学需要出发，营造与教学内容相适应的场景或氛围，从而使学生较快地理解、掌握教学内容，提高课堂教学质量和教学效果。

良好的开端是成功的先声。课堂教学的展开和学生注意力的集中都与新课导入有关。每堂课的导言是激发学生学习该堂课内容的兴趣、影响学习效果的十分重要的环节，或新颖别致、或幽默诙谐、或富有哲理、或富于思辨的导言能使学生的注意力在上课之初就被吸引住，从而全神贯注于这堂课的学习中。设计引人入胜的导言能拨动学生的心弦，引发学生的兴趣，体现着教师对这项艺术的掌握程度。

一、情境导入的内涵与教学功能

什么是导入？新课导入就是教师通过各种途径引出要讲述的课题，把学生领进新知识学习的大门。它是整个课堂教学中的开场白，能激发学生学习新知识的兴趣，是整个教学过程中不可缺少的重要环节。它在整个教学过程中起着承上启下的桥梁作用。

良好的情境能使学生产生浓厚的兴趣，激发学生主动、自觉地参与教学活动，有意识地调控和创设良好的教学情境，努力开拓学生创造性思维的路子，从而培养学生的创新能力。创设情境导入新课是上好一节历史课的关键。成功地创设情境，能调动学生的情感、思维，让学生很快地进入课堂学习状态，对上好一节历史课能起到很好的作用。

情境导入的主要作用有以下几点。

（一）诱导作用

好的导入可以唤起学生的注意心理，吸引学生学习的注意力，并使之得以有效的保持，从而能够保证教学有效有序的进行。

（二）激励作用

精彩的导入可以诱发学生的期待心理，激发学生学习的兴趣和求知欲。"兴趣是最好的老师"，兴趣是主动求知的起点。巧妙的导入设计可以更好地激发起学生浓厚的学习兴趣，从而产生强烈的求知欲望和学习的积极性，使学生快乐、主动、热情地投入学习中去。

（三）定向作用

可以利用学生的求异心理，引导学生的思维方向。良好的导入能够将学生的思维引入一个新的知识情境，启迪学生去思索、去设想，同时也能引导学生的思维顺着教师的思路逐步深入，从而为整堂课教学内容的有效完成做好铺垫。

（四）协调作用

好的导入可以消除学生的紧张心理，营造一种愉悦、轻松、和谐的教学氛围。

精彩的导入既能有效地组织起教学，又能充分调动学生学习的积极性，还能活跃课堂气氛，丰富教学内容；既能提升学生无意记忆，又能活跃学生的思维，还可以使学生更容易接受课堂教学知识，发掘出学生自主学习的潜力。因此，掌握情境"导入新课"的方法，对于有效提高课堂教学质量都是不无裨益的。

二、情境导入的基本原则与操作要求

"一出好戏应有好的开始",一节有效的教学内容设计应从"头"就开始,而一幕幕真实、合理的情境导入就像战前振奋人心的动员、士兵听到的冲锋号角,在一定程度上是课堂教学成功的关键。[1] 导入作为教学环节的一部分,必须遵循一定的原则,才能取得良好的教学效果。情境导入应遵循的基本原则有以下几方面。

(一)导入的针对性

运用导语的目的是导入新课,增强教学效果,其设计与运用要紧扣教学目标。因此,课堂教学导入一定要根据既定的教学目标、教学内容、学生特点、环境因素等精心设计导语,不能单纯追求形象性和故事性,热衷于稀奇而喧宾夺主。与教学目标、教学内容无关的导入不要硬加上去,不要使导语游离于教学内容之外。

(二)导入的情趣性

苏联教育家维特洛夫指出:教育最主要的也是第一位助手是幽默睿智,它可使整个教学顿时生辉,并能创造出一种有力与学生学习的轻松愉快的气氛,让学生在这种气氛中受熏陶和感染。例如,一个生动真实的事例,一句幽默诙谐的语言,一个恰当巧妙的比喻等,都能激发学生兴趣,启迪思维,探究新知。因此,情境导入要力求新颖、别致、生动感人,富有趣味性,迅速抓住学生注意力,引发学生积极思维,开启他们愉快的"历史之旅",展开与历史的对话,从而感悟历史。

(三)导入的简洁性

导入新课的基点在"导"。因此,在情境设置上不要故意绕圈子,不走弯路。语言上不要滔滔不绝而不着边际,应在"精"字上下功夫,做到适时适度,简明扼要,恰如其分,一语中的,切中要害,简洁明快,起到立竿见影的效果。

总之,设计导入要紧扣教学内容,符合学生年龄特点,能激发学生的学习兴趣。导入要简练,短小精悍。

三、历史教学中情境导入成功的教学切片分析

清人李渔说:"开卷之初,当以奇句夺目,使之一见而惊,不敢弃去。"一

堂好的历史课如果有一个好的导入语，犹如一篇优美的文章有一个扣人心弦的开头，引人入胜。好的导入语能够创设出愉悦的学习氛围，激发学生的情感和学习兴趣，引导学生强烈的参与欲，当然就会促使学生以最佳的心理状态进入新课的学习。一节课的导入语要做到新奇、有趣、吸引学生，就要求历史教师广泛搜集各种与本节历史知识有关的资料和信息；吃透教材，充分掌握教材的内容特点，结合所教学生的年龄特点、年级特点、学习基础以及接受知识的能力，精心设计导入语。

下面以历史课"难忘九一八"为例，对三个成功的情境导入切片进行分析。

【教学切片 1】"难忘九一八"

著名教育家苏霍姆林斯基认为，"教师的任务就是要让儿童从学习中得到满足的良好情感，以便从这种情感中产生和形成一种情绪状态，即强烈的学习愿望。"高老师的导语就抓住了学生的这种情感，她在导课时说：

今年是九一八事变 84 周年纪念日。在这个特殊的日子来临之际，沈阳市工商界向全市 1.5 万家会员发起倡议：9 月 18 日不搞庆典活动。你们知道九一八事变是怎么回事吗？为什么沈阳人民要纪念九一八？①

老师的话引起了学生的学习热情。

高老师采用的导入法是借助新旧知识的关系创设教学情境，这种方法紧紧围绕激发学生的思维来设计，从授课内容出发，抓住授课内容的重点和关键，巧妙设置学生感兴趣而又一时难以解决的问题情境，来以此拨动学生求知的心弦，激发学生急于探索的心理状态。这种导入可促使学生尽快地进入学习状态，积极主动地思考问题，比较有针对性、情趣性，简洁、省时。

【教学切片 2】"难忘九一八"

视频具有直观、形象的特点，富有生动感，让学生不仅视觉受到刺激，听觉更能得到有效的刺激。有效的刺激可以提高学生的兴奋点，让学生集中注意力。以真实的新闻导入，可以使学生在直觉上产生强烈的心灵震撼，以此来激发学生学习的兴趣[2]。

再看孙老师讲授"难忘九一八"这一课。当时她的导语是：

---

① 2015 年 11 月，濮阳县第二实验中学历史高老师参加县举办历史优质课评选活动时的展示课，教材为中华书局版

同学们，在上新课之前，我们来共同看一段新闻视频。（老师播放视频，看完这段新闻视频后，老师设疑）同学们可曾知道80多年前的东北，也就是在1931年沈阳城发生了什么重大的历史事件？之后的东北又是怎样的一番景象？全国人民为什么都来纪念九一八？9月18日为什么是咱们中国的国耻日？同学们，想知道这些疑问吗？让我们一起通过学习第14课"难忘九一八"来探寻答案吧！①

孙老师可谓抓住了学生的爱好、初中生的特征。通过观看视频，学生可以了解九一八事变爆发时的那段真实历史，有利于学生掌握与九一八事变相关的知识，为教师突破教学重难点打下基础。这是此导入成功的原因之一。

"学起于思，思源于疑。"当今学生思想活跃，好奇心强。教师应引导学生善于思考，善于解疑。教师在情境导入中巧妙设计疑问，引起悬念。[3]孙老师讲授的"难忘九一八"在情境导入中巧妙设计疑问，制造强悬念，牢牢吸引了学生的注意力，使学生一开始就产生释疑的欲望，积极思考，然后带着疑问学习新课。此课导语新颖、别致，具有情趣性和针对性。这是此导入成功的另一个原因。

【教学切片3】"难忘九一八"——音乐的魅力

现代初中生兴趣广泛，活泼开朗，尤其喜欢唱歌。歌曲最大的优点是能渲染气氛，仿佛再现当时的情景，使学生的感情迁移、投入，这是其他教学手段难以起到的作用。在导入课中运用歌曲，可以把歌曲与历史结合起来，起到烘托气氛之效，使学生从中感受到音乐带来的历史震撼，感受学习的乐趣，从而积极主动地寻求新知识[3]。

张老师参赛课"难忘九一八"的导入语与高老师、孙老师也不相同。她是这样导入的：

师：同学们，这节课我们用一首歌来开启我们的历史之旅。

（播放歌曲《松花江上》，引导学生体会歌曲中蕴含的东北人民对自己富饶家乡的热爱，对日寇野蛮侵占我国东北的愤懑，以及对流离失所、家破人亡的悲痛）

师：歌曲中唱到使东北人民脱离家乡、抛弃宝藏的事件是什么事件？九一八事变是怎样发生的？你们想知道吗？"②

---

① 2015年，濮阳县一中历史老师参加县历史优质课评选活动时的展示课，教材为中华书局版
② 2015年，濮阳县二中的历史老师参加县历史优质课评选活动时的展示课，教材为中华书局版

张老师讲授"难忘九一八"是借助歌曲创设的教学情境导入的，用录音机播放歌曲《松花江上》，这首凄怆的歌曲，当年在大江南北、长城内外到处传唱。它唱出了九一八事变后东北人民流离失所、家破人亡的悲痛，也唱出了当时全国人民对日本帝国主义的愤恨。低沉而悲壮的歌曲很快就把学生带到国破家亡的历史情境中，学生的情感很快被激发出来，这样学生对爱国主义情感也就有了直接体验。张老师再次提问："这首歌描写的是什么事件？九一八事变是怎样发生的？"这样便将学生的思维引入了恰当的轨道，让他们在不知不觉中进入课堂学习，激发了学生学习历史的积极性。这时再学习具体内容就更能加深对日本帝国主义侵略行径的痛恨，也对当时国民党政府的不抵抗政策有了进一步认识，学生在听课时能集中注意力，边听讲边展开丰富的联想，把自己置身于当时的历史环境下去思考，从而形成完整的历史表象。张老师的导入符合教材内容、学生的年级段和年龄段特点，设计新颖，能吸引学生注意力，激发学习兴趣，而且导入时长适当，从而收到较好的教学效果。

课堂导入有法，但无定法。因课而导，没有固定格式。不同内容、不同特点，应用不同的方式。历史课堂教学具体内容和课型的差异使教师在设计课堂教学导入时很难有一定之规，即使相同的课堂教学内容，从学生的实际、学情出发，其课堂教学导入环节的设计也是有着千差万别的。例如，同样讲授"难忘九一八"这一课，几位老师的导入是不相同的，但只要有助于集中学生的注意力，引发学生的学习兴趣，激发学生的思维和创造力，就是一次成功的导课。正如德国教育家第斯多惠所说：教学的艺术不在于传授本领，而在于激励、唤醒、鼓舞……

四、反思

"情境导入"在历史课堂教学中是行之有效的导入方法，它让我们享受到成功的喜悦，但也存在不尽如人意之处，就其现状来说并不乐观。

（一）导入设计还处于传统教学阶段

由于长期受应试教育、升学压力的影响，"满堂灌"的传统教学模式仍然在历史课堂教学中占据主要位置。导入是课堂教学中必不可少的重要环节，如果教师只是讲几句和课程内容相关的话，学生就无法被真正带入课堂教学中，从而使课堂缺乏师生交流，变成教师一人的独白。

（二）在日常教学中，导入缺乏精心设计

在课堂教学中，教学导入法的主要运用者是教师，而有些教师对此重视不

够，仅仅处于使用它的状况，并没有相关的手段、方法被应用其中。同时，教师也没有根据班级、学生兴趣爱好、个性特征等，结合教材内容，采用适宜的教学导入方法，严重影响课堂教学的效果。

日常教学中常用的两种导入方法：直接导入法和复习导入法。

1. 直接导入法

上课开始，教师开门见山，直接点题，讲明这节课需要学习的内容和要求，从而引起学生注意，这种导入新课的方法就是直接导入法。例如，何老师在讲授"难忘九一八"一课时是这样导入的：

同学们：今天我们来学习第14课"难忘九一八"，请打开课本找到这一课。本课的重点内容是九一八事变爆发的原因、经过、结果……

历史不能再现，也不会重演。它讲述的是已经过去的、无法精确验证的历史事件，学生感到难以理解。这样的导入缺乏感染力，就不适合初中生特征，会使学生感到生硬、刻板、枯燥，不利于激发学生的学习兴趣，不利于下一环节的教学，更谈不上提高教学效果。

2. 复习法导入

一般由教师设计几个富有启发性的与新课内容密切相关的问题，引导学生积极思考，以便自然过渡到新课。例如，赵老师讲授"难忘九一八"的导入语如下：

师：回顾一下，前面我们学过的侵略中国的四次战争有哪些？
生：第一次鸦片战争、第二次鸦片战争、甲午战争、八国联军侵华战争。
师：其中哪一次战争是日本发动的？
生：甲午战争。
师：今天我们学习日本对中国发动的九一八事变，即第14课"难忘九一八"。

由复习旧知识引入新课有利于知识的衔接，使学生理解历史概念的因果联系，体现了温故而知新的教学思想，但往往缺少趣味性，不能最大限度地调动学生的积极性，有时显得平淡呆板而常常限制了学生的思维活动。

　　日常用的教学导入语缺少新奇、有趣而且不符合学生的年级段和年龄段特点，不能吸引学生注意力、激发学习兴趣，因而教学效果不佳。所以，在新课程改革的潮流下，教师要仔细研读教材，根据历史教学内容巧妙创设各种教学情境，吸引学生入境，使学生产生强烈求知欲，主动深入学习 [4]。

　　因此，一堂课是否成功，导入起着至关重要的作用，可以说，导入的质量直接关系到教学质量。教师要独具匠心、巧妙地创设能唤起学生好奇心和求知欲的情境，以生动的故事、感人的形象、风趣的语言，将学生引入流连忘返的胜境，使课堂在"润物细无声"的氛围中实现教学目标。情境导入就像一把钥匙，开启了学生的兴趣之门。情境导入只是教师智慧地教的一个有力工具，精彩的情境导入为课程开了一个好头。在教学过程中，每个教学环节都应环环相扣，尽显历史魅力，让学生在历史课堂中能享受到快乐，从而体会到收获的喜悦和成功的满足。[5]

参考文献

[1] 郑洁平 . 浅谈情境导入法在历史课堂中的运用 [J]. 福建论坛（社科教育版），2010（4）：74-75.

[2] 王洪泽 . 情境创设在初中历史与社会课堂导入中的应用 [J]. 新课程（上），2013（4）：54.

[3] 曹振霞 . 情境导入法在历史课堂上的运用 [J]. 考试周刊，2014（26）：142-143.

[4] 朱新华 . 巧设情境引生入境：略谈初中历史新授课的导入 [J]. 新课程导学，2012（31）：80.

[5] 石磊 . 试论历史课堂教学中的情境导入 [J]. 考试周刊，2013（57）：138-139.

第二篇

预设与生成切片诊断

基于"平行四边形的面积"教学论预设与生成的策略

李丽革

（濮阳县第二实验小学　河南　濮阳　457100）

《义务教育数学课程标准（2011年版）》在"教学建议"中指出，教学中要处理好"预设"与"生成"的关系。现代教学论指出，教学过程是师生交往、积极互动、共同发展的一个动态过程。叶澜教授曾说：课堂应是向未知方向挺进的旅程，随时都有可能发现意外的通道和美丽的风景，而不是一切都必须遵循固定线路而没有激情的行程。

随着新课程改革的不断推进，很多教师越来越注重学生的主动发展、个性发展，因此就需要有一个动态过程，通过师生间的相互沟通、影响、补充，达到共识、共享、共进。[1]可见，教学不只是单向、封闭、静态的知识授受过程，而是师生之间多向、开放、动态的对话、交流过程。

上述观点都强调一个基本原则：课堂上学生学习是教师与学生、学生与学生之间"思维碰撞、心灵碰撞、情感融合"的动态发展过程，会出现许多意外和惊喜。一堂成功、有效的课，既离不开扎实、精心的预设，又不能缺少意外、动态的生成。但如果完全按照预设进行教学，尽管这样的课看似"环环相扣"，如此的"完美"，突出的也只是教师个体精彩的"设计"与"表演"，因为它忽略了学生的学习自主性与差异性。那么，如何在课堂教学中让"预设"与"生成"看似水到渠成，却又惊喜不断？一线教师如何在平时的教学中有效利用"即时生成"的课堂资源，让朴实的课堂绽放激情？要做到这些就要求教师做到经验总结与理论学习相结合，并且时时把学生发展作为教学的旨归。对学生而言，其既需要在预设情境中自然发展，也需要在生成情境中创新发展，这是个性的张扬、心灵的共鸣、思维的共振。

那么，教师该怎样转变理念，关注课堂的预设与学生的生成？我从以下几方面阐述。

一、预设与生成的概念及其分类

（一）预设的概念及分类

什么是预设？预设又称为前提、先设和前设，是指在说话或做事情之前，对可能出现的各种情况所做的假设。本文所称的预设是指教学设计，是教师在对教材深入钻研和对学生准确分析的基础上，对教学目标、教学内容、教学过程及教学策略所做的精心设计。教师只有在精心设计课程之后，讲课才不会"脚踩西瓜皮，滑到哪里算哪里"。

预设可分为对教材的预设、对学情的预设、对课堂的预设、对教师教学活动的预设等。

（二）生成的概念及分类

什么是生成？生成即创生、建构或生长，是指学生在学知识过程中产生的新观点、新思路和新方法。《现代汉语字典》把生成解释为"产生、形成"。这里的"生成"是指课堂教学中不完全根据教师的预设按部就班地进行，而是随着教学活动的展开，教师、学生的思想与教学资源不断碰撞，不断迸发，学生新的学习兴趣和需求不断产生，认识和体验也不断加深，思考和困惑时有形成。[2]当然，教师在上课过程中与学生碰撞之后，也会产生对教材、对学生、对教学内容理解的生成。教师以学生有价值的、有创见的问题与想法为契机，及时调整或改变预设的计划，使教学目标、教学内容、教学策略在相互作用中达成。[3]

生成可分为教师预设的生成和教师不曾预设的生成。预设与生成是精彩的课堂教学不可或缺的两个方面，预设精彩且能按期实施的课，算是成功的；预设精彩且能不断生成的课，才算是精彩的。[4]课堂信息大多稍纵即逝，教师须眼观六路，耳听八方，精心选择，合理运用。

我们的课堂应是开放的，教学应是生成的，教学过程是课前"静态预设"在课堂中"动态实施"的过程。生成不是对预设的否定，而是对预设的挑战和超越，精彩的生成源于高质量的预设。两者看似矛盾，实质上相辅相成，只有使"预设"与"生成"达到平衡，才能较好地落实学生学习的主体性，这应该是现代课堂教学的一种境界，更是一种教学的"艺术"。

二、提升预设与生成实效的策略

如何才能使预设与生成达到"海阔凭鱼跃，天高任鸟飞"的理想境界？

（一）尊重学生的生成，给学生的生成营造氛围

面对学生的生成，教师应做到有的放矢、收放自如。如果在每次课堂教学中，学生产生了自己的想法，有了有价值的生成，而教师对之置之不理或者应付，不能满足学生的需求，学生学习的主动性、积极的思维灵光就会被打压或磨灭，这与学生个性、思维的培养是背道而驰的。所以，在教学过程中当学生有了生成时，教师不要被"电"到，应采取积极的态度，如果学生的这种"火花"在课堂上无法被捕捉，就要留到课下或条件成熟时再交流讨论，直至问题得到彻底解决。这个过程需要教师的全程参与和关注，而不能简单地告诉学生下课之后再说，然后不了了之。学生由于受到年龄、心理方面的影响，大多不能在课下进行进一步的研究，如果教师置之不理，一次积极的学习热情也许就被浇灭，久而久之，学生的学习积极性也会随之消失。教师要用爱心、耐心和责任心为课堂的生成创设一个良好的环境，要让学生感到，无论是在课堂上能研究的还是不能研究的，只要是自己提出来的有价值的问题，老师都会很重视，而且会和自己一起想办法创造条件去进行研究。时间一长，学生的智慧潜能会如火山爆发般势不可当。

接下来，以张老师执教的"平行四边形的面积"为例对预设与生成进行分析。

师：请大家认真观察这幅校门内外街景平面图，然后回答小精灵的两个问题。"你发现了哪些图形？""你会计算它们的面积吗？"

教师的设计意图是在观察中复习已经学过的平面图形如长方形、正方形的面积计算方法，为学习新知识做铺垫。但在进行教学时出现了这样的情况：

师：我们来回答第二个问题，"你会计算它们的面积吗？"
生：会。
师：哪些图形的面积你会计算呢？
生：长方形的面积、平行四边形的面积、正方形的面积。
师：正方形的面积等于什么？
生：正方形的面积等于边长乘边长。
师：长方形的面积呢？
生：等于长乘宽。
师：你还会计算平行四边形的面积吗？
生：会。
师：真不错，你说一下平行四边形的面积等于什么？

生：平行四边形的面积等于底乘高。

师：还没学习呢，你都会了。你真棒，请坐。

（接着老师转过身，在黑板上写下了"长方形的面积＝长 × 宽"）①

在上述过程中，老师没有理会学生关于平行四边形面积的回答，而是书写自己的板书，按照自己预设的教学程序去进行，因为下面探究平行四边形的面积时需要用到长方形的面积公式。

因为刚刚开始引课，教师对学生的回答只是进行了简单的表扬，下面的教学又出现了老师预设之外的回答。

我们先来看老师的教学设计：

师：学校门口有两个花坛，那么，这两个花坛哪一个大呢？

（设计意图：通过比较两个花坛的面积大小，让学生感受学习平行四边形面积的必要性）

师：长方形面积的计算方法我们已经知道了，那么平行四边形的面积怎么计算呢？猜一猜，平行四边形的面积与谁有关？同学们的猜测到底对不对呢？带着这些疑问让我们一起走进求证平行四边形面积的世界。

（板书课题：平行四边形的面积）

生1：邻边相乘。

生2：底乘高。

……

教学过程的实际情况是这样的：

师：同学们再来观察一下，学校门口有两个花坛，那么，要知道这两个花坛哪一个大，我们必须知道它们的——

生：面积。

师：长方形的面积我们知道了等于长乘宽，平行四边形的面积刚才这位同学知道了，其他同学知道吗？

生（齐答）：知道。

师：也知道？你们的学习真棒啊！我们今天进一步研究为什么平行四边形的面积是底乘高。

---

① 2016年11月4日，濮阳县第二实验小学张老师执教的人教版数学五年级上册"多边形的面积"第一课时"平行四边形的面积"

当学生说出会求平行四边形的面积，很显然学生的回答超出了老师的预设。老师只是一句简单的"你们的学习真棒啊！"草草了事，如果此时再问学生"你们是怎么知道的？"效果会更好，会进一步启发学生思维，继而对学生获取知识的途径做一了解之后再进行表扬，会使表扬具体化，让学生明白自己的优点，从而激发学生学习的积极性和学习热情。因为高年级的学生已经不满足于老师的一句"你真棒""非常好"等之类的简单表扬，老师的表扬应具体化、详细化，使学生找到以后努力的方向。更何况在这个时候学生已经说出平行四边形的面积等于底乘高了，这时候老师应顺着学生的思路进行板书：平行四边形的面积＝底×高。同时追问"到底对不对呢？我们一起来验证"，进而导入新课。老师又问全体学生："平行四边形的面积刚才这位同学知道了，其他同学知道吗？"学生："知道。"老师又继续按照自己预设的环节导入新课，而没有顺着学生的状态调整自己的教学思路。

其实，这个环节就是一个很平常、很自然的课堂生成，却被老师置之不理。如果教师能够以尊重学生的态度面对学生以及学生出现的小意外，并且积极回应学生、引导学生、启发学生，无疑会大大激发学生探究的好奇心，从而提高学生的学习主动性和积极性。

（二）及时调整预设，为生成"留白"

在教学中，预设是必要的，因为教学首先是一个有目标、有计划的活动，教师必须在课前对自己的教学任务有一个清晰、理性的思考与安排，但同时预设也是有张力的、时刻准备给教学内容、给课堂、给学生"留白"。何谓留白？留白是中国艺术作品创作中常用的一种手法，极具中国美学特征。留白一词指书画艺术创作中为使整个作品画面、章法更为协调精美而有意留下相应的空白，留有想象的空间。[5]本文所指的留白就是为给教学的预设留有空间，因为教学过程本来就是一个灵动、有生命的过程，这都是由学生的学习经验、知识基础、性格等多方面决定的。因此，教师在备课时应充分考虑到上课时可能会出现的各种情况，但不管教师考虑得多么详细，都不能预测实际课堂中会出现什么样的"小涟漪"。因此，教师要给预设留有更大的包容度和自由度，给生成留足空间。

例如，张老师在教学"平行四边形的面积"，在学生探究解决问题时共提出了四种方法：

（1）把平行四边形沿高剪成一个直角三角形和一个直角梯形。

（2）把平行四边形沿高剪成两个直角梯形。

（3）把平行四边形沿高剪成两个直角三角形和一个长方形，把两个直角三角形和长方形拼成一个大长方形。

（4）把平行四边形剪成一个长方形和两个直角三角形，并且把它们拼成一个小平行四边形。

当一名女生兴致勃勃地把第四种方法展示给大家时，张老师只是告诉这名学生拼成平行四边形还是今天的新知识，现在不能解决这个问题，然后就让该女生回到座位上去了。前三种方法张老师都有预设，而第四种方法超出了老师的预设。尽管平行四边形的面积是新知识，但这名女生已经掌握了这些知识，且提出的方法也很有代表性，教师不妨借此机会把该问题抛给全班学生，由大家评论这种方法是否可取，让学生就这个问题进行探究，找出不能采纳的原因并引导学生总结以后考虑问题时需要注意什么。同时教师还要对这名女生提出表扬，有时出错的学生更能帮助大家理清思路，同时对大家的学习也是一种提醒，而不是让学生灰溜溜地离开。这样，学生对以后的学习会更有针对性，对新知识的探索热情也会更高涨。

这个教学切片充分说明，尽管老师在备课时花了很大一番工夫，总认为自己的预设面面俱到、无懈可击，但在实践中发现，教师并没有对该教学环节中这个问题的解决方法留白，而这位学生的方法却给了我们自认为完美的教学预设沉重的一击。可见，学生是灵动的、活泼的，所以教师应该尊重每一位学生，发展每一位学生。那么，此处应如何留白？我认为，等学生说出以上预设的解决方法后，教师应面向全体学生问："谁还有跟大家不一样的方法？"当然，越到最后学生的方法就会越新颖、越奇特，但也不一定正确。如果老师能迅速地判断正确与否则最好不过，如果一时难以判断也没关系。教师可以组织学生讨论，亦可以留到课下处理。像上面这位学生说的方法很明显不可行，但老师如能谦虚地说："我确实没有想到这种情况，那么该方法是否可行？大家不妨一试。"我们可以试想一下，这又会是一种什么结果？

（三）课堂教学扎实备课与灵活授课相结合，让预设与生成和谐共舞

再好的预设也不可能预见课堂上所有可能出现的情况。预设有多余的预设、不足的预设。有时，由于教师没有预见到学生的特别生成，所以一旦学生提出来之后，没有及时调整好自己的预设，而是匆匆地予以否定掉，无疑这会很大地挫伤学生的学习积极性。相反，如果教师能善于捕捉并利用生成，将起到事半功倍的效果。

1.巧用生成中的"差错",提高学生的认知能力

著名特级教师华应龙提出了"融错求真"的教育思想,让我们真正感受到教育的魅力,领悟教学的真谛。学生由于年龄特征和认知水平的影响,在学习过程中往往容易出错,但有些"差错"是很有创造性的。教师要珍视这些"差错",适时引申拓展,引领学生寻觅产生问题的本源、寻求解决问题的多种路径,在"融错"过程中实现尊重、对话和理解,从而取得最优化的教学效果。

例如,华老师教学"条形统计图"时,因学生将直条画得太粗太短而这样点评:"哈哈,个个都是武大郎!"因学生将直条画得倾斜而称为"比萨斜塔",语言诙谐而充满奇趣!学生更觉得"差错"并不可怕,数学好玩!总之,当发现学生出错时,我们教师不应该采取简单否定的态度和语言指出并期望通过指明正确的做法就可以使学生的错误得到纠正,而应该通过适当质疑的方法使学生认识到自己的错误从而进行纠错,并且还能加深印象起到事半功倍的效果。

这里给大家提供一个我自己的课堂教学切片。

六(1)班同学身高、体重情况如下表。

身高/米	1.40	1.43	1.46	1.49	1.52	1.55	1.58
人数/人	1	3	5	10	12	6	3
体重/千克	30	33	36	39	42	45	48
人数/人	2	4	5	12	10	4	3

(1)上面两组数据的平均数各是多少?

(2)小组讨论,什么数据能代表全班同学的身高和体重?

(3)如果把全班同学编号,随意抽取一名学生,该生体重在 36 千克及以下的可能性大,还是在 39 千克及以上的可能性大?

文同学:(1.40+1.43+1.46+1.49+1.52+1.55+1.58)÷7

邢同学:(1.40+1.43×3+1.46×5+1.49×10+1.52×12+1.55×6+1.58×3)÷(1+3+5+10+12+6+3)[①]

当出现这两种情况时,我鼓励学生进行了解释,文同学不好意思地低下了头。我说:"掌声送给两位同学。"同学们很惊讶,但很快有的同学点了点头。我问:"明白为什么要感谢他们吗?感谢他们让我们以后不会出现这样的错误,他

----

① 2017 年 5 月 14 日,濮阳县第二实验小学李老师执教的人教版数学六年级下册"整理和复习"第八课时"统计与概率"

们错得有价值……"

老师们可能遇到过下面类似的情况。语文老师问学生："雪融化了是什么？"老师的标准答案是"水"，而学生回答"春天"。老师却宣布这个答案是错误的。有人问"学生的想象力哪里去了"，"学生的主动性是怎样从课堂中消失的"，这些问题发人深省。

2. 在生成中深入探究，为生成排除干扰

生成是师生的"即时创造"，是"无法预约的美丽"，它犹如天马行空，不期而至。因此，预设要有弹性和开放性，给生成腾出时间和空间。在传统教学中，教师习惯于把课堂上的一切都算计在内，把"意外情况""节外生枝"都视为课堂异端而加以排除，生成自然也就没有了容身之地和生长的空间。

再如，张老师在教学"平行四边形的面积"这节课的练习环节，当一题出现两种答案时，学生不加任何思索地脱口而出："肯定有一个是错误的。"当时听课的老师也都笑了。此时老师在做苍白的解释和讲解，很明显这个环节也超出了老师的预设，属于自然生成。我认为，此处老师应和下面的一道题"对应的底乘对应的高"也是两种不同的计算方法的练习题结合在一起处理，调整老师预设的顺序与思路。

苏联著名教育家苏霍姆林斯基说过，教育的技巧并不在于能预见到课堂的所有细节，而是在于根据当时的具体情况，巧妙地在学生不知不觉中做出相应的变动。精彩的课堂离不开预设，它使课堂沉稳而有深度；精彩的课堂也离不开生成，它使课堂微澜迭起，跌宕生姿，甚至形成浪卷天地之势，把学生和教师一起裹挟在情感和理性的浪尖。[6]

参考文献

[1] 孙振强. 数学教学中预设和生成的关系 [J]. 小学科学：教师，2011（8）：92.

[2] 汤志娜，常春艳. 基于《计算机辅助教学》的生成性课堂教学思考 [J]. 佳木斯教育学院学报，2011（2）：205.

[3] 董裕华. 对数学教学预设与生成的理性思考 [J]. 天津师范大学学报（基础教育版），2009（1）：53.

[4] 黄桂林. 让课堂在预设与生成的融合中出彩 [J]. 中小学教材教学，2005（11）：53-55.

[5] 神奇的人. 学会留白——设计规划出更好的自己 .https://www.jianshu.com/p/4ec53ac152b0. [2017-5-17].

[6] 洪琳娇. 在预设的课堂中教师如何有效促进生成 [J]. 中学语文教学参考（初中生版），2012（1）：23-24.

"运算定律与简便计算的复习"教学生成探究

彭玲霞 马晓辉 孙九利

（濮阳县第二实验小学 河南 濮阳 457100）

在传统教学的模式下，教师课前备课，要精心预设好教学流程，教学中往往是以教师为主体，实施满堂灌，缺乏学生的积极主动参与和互动，因此，课堂教学犹如一潭死水，缺乏生气。随着新课改的推进，新的教学理念对传统的教学方法发起了挑战，教师的教学理念不断提升，促使课堂教学发生着喜人的改变。师生的角色发生了极大的转变，教师由课堂的主宰者变为主导者，学生由被动的学习者变成了课堂的主体。在当前的课堂中，教师课前的精心预设时常受到学生出其不意的冲击。一线教师非常有必要研究应对教学生成的策略问题。

一、预设和生成的含义

预设是指教学预测与设计，它是教师课前进行有目的、有计划的设想与安排。生成是指课堂教学的生长和建构，是指在师生和生生之间合作、对话、碰撞中，现时生发的超出教师预设方案之外的新问题、新情况。预设与生成犹如一对孪生姐妹，预设是生成的基础，生成是预设的升华。课堂教学中巧妙地利用预设能够有效地促进生成。[1]

二、课堂生成的意义

（一）提升课堂教学的生命活力

在课堂教学中，教师不再拘泥于预设的方案，根据教学现场，灵活地接纳、吸收、处理、激活课堂，在富有灵动的课堂生成中，教师实现了自我提高、自我发展的超越。学生则在生成性的课堂中有了更多自由支配的时间和空间，通过积极地动手、动脑、动口，学生经历着知识的形成过程，品尝着成功的喜悦。课堂成为师生经历成长的重要场所，教师从生命的高度树立起新的教学观，关注课堂的动态生成，使预设与生成激情演绎着精彩，在这样的课堂教学中有意想不到的收获和令人欣喜的精彩，课堂因此焕发出生命的活力。

（二）促进师生之间的教学相长

教学论认为，教学是师生双向互动的过程。教师在课堂上努力研究学生的知识生长点，认真倾听学生的发言，及时发现学生的思维动向和不断呈现的变化状态。教师应即时捕捉、搜集、判断、重组这些信息，利用这些活的资源，形成新的又具有连续性的兴奋点和教学步骤，学生再一次饶有兴趣地展开探究，如此循环，让教学真正成为高效互动的过程。在这个过程中，教师的教学能力得以提升，学生的学习能力得到提高，真正达到了教学相长、相得益彰的教学效果。[2]

（三）促成三维目标的融合与达成

新课程标准要求课堂教学要达成三维目标。所谓三维目标，是指教育教学过程中应该达到的三个目标维度，即知识与技能、过程与方法、情感态度与价值观。学生获取知识的方法不再是机械的讲解，不再是死记硬背，不再是举一反三的练习，而是教师根据课堂生成，放手让学生带上自己的知识、经验、思考展开探究过程，并在这个过程中及时调控，使学生产生新的顿悟、新的思考、新的感知，体验探究的快乐、思维碰撞的激情和发现的成功。在学习过程中，教师的主要任务不是"教"，而是创造条件让学生由"学会"走向"会学"，让学生在活动中获得知识与学习方法、情感的体验，从而使三维目标相互渗透、融为一体，促使学生综合素养和基本能力的整体提高。

三、生成的类型及其实践反思

从教学实践经验角度，课堂生成可以分为预设性生成与非预设性生成。

（一）预设性生成

预设性生成是在教师引导、启发下产生的，是全体学生参与的生成，教学的探究性导向非常明确，可以使课堂的生成具有条理性，可以水到渠成地达成教师预设的教学目标。[3]

【教学切片 1】"运算定律与简便计算复习课"[①]

谢老师执教的"运算定律与简便计算的复习"一课是对加法交换律、加法结合律、乘法交换律、乘法结合律、乘法分配律、减法的性质、除法的性质及简

---

① 2016 年 4 月 22 日，濮阳县第二实验小学谢老师执教的人教版数学四年级下册"运算定律与简便计算的复习"

便运算进行的整理和复习。这节课有两次成功的预设性生成。第一次是课一开始，谢老师就抛出这样一个问题："你能利用 125 这个数编写出简便计算的试题吗？"在老师有目的的预设下，课堂的生成就开始了，在师生、生生有效互动、动态生成的过程中，本单元能利用运算定律简算的题型得到了完全呈现，产生了许多学习信息与教学资源，使得整个教学过程处于不停顿的运动状态。（这是最后生成的结果）第二次是当把呈现的没有规律的知识按它们之间的联系与区别进行分类整理时，谢老师提出了这样一个问题："这么多的运算定律，用起来容易混淆，我们应该如何分类呢？"在谢老师预设的基础上，课堂上学生从不同的角度，用不一样的分类标准生成了不一样的结果。

正是这两次成功的预设性生成使这节课的教学目标顺利地达成。由此可见，预设性生成在于教师在备课时设置恰当的问题，要求教师要深入地研究教材和教法，能在备课过程中预设好符合学生实际的生成性的教学方案，并能在教学过程中恰当地处理好由预设而生成的问题。重视预设性生成，会对全体学生的主动求知产生较大的推动作用。但是，预设性生成也有缺陷，即一旦有目的，就会束缚人的思想，牵制学生的思维。一些教师还是在扮演着"如来佛"的角色，学生还是"孙悟空"，无论怎么跳也跳不出"如来佛"的手掌心，这不是真正意义上的生成，充其量是教师在"导"，学生在"演"。预设性生成是以教师为主体的教学活动，与之相比，非预设性的生成更能给课堂带来活力。[4]

（二）非预设性生成

非预设性生成是指在课堂的师生互动中，学生提供的材料、学习的思维成果、学生开展实验操作获得的结果，与教师的预设相左，或者是在教师预设之外而又有意义的学习生成。

非预设性生成是真正的"海阔凭鱼跃，天高任鸟飞"，学生不仅在问题的解答上有生成，而且能够自己提出问题、解决问题。提出问题比解决问题更重要。

我们认为，在课堂上非预设性生成主要有以下两种：一是由师生的偶发错误引起的生成；二是由疑点引发的生成。

1.利用偶发错误，促进有价值的生成

学生的错误是有价值的。教师要以平和的心态对待学生的错误，并能独具慧眼，善于捕捉稍纵即逝的错误，使错误巧妙地服务于教学活动，教师要善于利用错误，促进有价值的课堂生成。

我们还以谢老师执教的"运算定律与简便计算的复习"为例，谢老师在处理

（8+4）×25×125 这道练习题时，就较好地利用了错误，促进有价值的生成。[5]

【教学切片 2】利用错误，促进生成

生 A：用 8×125×4×25 计算，这是错误的算法。

生 B：这与按一般的运算顺序计算的结果不一样，怎么回事？

（学生的思维开始发生碰撞）

生 C：用 4×25+8×125 计算，这又是错误的算法。

（此时，谢老师没有着急，而是捕捉错误，耐心引导学生设法验证，让学生真正地认识到他们的做法是错误的）

生 D：先把 25 分别与 8 和 4 相乘再相加，得到 8×25+4×25，再把 8×25 和 4×25 看成两个整体分别与 125 相乘。

（在谢老师的耐心引导下，学生终于探究出正确的计算方法）

我建议，其实教师还可以继续引导，把 25×125 看成一个整体，分别与 8 和 4 相乘再相加，这样计算步骤少，学生更容易理解。掌握住这种方法，到六年级解决像 "$(\frac{13}{19}+\frac{11}{17})×19×17$" 此类题目就不困难了。

学生在倾听、交流中思维不断碰撞，在充分展开错误的思维过程中，既有助于学生纠正错误，深化对知识的理解和掌握，又有助于拓展学生的思维空间，培养思维的灵活性和创造性。这样的教学，才有针对性和实效性。

有人说，谁不考虑尝试错误，不允许学生犯错误，就将错过最富有成效的学习时刻。在我们的课堂中又有多少错失的精彩生成。例如，一位教师执教"商不变性质"时，他对"同时""乘或除以""相同的数"的探究主题的设计可谓取舍有度、独具匠心、颇为精彩。忽然一位学生提出："被除数与除数都加上或减去同一个数时，商的大小会不会变？"在场听课的老师都为这位学生敢于质疑的精神喝彩，哪知上课教师却把话锋一转说："这节课我们主要研究乘或除以一个数，加减以后再研究好吗？"[5]

我认为，这位教师俨然一个"温柔杀手"，这是一个多么有创造力的学生！这是一个多么有探究价值的主题！如果这位教师当时能充分尊重学生的意见，灵活地利用好这个问题，学生对"商不变性质"的理解就会更深刻。

也许这位教师课前没有预设到学生会有这样的错误生成，不知道如何处理这个突发事件，于是把这个难得的机会放弃了。

濮阳县第二实验小学马老师处理这种偶然生成的做法倒是值得借鉴的。

【教学切片 3】"分数小数之间的互化"

她在执教"分数小数之间的互化"时，当她引导学生探究发现小数、分数互化方法后，突然有一位叫张家宇的学生站起来说："老师，循环小数也可以化成分数。"面对突如其来的一句话，马老师愣了愣说："不可能吧？"但是她非常机智地把讲台让给了这位学生，想不到的是，张家宇同学把循环小数化成分数的方法讲解得头头是道，同学们连连点头，马老师激动地拥抱了他。此课堂的生成，使学生的学习得到了有效的拓展。[①]

由上面的教学切片可见，当课堂上遇到错误生成的时候，教师既可以引领点拨，刨根问底找到问题的症结所在，也可以进行课上或课下拓展，但决不能放弃。教师要以平和的心态对待学生的错误，并能独具慧眼，善于捕捉错误，使错误巧妙地服务于教学活动。

2. 借助知识疑点，巧妙促成有创造的生成

学生的思维是异常活跃的，常有与众不同的想法。学生在讨论中针锋相对，对同一问题出现两种或多种彼此不相融的观点，如果教师给孩子提供展现创造性的机会，思维的火花定会点燃精彩的生成。所以，教师要提前挖掘疑点，充分利用疑点，机智生成。

谢老师在处理练习题 35×28+70 时，就抓住学生对该题的疑点"这道题能简算吗"，机智引领学生讨论，想出了多种解题方法。

生 A：35×28+35×2
生 B：70×14+70
生 C：35×（30-2）+70
生 D：35×30[②]

这道题能不能进行简算？面对这个疑点，谢老师非常机智地把问题交给学生去解决。不同的学生根据自己所学的知识和经验，对问题有不同的理解，学生在倾听、交流、辩论中不断碰撞出智慧的火花，在讨论中生成了四种不同的做法。教师预设课堂上的生成性资源，先放手让学生进行讨论，再汇报交流，教学效果可能汇集问题，将问题抛给学生，启发学生思考，给学生留有足够的时间，

① 2015 年 11 月 16 日，濮阳县第二实验小学马老师执教的人教版数学五年级下册"分数小数之间的互化"
② 2016 年 10 月 11 日，濮阳县第二实验小学谢老师执教的人教版数学四年级下册"运算定律与简便计算的复习

在宽松的氛围中，让学生经过个体的独立思考、学生群体之间的讨论和思维碰撞而形成对知识的理解，从而点燃孩子们求知的热情，促进了学生的发展。

总之，非预设性生成为己所用，达成目标，能够让教师进一步产生更有价值的问题，这才是课堂的最高境界。非预设性生成是可遇而不可求的，教师一定要及时捕捉，并利用好非预设性生成，这样就会产生"画龙点睛"的效果。教师捕捉非预设性生成必须注意倾听，随机应变，适应学情，借机施教，深化生成。[6]

根据自身的教学经验以及对刚才教学切片中教师做法的归纳，我们认为，教师在教的过程中，要始终把学生视为学习的主体，引导学生去思考、分析、探究、发现问题，这是生成教学的关键。同时也应鼓励学生思考、去做，让学生在分析解决问题中提升其学习能力。为了提升课堂生成的质量，提升教师应对生成的能力，我认为，教师应具备或秉承以下理念或观念：首先要心中有目标，生成的引导要向目标靠拢，以达成目标；其次要有爱心，生成引发了教学的突然性，需要教师耐心来引导；最后需要教师的机智，提炼有用信息，恰当化解，并能引导学生不断挖掘对问题分析的深度。

叶澜教授说过，课堂应是向未知方向挺进的旅程，随时都有可能发现意外的通道和美丽的图景，而不是一切都必须遵循固定而没有激情的行程。在普遍追求课堂生成的新课改背景下，只要我们正视和善待课堂上出现的"错误现象""意外想法""课堂疑问"，及时捕捉和利用有价值的动态生成的教学资源，因人因势地去做灵活及时的应变处理，都有可能成为开启学生智慧之门的资源，生长出较之"知识"更具再生力的因素，让数学学习在"曲径"中走向"深度"。

参考文献

[1] 杨豫晖.义务教育课程标准教学切片试解读小学数学 2011 年版 [M].北京：教育科学出版社，2012：196-200.

[2] 黄爱华.做一个主动的倾听者 [EB/OL]. http://xk.7cxk.net/Article/chuzhong/yuwen/200706/2466.html.[2017-11-08].

[3] 刘娟娟.小学数学教学技能 [M].上海：华东师范大学出版社，2011：167-171.

[4] 张自珍.2014.精心"预设"有效"生成" [EB/OL]. https://wenku.baidu.com/view/5f187111a0116c175e0e485a.html. [2017-10-02].

[5] 赵春玲.巧用错误，提高学习成效 [J].江苏教育（小学教学版），2014（5）：63.

[6] 夏启军.课堂意外巧化解 [J].新课程（上），2016（1）：106-107.

切片诊断：小学语文教学中预设与生成的应对策略

贾 辉

（濮阳县第二实验小学 河南 濮阳 457100）

为了看到课堂上更美丽的风景，教师不仅需要对课堂预设与生成进行深入思考，还需要在课前备课中更加投入，在课堂教学中下更多功夫，把课前精心预设与课堂上巧妙生成完美有效地结合起来。教师不应是知识的灌输者，不应完全地控制课堂话语权。同时，教师要深刻理解学生是课堂学习中不可忽视的主体，要时刻留心和关注学生对知识的领悟情况，给学生留出生成知识、形成能力的时间。[1]

一、何谓预设与生成

预设是教师在课前对自己教学的一个清晰、理性的思考和安排，它是备课的重要组成部分，是教师面对教材、面对学生应考虑的问题。它具有有效引导学生自主学习、能动学习并有机整合学习目标的"理想意图"和操作思想。它是教师走进课堂、走上讲台之前的必修课。通俗地说，在一堂课中对于"要教什么""学生要达到什么目标""如何达成这个目标"，教师要心中有数。

新课程标准下的预设首先要求教师构建一个"学习主题"，应该思考怎样合理组合学习内容，使学习内容与教学目标一致；应该思考要达到教学目标需要运用哪些学习策略，使效益与方法一致（有效地达成教学目标与掌握学习方法相一致）；更应该思考学生对学习内容应有的体验和情感。

生成是指课堂教学中的不可预知的发展，这种发展不是逻辑推演出来的，它往往表现为"茅塞顿开""豁然开朗""妙不可言"。学生的课堂活动往往是无法估量的，学生的有些表现会误入歧途，有些表现出乎意料却很有价值。如果教师把它视作宝贵的教学资源加以调控、利用，使之成为教学的亮点，这就是创生，也是当前语文教学理论界所说的"生成"。它是一种动态、开放、互动的教学。所谓动态生成，是指教师在课堂上以学生有价值、有创见的问题与想法等细节为契机，及时调整或改变预设的计划，遵循学生的学习问题展开教学而获得成功。由此可见，没有预设中的备课及撰写教案，也就谈不上动态生成。

新课程标准强调，课堂是一个不断生成的教学，它更多地关注课堂生成的新情境（问题）、新内容、新方法、新过程，更多关注学生在课堂中个性化的生命活动。它不仅要看教师"教"得怎样，更要看学生"学"得怎样，甚至要从学生如何"学"这个基点来看教师是怎样"教"的。

在新课程视域下讨论课堂教学预设与生成的问题，对理论研究和实践指导都具有一定的价值和意义。如何合理设置教学目标、计划教学内容以及有效选择教学策略都受其影响。语文教师只有正确理解预设与生成的内涵，才能够让学生在语文课堂中的合作和交流更加有效，促进学生创造能力的发展；科学把握教学预设与生成，有利于提高教学设计、协调及应变等专业能力；恰当把握预设与生成间的辩证关系有助于构建二者和谐共存的语文课堂，有利于促进学生个性化的发展，提高学生的语文素质，更有利于教师产生教学反思，从而促进语文教师自身专业素养的全面提升。

二、准确把握预设与生成的关系

预设与生成是对立统一的矛盾体。只有课前精心预设和准备，才能在课堂上动态生成高质量的问题与讨论。教学中，教师如果处理好了预设与生成的关系，再加上师生间情感的交流、思维的碰撞，课堂教学必定会被演绎得更加精彩。对于以上简单阐述还可以归结为以下几点。

第一，预设是生成的基础和保障。有了充分的预设，教师才能在课堂上游刃有余，从容面对突发事件。

第二，生成是预设的补充和升华。无论多完美的预设也只是教师单方面的封闭的设计，无法预知整个课堂的全部细节，而生成是在保证尊重学生的前提下将学生的主体性放在首位而产生的，生成总是要超越预设，从而把更多的精彩带给课堂。预设和生成是课堂教学中相辅相成、缺一不可的。

教学必须有预设，预设一般分为语义预设和语用预设。教学预设可以理解为教学过程前的预备与设计，可以是师师预设，也可以是师生预设，还可以是生生预设。教学过程的每一个环节里教师说什么，就连学生可能怎么做，都要有很详细的设计。预设教案可以更好地发挥教师主导、学生主体的作用，提高教学效果。现实的课堂中，预设大多是成功的。但是，只有在实施预设教案的进程中，教师随时捕捉学生的疑问、想法、创见等精彩瞬间，因势利导地调整原来的教学程序或内容，使课堂教学自然地变为动态生成，才能产生事半功倍的效果。

三、教学预设与生成存在的问题

本文基于课堂教学切片诊断这一工具，在对预设和生成及新课程视域的内涵理解的基础上，将对现在语文课堂教学中存在的相关问题及其产生的原因进行剖析。通过某些课堂诊断的切片来总结当前预设与生成中存在的主要问题如下。

（一）预设的问题本身就缺乏逻辑性与科学性

"坐井观天"是人教版语文二年级下册的一则寓意童话故事，课文通过生动有趣的对话，阐明了一个深刻的道理。下面是李老师课堂授课的片段情境描述。

【教学切片 1】"坐井观天"

师：读了课文后，你们认为小鸟和青蛙，谁说得对？

生1：小鸟说得对。

生2：小鸟和青蛙都说得对！

（众生笑）

师（走近学生，面带微笑）：同学们都笑了，你还认为青蛙说的是对的吗？

生2（嘟囔着）：青蛙说的没错呀，它看到的天是只有井口那么大。

部分生（附和、议论）：青蛙说的是没错，它看到的天是只有井口那么大，可天是无边无际的，青蛙说的又是错的。

师：现在我们让青蛙跳出井口来看一看天究竟有多大。

（出示大量课件并要求学生根据课件用"青蛙跳出井口后，看到了蓝蓝的天"句式进行说话训练）[①]

【切片诊断】

李老师本想以她的"微笑"让学生自己说出"我错了"三个字，但有的学生并不买账，尽管没有了开始时的底气，但此刻学生仍在捍卫他的个性化理解，尤其是部分学生的议论使这个生成问题越来越尖锐，而这个极具探究价值的问题恰是达成"理解成语的寓意"这一教学目标的关键所在。此时如果教师能把握住这一美丽的"生成"，在明确青蛙说的是没错的前提下，引导学生思考：青蛙说这话的根据是什么？青蛙为什么这样说？这与青蛙所处的环境有关吗？教师再一次引导学生进入文本，让学生探究青蛙的生活环境和生活经历，这对学生的学习充满了挑战。他们会不由得质疑：那么青蛙究竟错在哪儿呢？假如，这时教师继续引导组织学生进一步自主、合作、探究文本，对成语的寓意的理解就会水到渠成，教师再从文本引导学生走向生活，探究自悟生活中"坐井观天"的人和事，从而让学生真正明白这个成语蕴含的人生哲理，这会让学生终身受益。这才是真正的课堂生成的生命活力和教学的终极目标所在。

---

① 2015年10月21日，李素玲老师执教的人教版语文二年级下册"坐井观天"

在这个教学切片中，教师的问题预设原本是激发学生的学习兴趣，让学生自主、探究学习，但是预设的问题本身缺乏逻辑性与科学性，而课堂上学生开始就有自己的主见，不愿跟着老师备课设定的思路走。是将预设进行到底，还是顺着学生提出的有价值的答案进一步前进？这是摆在教师面前的一道选择题。《义务教育语文课程标准（2011年版）》告诉我们，教师要跳出备课预设的思路，灵活应变，尊重学生的思考，尊重学生的发展，尊重学生的批评，寻求个人理解的知识建构，课堂会因生成而变得美丽。

（二）片面追求生成的精彩而迷失了方向，迷失了自我

课堂中的精彩是每位教师都在努力的方向，但课堂上生成的精彩是无法预约的，如果只一味追求生成的精彩效果往往会适得其反。下面是这样两种课堂教学现象。

1. 现象一：不知所措

一次，我执教"丑小鸭"，这是人教版语文二年级下册的一篇童话。当时课快要结束了，学生都在为丑小鸭变成白天鹅而高兴，都在用自己的朗读表达喜悦的心情。突然，有一个学生举手说："老师，丑小鸭本来就是从天鹅蛋里孵化出来的，它本来就是天鹅嘛！"我一想：是呀！学生说得也有道理，怎么办呢？面对学生的这一生成，我真是不知所措……

2. 现象二：弄巧成拙

有位教师执教"乌鸦喝水"，这是人教版语文一年级上册一篇充满童趣的课文。正当师生都在称赞乌鸦采用的办法巧妙时，有几位学生说："老师，我还有更好的办法。"老师鼓励学生说出自己的想法。有的说："可以找一根吸管。"老师说："这真是个好办法！"有的说："可以用翅膀帮助把瓶子侧起来喝。"老师说："这个办法也行。"老师对学生的看法全部予以肯定。

【切片诊断】

上面的教学现象在如今的课堂中屡见不鲜。《义务教育语文课程标准（2011年版）》倡导要"珍视学生独特的感受、体验和理解"，面对学生多元理解和独特感受，如"现象一"中的生成，教师该如何把这一生成点引导回归到文本中去呢？如果这时我要问一句"你是怎么知道的"，会不会更能激发学生的探究欲望呢？"现象二"中的老师也不能不管学生的说法是否恰当就一味地叫好。[2]

四、提升课堂教学预设与生成的策略

课堂上，老师们想让自己的课堂精彩生成，让学生的能力得到提升，不仅要弄明白预设与生成的关系，还要具有预设与生成的策略。

（一）插问尊重，放大生成

面对有些生成性的问题与教学目标关系密切的，教师觉得有放大处理的必要时，就要回到原点，参照预设的教学目标，精心设计追问点，在灵动的生成中预设，在即兴的预设中生成。在新的知识、新的想象中寻求一种综合的、最佳的效果。

【教学切片 2】"葡萄沟"

例如，我教学的"葡萄沟"是人教版二年级下册的一篇课文。教学中，我一心想让学生体会吐鲁番葡萄的多、甜和人们的热情好客，特出示了一张新疆维吾尔族老乡们葡萄丰收时欢天喜地的图片，并让学生说说看到了什么。这时孩子们异常兴奋：

生1：我看到那里的葡萄可真多呀！我真想吃个饱。

生2：我看到新疆维吾尔族老乡们脸上都带着灿烂的笑容。我想肯定是葡萄丰收了，他们心里很高兴。

（这时，一只小手高高地举着不肯放下）

师（带着微笑）：你有什么要说的吗？

生3：我看到图上有一头驴，它身上驮着两筐葡萄，我想它肯定很累了。

（大部分学生只注重图上的人和葡萄，而这位学生却注意到图上仅有的一头驴。说起动物，学生们往往挺感兴趣的，有的干脆迎合起来：是啊，是啊）

师（抓住这一机会，挖掘下去，便马上追问）：假如现在你就是这头驮着葡萄的驴，你看到葡萄丰收了，你想说什么呢？

（这一下，孩子们可乐了）

生4：我要是那头驴，我会说"我身上驮的葡萄五颜六色的，肯定很好吃"。

生5：是，是。应该是五光十色，不能用五颜六色。

师：为什么呢？谁能说说？

生6：因为葡萄看上去好像会发光，所以用五光十色。

师：哦，原来是这样啊。（故作明白的样子，并不得不佩服学生的观察能力）那你们能说说哪些东西是五光十色的，哪些东西是五颜六色的吗？

众生：五光十色的珍珠、五光十色的霓虹灯、五颜六色的布料、五颜六色的颜料……

在教学中，学生往往会迸发出一些教师意想不到的思维火花，这些火花稍纵即逝，教师抓住了，便会让教学锦上添花，带来精彩的效果。我很高兴能很好地抓住学生观察到的"因为葡萄太重了，驴肯定也很累"这一生成点，于是对教学案进行二度设计："如果你是那头驴，你会说些什么？""为什么用五光十色，而不用五颜六色？"让学生在自己喜欢的角色中生成许许多多的教学资源，使课堂呈现出动态生成的魅力，散发出绚丽的光彩。

（二）委婉拒绝，搁置生成

课堂教学要讲究效率。生成性课堂教学资源的开发要适度，不能盲目追求教学中的生成性。从这一层面上看，生成有时需要搁置，在委婉拒绝中寻求平衡。

【教学切片3】"小蝌蚪找妈妈"

有一次，我教学"小蝌蚪找妈妈"这一课。读了课题之后，我问："小朋友，你们知道小蝌蚪和它的妈妈分别长得什么样吗？请大家到文中去找一找。"学生自学之后，纷纷举手发言。讨论后，我出示描写小蝌蚪和青蛙的句子，请学生读一读并让他们谈谈想法。

有的说："读了之后，我发现他们长得不像。"

有的接过话茬："是啊，他们长得也太不像了。难怪小蝌蚪找妈妈找得那么辛苦！"

李同学站起来说："老师，我知道青蛙在水里产了卵之后，就游走了！"我一听，微笑地问："你是怎么知道的？"

他理直气壮地说："我是从课外书上看来的！"

"你真是个爱看书的好孩子！"

听老师这么一表扬，又有许多小手举了起来。一个学生说："老师，我还知道海龟的卵是生在沙滩上的！海龟妈妈还会用沙子把产下的卵埋起来，防止别人伤害她的卵呢！"

又有好多小手举了起来……

看到这架势，我想：不可以再说下去了，要不然课堂就要变成常识课了！要跑偏了，怎么办呢？

我挽了一下头发，微笑着说："小朋友们都爱看课外书，也学到了许多知识，有时间我们专门用一节课来进行课外知识大比拼，好不好？刚才李同学说青蛙妈妈在水里产下卵以后，就游走了，后来小蝌蚪从卵中钻出来以后，一看，妈妈不在身边。所以就决定去找妈妈了！那么，他是怎么找的呢？让我们接着去读课文……"

对于在这个环节学生的生成，我没有盲目引导拓展，而是在保护学生学习主动性的基础上，进行正面引导，搁置生成，引导学生回归到文本继续学习，使教学因生成的搁浅而更加科学高效。

（三）迂回突破，缩小生成

所谓缩小，是对生成进行有价值的控制和调整，避轻就重，避虚就实，小处着眼，大处着想，在迂回突破中寻求平衡。

例如，对前文"现象一"中的问题，这位王老师就处理得很好。

【教学切片4】"丑小鸭"

只见老师面带微笑、不紧不慢地对全班同学说："那位同学说得完全正确。但是，请同学再去仔细读读书。如果丑小鸭在成长过程中没有经历那么多磨难，假如它面对种种困难和挫折时害怕了、退缩了，就会重新回到那个充满嘲笑、充满歧视、充满侮辱的鸭窝里，那它长大了还能成为一只真正的天鹅吗？"

一石激起千层浪。从学生的神情中，老师明白学生的答案是否定的。她趁势让学生用自己的语言为那只在充满嘲笑、充满歧视、充满侮辱的环境中成长起来的天鹅画一幅画：

生1：天鹅耷拉着脑袋，整天有气无力、无精打采的。

生2：天鹅看见谁都害怕，老早就躲得远远的，生怕被别人发现。

生3：天鹅缩着身子，走起路来摇摇晃晃的，一边走还一边凄惨地鸣叫着。

生4：天鹅白天都在鸭窝里，只有到了夜深人静的时候才敢出来寻找食物。它实在是太饿太饿了，它已经瘦得不成样子了。

师（话锋一转）：一只多么不幸、多么凄惨的天鹅呀！但是，在我们的故事中，这样的不幸没有发生。丑小鸭在冷风苦雨中坚强地成长起来，它终于成为一只真正的天鹅。

于是，师生再次动情地读起文中描写丑小鸭美好结局的句子。从这个教学切片中可以看出，教师在引导学生生成中注重了教育性、积极性、正能量性。

在课堂中，教师总会遇到学生的质疑，有些问题是在教师的启发引导下产生的，有些是学生自己在解读课文、建构新知识从自身经历出发产生的。相对而言，后者更具个性色彩，更具非预设性，因而这类质疑的教学价值也就更具隐蔽性，需要教师的特别关注和挖掘利用。上面的教学切片中，教师巧用质疑，把它们转化成了学习资源，构建了一道亮丽的风景线。

所以，在对生成做缩小处理时，教师有必要回到原点，去照应预设的教学目标，在有目标、有方向的引导中对生成做有效点化，不断地充实丰富教学目标，把握真正的生成，让智慧的火花在生成中擦亮，让课堂教学在生成中精彩无限。

基于语文课堂教学中预设与生成存在的问题及其原因进行切片诊断，我认为在提升预设与生成效果中，教师应注意以下几点：首先，要对语文课堂教学预设与生成有正确的理解，只有对预设与生成的关系有了很好的把握才能更好地预设和生成。其次，提高语文教师自身预设与生成的能力是关键。语文教师只有在具备教学预设与生成的能力基础上才能更好地指导学生的语文学习。再次，要对语文课堂教学中的生成性资源进行有效利用。确切抓住学生的兴趣点，在愉快的学习过程中促成语文课堂教学的生成，捕获课堂中的"突发状况"，巧妙的生成。全面了解学生的具体情况，进行科学性的生成。最后，特别值得注意的是，有效的课堂教学反思也能有效地促成预设与生成的融合。制定有效生成评价标准也是促进生成的有效途径，使课堂教学的生成有规律可循。

总之，课堂上教师总会碰到"一枝红杏出墙来"的教学问题，教师若是束手无策或处理不当，课堂教学就会陷入困境或僵局。如果课堂教学是一首流动的乐曲，随时都会有不确定的音符带来新的生成的乐章，而教师则是指挥家，掌控着乐曲的节奏与风格。课堂教学要想生机勃发，充满生命的活力，就离不开教师的教学机智，离不开心灵与心灵的交流，离不开生命与生命的碰撞。教师在备课与授课中的重要职责就是发掘学生思维的潜能，使他们的思维火花得以闪现。教师应拥有一双慧眼，及时捕捉稍纵即逝的火花，精心充当学习的组织者、引导者和促进者。灵动的教学机智和恰当的临场处理，会使教师奏出精彩的乐章。因此，要让这些变成现实，提高教师的专业素养迫在眉睫。

参考文献

[1] 陈阅平 . 新课程视域下语文课堂教学的预设与生成研究 [D]. 烟台：鲁东大学，2016.

[2] 刘威 . 小学语文课堂面对非预设的生成,怎么办 [J]. 黑龙江教育(小学教学教学切片与研究)，
2007（12）：32-33.

小学数学课堂预设与生成切片诊断

李珂倩　彭玲霞　苗玉凤

（濮阳县第二实验小学　河南　濮阳　457100）

　　古人云：凡事预则立，不预则废。教学是一项复杂的工作，它需要教师在课前做出周密的策划，这需要教师对课堂教学精心预设。新课程理念下的课堂教学要求关注学生成长的整个过程，只有具有生成性的课堂才具有生命的气息，才能发挥学生的主体地位，满足学生探求知识的欲望，更能体现教师的教学机智和教学艺术。所以，教师一定要在课前做到精心预设，课中机智捕捉学生的精彩生成，使教学活动收到更好的效果。

一、预设与生成的概述

　　何谓预设？预设就是在备课过程中，对课堂教学活动相关主体以及相关活动、内容与结果的设计、规划等。一节课的教学设计，它不是对课堂情境和教学行为进行面面俱到的预设，它只描述大体的轮廓，给各种不确定性的出现留下空间。它是预案，是一部未润色的文稿，是一部未画上句号的手稿，是课前构思与实际教学之间的反复对话，始终充满悬念。

　　何谓生成？生成是一种教学。课堂没有预约的精彩，精彩出自教学细节，细节是一种资源。捕捉一个细节就能生成一个精彩的环节，忽略一个细节就可能毁灭一个精彩的课堂。课堂生成是一种教学资源，教学生成追求的是本真本色。精彩生成是学生全身心的投入，是学生与教师、学生与学生、学生与文本对话、碰撞、共鸣激起和创生的浪花，课堂呈现的是原生态的事实和景观。

【课例1】"分数的认识"

　　在三年级"分数的认识"中，理解平均分产生分数是这节课的教学重点。我尝试了这样的教学过程。

　　师：拿出你准备的不同图形（正方形／长方形／圆形／三角形），把图形任意折一折，用直尺和彩笔沿折痕画一条线，把其中的一份涂上颜色。

　　（学生操作，老师选几个图形贴在黑板上）

　　师：你能把这些图形分分类吗？

生1：按形状分。

生2：按大小分。

生3：按有没有平均分来分。

（这正是我的预设）

师：你怎么知道图形有没有平均分？

生3：把这些图形分别对折就知道有没有平均分。

（于是学生们动手验证了他的说法，并把图形分成了两份）

师：把图形平均分成两份，那图色部分用什么表示？

生4：用 $\frac{1}{2}$ 表示。

师：那另一类图形的阴影部分能用 $\frac{1}{2}$ 表示吗？为什么？

众生（争先恐后）：因为图形没有平均分，所以不能用 $\frac{1}{2}$ 表示。

生5：只有平均分才能用分数表示。

通过刚才的操作，学生很自然地理解了平均分产生分数，也为理解分数的意义打下了坚实的基础。在数学教学中，应该鼓励学生根据自己已有的经验（知识）去经历学习过程，用他们自己理解的方式去探索和重建数学知识，这就是实现"再创造"（即生成）。

二、预设与生成的关系

（一）预设与生成的统一性

课堂教学既需要预设，也需要生成，它们是相辅相成，相互不可或缺的。预设与生成是课堂教学的两翼，两者具有互补性。关于预设与生成，有一个有趣的比喻：预设与生成是课堂上的两张网，学生正像渴求食物的"鱼"，老师既可用预设的网逮住"白鳍豚"，又可用生成的网捕捉住意料之外的"中华鲟"。对于一些不往两张网里钻的"鱼"，老师要善于观察、呵护、引导、点拨，从而催生新的精彩。

（二）预设与生成的对立性

两者体现的教学理念和价值追求不一样，追求的教学目标不一样。

预设重视的是显性的、结果性的、标准性的目标；生成则关注隐性的、过程性的、个性化的目标。预设过度必然导致对生成的忽视，挤占生成的时间和空间；

生成过多也必然影响预设目标的实现以及教学计划的落实。从实践层面上，不少有价值的生成是对预设的背离、否定，还有一些则是随机偶发的神来之笔。生成和预设无论从内容、性质还是从时间、空间来讲，都具有反向性。正是基于这一点，我们特别强调，无论是预设还是生成，都要服从有效的教学和学生的发展。

（三）预设与生成的循环递进性

在实际的教学中，教师的预设可能会与学生的认知发生冲突，教师抓住这些认知冲突，运用有效的教学策略，从而引发课堂生成。教师会因突发的课堂生成机智调整预设，给学生提供新的生成机会。这样一来，预设与生成就会循环发生，使学生对知识的学习掌握，逐步深入，层层递进。

三、预设与生成的类型

预设体现对文本的尊重，生成体现对学生的尊重；预设体现教学的计划性和封闭性，生成体现教学的动态性和开放性。精彩的生成离不开之前的精心预设，精心的预设也无法全部预知精彩的生成。课堂教学是一个动态生成的过程，再精心的预设也无法预设整个课堂的全部细节。

（一）预设的类型

预设是教学实施的基本线索，也是生成的前提。课前的精心预设能够为学生有效地学习找准起点，搭建平台和脚手架，把教学目标细化，使教学活动的设计有的放矢，并呈现各个活动之间的逻辑关系，为有效教学提供最大的可能性和可行性。预设可分为无弹性的预设和有弹性预设。

1. 无弹性的预设

在课堂教学中，教师为了完成本节课的教学目标，所设计的问题没有给学生留足思考的空间，这样的预设无弹性，不能发挥学生的主体地位。

2. 有弹性预设

在教学中，有弹性预设就是教师要充分留给学生进行自主探索、思考问题的时间和空间，学生才能够放飞思维，张扬个性。

教学是一个有目标、有计划的活动，教师在备课的过程中，就应真正"以学生为主体"，充分了解每一个学生的实际情况，尽可能地考虑到课堂上会出现的各种生成。

教师在教学中只有给学生自由的时间，学生才能拥有更大的创造性。苏霍姆林斯基曾说过，教室里寂静，学生集中思索，要珍惜这样的时刻。教学中多留给学生时间和空间，让学生按照自己的思维去学习，哪怕有时有些尝试可能是错误的，也能让他们按照自己的思维方式通过学生之间相互质疑、相互补充使之得以完善。

【课例 2】"运算定律与简便计算的复习"

2016 年 4 月 22 日，濮阳县第二实验小学教师谢俊梅在录播室执教了"运算定律与简便计算的复习"，它是人教版数学四年级下册第三单元的内容，是对加法交换律、加法结合律、乘法交换律、乘法结合律、乘法分配律、减法的性质、除法的性质及简便运算进行的整理和复习。这节课开始时，谢老师就抛出这样一个问题："你能利用 125 这个数编写出简便计算的试题吗？"在老师富有弹性的预设下，教师给学生提供了留白的空间，以便在目标实施中能宽容地、开放地纳入始料未及的生成。这样课堂的生成就开始了，在师生、生生有效互动、动态生成的过程中，把本单元能利用定律简算的题型完全呈现出来，产生了许多学习信息与教学资源，使得整个教学是一个动态的活动过程，也是一个复杂的思维过程。

什么样的预设才能真正带来无限精彩的生成呢？无论如何预设，一定要考虑到教学现场，如果真能尊重学生的主体性，让他们主动提问、大胆质疑、积极表达、多向交流，他们一定会有所变化，甚至有较大的变化。为了积极应对课堂上可能发生的各种变化，课前预设必须显示出一定的可变性。

（二）生成的类型

精彩的生成是可以预设的。只不过这种预设，已不是传统意义上的预设，它是一种以学生为本的预设、人性化的预设，同时又是一种富有弹性的预设。进行这种预设时，教师除了进行传统意义上的编写教案，选择教法，设计教学模式，还要更多地考虑学生这一学习的主体，预设他们可能会生成哪些新的教学资源，并给自己一个可以自由支配的弹性空间，让自己能够胸有成竹地接受与拥抱课堂生成。生成是在课堂的师生互动中，学生提供的材料、学习的思维成果、学生开展实验操作获得的结果，与教师的预设相左，或者是在教师预设之外而又有意义的学习生成。

生成是真正的"海阔凭鱼跃，天高任鸟飞"，学生不仅在问题的解答上有生成，而且能够自己提出问题，解决问题。提出问题比解决问题更重要。

我们认为，在课堂上生成主要有以下两种。

1. 精心设计诱导错误，升华生成

布鲁纳说过，学生的错误是有价值的。教师就怕课堂学习过程中学生出现这样或那样的错误，经常藏着、躲着、捂着。其实，错误是一种自然现象，是课堂教学动态生成很好的教学资源。在教学中，教师可应用错例，及时地放大错例，只有对"错例"进行理性反思、探寻"病根"，才能对症下药，杜绝旧病复发。学生通过亲自参与找错、议错、辨错这一动态的过程，生成的知识、技能就更牢固。由于这种学习是学生自发产生的，所以经常会出现激情四射的场面，成为课堂教学的亮点。

【课例3】"位置"

张老师在处理"位置"练习"根据数对 (x, x)，请符合条件的同学站起来"这道练习题时，就较好地处理了由错误引发的生成。全班大部分学生站了起来。

生1：×××没站。
生2：我觉得我不应该站。
（学生的思维开始发生碰撞）
生3：如果生2站起来，好像不对；如果让生1坐下，好像也不对。
（此时，张老师没有着急，而是捕捉错误，耐心引导）
生4：如果 x 是1，这个位置就是 $(1, 1)$；如果 x 是2，它表示数对 $(2, 2)$；依此，它表示 $(3, 3)$、$(4, 4)$、$(5, 5)$ ……
（在老师的耐心引导下，学生终于找到了正确的位置）

学生的思维在倾听、交流中不断碰撞，充分展开错误的思维过程既有助于学生纠正错误，深化对知识的理解和掌握，又有助于拓展学生的思维空间，培养思维的灵活性和创造性。这样的教学才有针对性和实效性。

当课堂上遇到错误生成的时候，老师既可以引领点拨，找到问题的症结所在，也可以进行课上或课下拓展，但绝不能放弃。教师要以平和的心态对待学生的错误，并能独具慧眼，善于捕捉错误，使错误巧妙地服务于教学活动。

2. 智慧捕捉意外错误，机智生成

学生的思维是异常活跃的，常有与众不同的想法。学生在讨论中针锋相对，对同一问题常会出现两种或多种彼此不相融的观点。如果老师只让一位学生回答，往往会让一部分学生感到失望、不尽兴，没能给学生提供展现创造性的机

会，错失了好多精彩的生成。所以，教师要利用智慧捕捉意外错误，机智生成。

【课例4】"用字母表示数"

李老师在执教"用字母表示数"时，利用儿歌《数青蛙》进行练习。

师（领着学生吟诵）：一只青蛙一张嘴，两只眼睛，四条腿，扑通一声跳下河；两只青蛙两张嘴，四只眼睛八条腿，扑通两声跳下河；三只青蛙三张嘴，六只眼睛十二条腿，扑通三声跳下河；四只青蛙四张嘴，八只眼睛十六条腿，扑通四声跳下河；……这首儿歌你能唱完吗？最后一句怎么编？

（学生讨论）

生1：n 只青蛙 x 张嘴，y 只眼睛 z 条腿，扑通 a 声跳下河。

（这是老师没有预设到的，此时李老师并没有否定孩子的答案，而是问大家这样可以吗）

生2：不对。青蛙的嘴和只数一样多，n 只青蛙应该有 n 张嘴。

（老师抓住这一点，及时表扬鼓励，从而激发更多孩子的思考）

生3：n 只青蛙，就应该有 $2n$ 只眼睛。

生4：$4n$ 条腿，扑通 n 声跳下河。

当学生1出现了错误时，李老师非常机智地把该生的问题接住，同时将其抛给学生去解决。不同的学生根据自己所学的知识和经验，对问题有不同的理解，学生在倾听、交流、辩论中不断碰撞出智慧的火花，在讨论中生成出现了。由此可见，教师在课堂上，要有足够的耐心，给学生留有足够的时间，在宽松的氛围中，让学生经过个体的独立思考、学生群体之间的讨论和思维碰撞而形成对知识的理解，从而点燃学生的学习激情，促进学生的发展。在整个过程中，李老师心中有一个目标，生成的引导要向目标靠拢，从而达成目标。

如果垃圾是放错了地方的宝贝，那么错误就是课堂中的钻石，不允许学生犯错误，就将错过课堂中最耀眼的钻石。

在我们的课堂中又有多少错失精彩的生成？例如，王老师在执教"质数和合数"时，在探究出"奇数与偶数的和是奇数还是偶数？奇数与奇数的和是奇数还是偶数？偶数与偶数的和是奇数还是偶数？"这些问题后，学生知道了奇数加奇数是偶数，奇数加偶数是奇数，偶数加偶数是偶数，设计可谓取舍有度、独具匠心、颇为精彩。忽然，一位学生站起来说："奇数与奇数的积是偶数，奇数与偶数的积是奇数，偶数与偶数的积是偶数。"在场听课的老师都为这位学生大胆的推测而喝彩，谁知这位老师却随口说："这节课我们不研究这个问题。"

这是一个有探究价值的推测，也是一个生成的错误资源。这位教师可能是为了按时完成教学任务，也可能是没有预设到这个精彩的生成，从而扼杀了这位学生的创造力！如果老师当时能充分尊重学生的意见，灵活利用这个生成的错误资源，先放手让学生进行讨论，再汇报交流，教学效果可能会更好，学生对整数奇偶性的理解也会更深刻。教师要捕捉生成必须注意倾听，随机应变，顺应学情，借机施教，深化生成。

四、应对预设生成该如何做

我根据自身的教学经验以及对教学切片中教师做法的归纳，认为应对教学预设生成要这样做：

一是要心中有目标，生成的引导要向目标靠拢，以达成目标。

二是预设要有弹性、有留白的空间，以便在目标实施中能宽容地、开放地纳入始料未及的生成。[1]

三是需要教师的机智，提炼有用信息，恰当化解。对于正面的、价值高的生成鼓励、利用；对于负面的、价值低的生成，采取机智的方法，让其思维"归队"。[2]

总之，生成应为教师所用，以便达成目标，能够进一步产生更有价值的问题，才是课堂的最高境界。生成是教师可遇不可求的，教师一定要及时捕捉，并利用好生成，这样就会产生"柳暗花明又一村"的效果。

因此，预设与生成要和谐统一。预设是基础，是静态设计；生成是创生，是动态活动。没有预设，课堂教学便没有规矩，易显得结构不清晰，甚至造成教学活动无的放矢；没有生成，课堂教学便很容易变成教师的"一言堂"，甚至剥夺了学生思考的主动性。只有精心预设与机智生成相伴而行，才能擦出思维的火花，才能放飞想象的翅膀。[3]

参考文献

[1] 杨豫晖 . 义务教育课程标准教学切片试解读 小学数学 2011 年版 [M]. 北京：教育科学出版社，2012：196-200.

[2] 刘娟娟 . 小学数学教学技能 [M]. 上海：华东师范大学出版社，2011：167-171.

[3] 陈华忠 . 课堂的预设与生成 [EB/OL]. http://blog.sina.com.cn/s/blog_46a4f6a50100rhh9.html . [2017-06-22].

小学数学课堂诊断：如何实现预设与生成的平衡

贾红霞　刘培娟　李丽革

（濮阳县第二实验小学　河南 濮阳　457100）

《义务教育数学课程标准（2011 年版）》在教学建议部分指出，教学要处理好四个关系：面向全体学生和关注学生个体差异的关系；"预设"与"生成"的关系；合情推理与演绎推理的关系；使用现代信息技术与教学手段多样化的关系。[1] 其中，处理好"预设"与"生成"的关系，是发挥学生主体作用的关键。

课堂是开放的，教学是生成的。教学过程是"静态预设"与课堂"动态实施"的互动与循环过程，预设与生成是建构有效课堂的基石，是开展有效教学的两大主线。预设和生成有什么作用？它们之间存在一种什么关系？如何让预设和生成促进教学的有效实施，演绎精彩的课堂？本文基于河南大学魏宏聚教授的切片诊断方法，对上述问题进行深入的探究。

一、预设与生成的内涵及作用

（一）预设的内涵及作用

1. 预设的内涵

预设是教学预测与设计，是课前进行有目的、有计划的设想与安排，是教师在备课或实施教学活动时，对教学过程的一种提前了解和考察。教师通过创设有利于学生活动的问题情境，预设或估计教学各个环节在课堂推进中会引起哪些因素变化，会生成哪些新的问题。在预设中，不仅要对教材内容进行研究分析，还要对学生情况进行预测与判断，对教师自身教学储备进行补充和完善，对课堂教学场景进行互动性的脑海预演和心理模拟。

预设是教师单方面的教学设想。预设的内容不仅包括对教材的解读、教学目标的确定、教学结构的设计，还包括对课堂上可能产生的走向、学生原有知识结构、学生在交流中可能出现的偏差、课堂上可能产生的影响教学进度与目标达成的其他变数等因素的预先思考与相关的应变策略。[2]

2. 预设的作用

预设的作用有以下几点：① 熟悉教学内容，把控教学重难点。预设要保障课堂教学的有效实施，教师必须根据教材内容和学生学情，进行充分的教学预设，关注学生的学习能力、情感、态度和价值观的培养。② 了解学生情况，便于因材施教。学习是学生自己的事情，一切学习活动的制定都是为学生服务的。任何时候，学生进入课堂都不是一张白纸，他们有自己的知识背景和生活经验，这些知识背景和生活经验会影响他们的课堂学习效果。所以，教师不能根据自己的凭空想象确定教学活动的开展，教师的预设应尊重学生的现实基础，在关注内容组织与过程安排的同时，关注学生的认知基础。③ 预判教学互动场景，提前做好充分准备。教学预设是非常重要的，预设不充分，设想不周全，就很难激发学生参与数学活动的积极性和创造性，也就不可能生成更多的新资源。

（二）生成的内涵及作用

1. 生成的内涵

生成是课堂教学的生长和建构，是教学过程中的生长点，是指在教师与学生、学生与学生合作、交流、碰撞的课堂中，超过教师预设方案之外的新问题、新情况或新资源，是在教师没有任何准备的前提下，源自学生突如其来的新情况，生成具有过程性、个体性。[2]

2. 生成的作用

第一，促进发散思维，激发学生创造性。自主、合作、探究的学习方式主导下的课堂是每一位教师的追求，在这种理念主导下的课堂生成，教师要善于捕捉利用，选择性引导，才能生成不可估量的资源。

第二，引发合作交流，促进学生有效思考。课堂教学不是忠实的传递和接受过程，而是课程创新与开发的过程。教学的生命力与真正价值在于预设下的生成教学。课堂生成是师生交往、积极互动、共同发展的过程，是课堂教学的重要资源，是触发学生思维灵感的导火索，课堂生成还是教师提升学科素养的重要因素。

二、何谓预设与生成的平衡

叶澜教授说过，课堂应是向未知方向挺进的旅程，随时都有可能发现意外的通道和美丽的图景，而不是一切都必须遵循固定线路而没有激情的行程。[3] 由此可知，教学既要重视知识学习的逻辑和效率，又要注重生命体验的过程和质量，因此课堂既需要预设，也需要生成。

走进课堂，我们可以看到，一部分教师依靠自己积累的丰富教学经验和教学机智引领学生按照自己的预设顺利地完成教学目标中的教学内容。教师的构思可谓缜密细致，学生在课堂中出现一些状况，教师也会避其锋芒，绕道而行，只为完成自己的预设。在部分教师的课堂中，我们还会发现他们注重课堂的生成，忽略了课堂教学的预设，往往出现以个别学生的思维点牵引整个课堂的发展，互动流于形式，讨论也不深入。课堂教学中，到底是以预设为主，还是以生成为主？我认为，课堂是一个充满活力的生命整体，预设与生成是辩证的对立统一体，应该关注预设与生成的平衡。预设体现出了教师的主导作用和对文本的尊重，生成体现了对学生的尊重，[4]两者相互联系、相互补充、相互促进。精心预设才能有灵动的生成，而预设需要借助丰富的生成，才能焕发课堂的魅力。

何谓平衡？《辞海》的解释是"衡器两端承受的重量相等"。《现代汉语词典》解释为：①对立的各方面在数量或质量上相等或相抵。②几个力同时作用在一个物体上，各个力互相抵消，物体保持相对静止状态、匀速直线运动状态或绕轴匀速转动状态。③使平衡。

何谓预设与生成的平衡？本文认为有以下三层含义。①预设与生成具有量上的平衡、质上的平衡、动态的平衡等。②两者是对立统一体。预设中有生成，生成是预设的内容表现。③预设与生成是相互促进的，课堂因预设而存在，因生成而精彩。预设与生成是课堂的两翼，面对生成，教师要用宽容和理智的心态去接纳，机智地筛选生成，巧妙地运用生成，用智慧引领智慧。

三、切片分析——如何实现预设与生成的平衡

苏霍姆林斯基说过，教育的技巧并不在于预见到课的所有细节，而在于根据当时的具体情况，巧妙地在学生的不知不觉中做出相应的变动。预设过度必然导致对生成的忽视，挤占生成的时间和空间；生成过多也必然影响预设目标的实现以及教学计划的落实。教师应该如何追寻预设与生成之间的动态平衡，让"预设"与"生成"在课堂教学中相得益彰？

（一）精心预设为生成留白

精心预设是生成的保障。预设包括教学目标、教学内容、教学流程、学生状态、教师心理状态等，要以学生发展为中心。它要求教师要准确把握教材、全面了解学生的学习特点、精心选择学习的材料，有效开发资源，创造性地使用教材。预设要遵循"以学定教"的原则，教师要把工夫花在钻研教材二次开发、了解学生、设计课堂环节上。所以，教师在预设时，只需预设各环节的安排、活动

的组织等大体轮廓，教学设计要具有一定的弹性，充分考虑课堂上可能会出现的情况，为学生在学习过程中发挥创造性提供条件，给学生自主建构的空间，只有这样，才能有效促进课堂的动态生成。

【教学切片1】"找规律"①

师：请同学们看大屏幕，一会儿在大屏幕的右边会有一个接一个地出现的圆，这些圆都有不同的颜色，你看到什么颜色就大声地读出来，看谁看得准，读得快，成不成？

生齐：成！

（师展示课件）

生（齐读）：红、黄、蓝、绿……

师：下一个是什么颜色？

生1：蓝色。

师：好！我们来看一看，对不对？（继续播放课件）真是蓝色呀！下一个呢？

生2：绿色。

师：再下一个呢？

生3：红色。

师：一（3）班的同学真棒！猜一个对一个，真了不起！再来一个成不成？

生（齐）：成！

（这时候，课件出示又一组图片）

生（齐）：黄、红、蓝、黄、绿、黄……

师：下一个你们猜会是什么颜色？

（这时候，学生没有猜对）

师：呀！没猜对吧！刚夸你们棒，结果不成了，再猜下一个成吗？（同学们各有说法）看来这些圆有点奇怪，都是带颜色的圆，都是红、黄、蓝、绿，为什么第一次出现的时候同学猜得那么准，猜一个对一个，可是第二次再出现的时候，怎么猜也不容易猜对呢？什么原因啊？能说说吗？

（这时候，同学们七嘴八舌地讨论，教师顺势引导学生）

师：我们把不乱的这种变化情况用一个词来说明，这个词就叫作"规律"。"规律"很重要，正是因为第一次出现的圆是有"规律"的，所以一猜就准，而第二次出现时，是没有"规律"的，所以总是猜不准。你们说"规律"重要吗？

生（齐）：重要。

师：所以，今天刘老师和一（3）班同学共同来上一节课，叫"找规律"。

---

① 刘德武老师执教的人教版数学小学一年级下册"找规律"

我认为，这个课堂设计的优点在于：这样一个环节的设计，因为对于学生的年龄特点及对知识的认知特点的充分了解，有了对教材的充分认识以及对教材的重新设计，才让孩子们在对圆的颜色的猜测过程中自然而然地对"规律"有了深刻的理解，课堂才有了精彩的呈现。

【教学切片2】"运算定律与简便计算的复习"①

在教学中，谢老师全面了解学生，充分考虑课堂出现的状况，精心设计问题，让课堂教学精彩不断。

在对运算定律进行复习分类后，老师没有设计过多的练习，而是抛出了一个问题：用125写出用简便方法计算的题目。正是因为谢老师对学生学情的充分把握，学生们的思维被激活，课堂氛围也分外活跃，如下图所示。

【教学切片3】"立体图形的复习"②

一位教师在执教"立体图形的复习"时设计了下面的练习环节，内容包括物以类聚，知识梳理；无中生有，变式应用，由静到动；触类旁通，提升应用，如下图所示。

_____

① 2016年5月12日，濮阳县第二实验小学谢俊梅老师执教的人教版数学四年级下册"运算定律与简便运算的复习"

② 新乡市新区李有珍老师提供的人教版数学六年级下册"立体图形的复习"

该教学设计追求"知识、求联、发展"六个字。预设案通过开放题目的设计把单一知识结成串、织成网，正是教师对教材的深入研读，在充分了解学生的基础上，才有了精彩的开放性的预设案，拓展、打通了学生的学习通道，学生在整体知识背景下自主复习、积极参与，对所学知识进行重新组织与建构，促进了学生在课堂中的精彩生成。

（二）及时调整预设为生成腾出空间

课堂教学是千变万化的，再好的预设也不可能预见课堂上的所有情况。有时学生提出来教师没有预设到的生成，教师为了赶进度，为完成自己的预设方案，不能及时调整自己的预设，而是匆匆地予以否定。

【教学切片4】"平行四边形的面积"①

张伟鸿老师执教的"平行四边形的面积"的引入环节出现了这样的情况：

师：请大家认真观察这幅校门内外平面图，回答小精灵的两个问题。"你发现了哪些图形？""你会计算它们的面积吗？"

生：会。

师：哪些图形的面积你会计算呢？

生：长方形的面积、平行四边形的面积、正方形的面积。

师：正方形的面积等于什么？

生：正方形的面积等于边长乘边长。

师：长方形的面积呢？

生：等于长乘宽。

师：你还会计算平行四边形的面积吗？

生：会。

师：真不错。你说一下，平行四边形的面积等于什么？

生：平行四边形的面积等于底乘高。

师：还没学习呢，你都会了。你真棒，请坐。

（接着教师转过身，在黑板上写下了"长方形的面积＝长×宽"）

老师没有理会学生关于平行四边形面积的回答，而是进行自己的板书，按照自己预设的教学程序去进行，因为下面探究平行四边形的面积时需要用到长方

---

① 2016年3月，濮阳县第二实验小学张伟鸿老师执教的人教版数学四年级下册"平行四边形面积"

形的面积公式。

分析：很显然，学生能说出平行四边形的面积公式超出了老师的预设范围。老师用了一句"你真棒"应付学生显得有些草率。如果此处老师再问学生："你是怎么知道的？"对学生获取知识的途径做一了解，会使表扬具体化，让学生找到以后努力的方向。这时候老师应顺着学生的思路板书：平行四边形的面积 ＝ 底 × 高，然后说"到底对不对呢？今天这节课我们一起来验证"。这样学生带着一种验证公式是否正确的状态进入新课的学习，会很好地激发其探究兴趣。

【教学切片5】"角的认识"[①]

在教学"角的认识"时，我提出了一个开放性的问题：关于角，你知道些什么？老师的意图是了解学生对于角的认识，了解学生的知识起点。但是，出乎我的意料，学生有的说羊角、牛角、尺的尖尖角，甚至于人民币中的角，样样都有。这正是学生认识的生活中的角。怎么办？

这时我及时调整自己的预案："请你画出一个你认为的角。"

学生在画角的过程中，充分展示其思维水平，发现生活中的角和数学中的角有所不同，他们在互相启发、交流中，逐渐完善了对于角的认识。

分析：在这节课中，教师灵活地应变课堂出现的情况，耐心等待，巧妙引导，重视了课堂上学生的生成体现。所以，只有教师很好地把握教材，有足够的教学机智，给学生留有空间，才可能将生成的问题变成新的教学资源。

（三）抓生成关键时机引导思维走向深入

课堂教学的生成往往是在师生的互动中、文本的多元解读中、合作探究和拓展活动中以及学习反思中生成的，是学生学习需求的体现。面对课堂，教师要以积极进取的心态，善于捕捉课堂教学的生成点。

生成通常出现在以下几个节点：一是学生的质疑点。二是学生在互动中出现的思维亮点。三是学生的失误点。比如，学生在回答问题时出现的知识性错误、思维误区或认识上的偏差。四是学生间的争论点。五是共鸣点，即师生互动中出现的情感共鸣、沟通、升华。六是意外点，即课堂中出现的偶然事件。教师应在课堂上捕捉这些生成点，引导学生的思维走向开放。

---

① 濮阳县第二实验小学贾红霞老师执教的人教版数学二年级下册"角的认识"的课堂记录

【教学切片6】"平均数"的练习环节 ①

六（1）班同学身高、体重情况如下表。

身高 / m	1.40	1.43	1.46	1.49	1.52	1.55	1.58
人数 / 人	1	3	5	10	12	6	3

体重 / kg	30	33	36	39	42	45	48
人数 / 人	2	4	5	12	10	4	3

（1）上面两组数据的平均数各是多少？

解决问题时，学生有两种做法：

文同学：（1.40+1.43+1.46+1.49+1.52+1.55+1.58）÷7

邢同学：（1.40+1.43×3+1.46×5+1.49×10+1.52×12+1.55×6+1.58×3）÷（1+3+5+10+12+6+3）

（出现这种情况，老师没有简单地让学生判断对错，而是让两位同学说出自己的想法，组织学生进行辩论，在辩论中学生对平均数的计算有了明晰的认识）

师：掌声送给邢同学，同时也送给文同学。

（同学们很惊讶，但很快有的同学点了点头）

师：明白为什么要感谢文同学吗？

生1：因为有了错误，才有了精彩的辩论。

生2：感谢错误，让我们对这道题目有了深刻的认识。

生3：错题也有价值。

【教学切片7】"混合运算" ②

师：教室里原有24名学生，走了8名，又进来了13名，这时候教室里一共有多少名学生？

老师的预设是通过游戏让学生理解"走了的"用减法，"进来了"用加法。预设算式有：24－8+13=29（名）

24+13－8=29（名）

课堂却出现了第三种方法：

13－8+24=29（名）

---

① 2018年6月，濮阳县第二实验小学贾红霞老师执教的人教版数学四年级下册"平均数"
② 2017年5月，濮阳县第二实验小学刘培娟老师执教的人教版数学二年级上册"混合运算"

老师没有简单地处理第三种方法，而是让这名学生讲解她的做法。学生这样解释：因为进来的比出去的多 5 人，所以总人数就比原来的多 5 人。

老师对学生的想法进行了表扬。这时候，有一个同学提出了疑问：如果进来的人数比出去的人数少，又该怎么做呢？

师：你提出的真是一个好问题。大家一起讨论。

经过讨论大家明白，如果进来的人比出去的人少，就应该用总人数减去少的人数。

分析：在这个教学切片中，教师及时捕捉了学生有效的生成性资源，充分肯定了学生的创新思维。学生在讨论中自主探究，体会了成功的喜悦，使课堂焕发了勃勃生机。

四、实现预设与生成平衡的策略

理解了预设和生成的内涵和作用，课堂中应该如何调整，让预设与生成实现平衡，从而保障教学活动的有效开展。

（一）精读教材和了解学生是促进预设与生成平衡的前提

备课中没有全面考虑和周密设计，就不会有课堂上的有效引领与动态生成。作为教师，应该深入研读教材，理解教材的编写意图，发掘教材中的教学价值，还可以结合学生的学习起点，对教材实施二次开发。

（二）紧扣目标是预设的起点与生成必须遵循的指南

教学目标是整个教学活动的起点和指南，一个好的预设一定是可行可检的。教师在预设课堂活动时，只有心中有目标，才能有利于教学目标的完成。

（三）关注课堂多元性与个性化是预设与生成的保障

有的教师的教学预案是周密细致、一成不变的。由于学生之间各方面的差异，学生需要有开放的思维与言论的空间。课堂会出现无法预料的见解，教师将机械预设变为弹性预设，问题设计多些留白，让学生在课堂中有所思、有所悟、有所得。

（四）关注知识获取的过程是预设与生成的重要抓手

预设过程要尊重学生的主体地位，预设学生学习的过程。在课堂上，教师为学生解疑释疑，使学生知其然且知其所以然，让学生积极参与知识获取的过程，让学生想学、乐学、有创造性地学，为学生提供时间、空间、信息、教学方法，只有这样，才能产生精彩的生成。

（五）捕捉时机适时点拨是动态生成的助推器

生成是一种富有灵性的召唤，是一种价值引导下的自主构建，所以，生成不是一种预约的精彩。只有教师在课堂学习过程中寻找预约中的平衡，寻找切入点，寻找达成目标的新的生成点，酝酿突破，才能培养学生的创新意识与能力。

总之，预设与生成是精彩课堂教学不可或缺的两个方面。没有预设的课堂是不负责任的课堂，而没有生成的课堂是死水一潭的课堂。只有让老师的智慧点燃学生的智慧，让学生的潜能得以开发，让智慧发生碰撞，这样的课堂才是精彩纷呈、思维灵动的。教师应在精心预设的基础上，善于捕捉生成性资源，使课堂教学扎实有效地展开，让精心的预设与精彩的生成成就课堂的艺术之美。

参考文献

[1] 中华人民共和国教育部. 义务教育课程标准（2011 年版）[S]. 北京：北京师范大学出版社，2012：42.

[2] 钟志英 .2013-03-05. 教学预设与生成 [EB/OL].http://www.jxteacher.com/lxh2011/column6559/61731a57-c212-4d45-89b3-ee6c58d765be.html .[2017-04-16].

[3] 徐跃前课堂，向未知方向挺进的旅程 [EB/OL].http://www.doc88.com/p-9955969759467.html.（2013-11-08）[2017-04-17].

[4] 黄金玉. 让预设与生成共创精彩课堂 [J]. 课程教育研究（学法教法研究），2015（36）：180.

小学语文课堂动态生成的原则与策略

刘振中　吕红霞　张凤琴　曹凤霞

（濮阳县第二实验小学　河南　濮阳　457100）

"动态生成"是新课程改革倡导的理念之一。叶澜教授指出，要从生命的高度、用动态生成的观点看课堂教学。课堂教学被看作师生一段重要的人生经历，是他们生命有意义的构成部分，要把个体精神生命发展的主动权还给学生。[1] 因此，小学语文课堂教学不再是按照预设的教学方案机械的、僵化的执行过程，而是根据学生学习的需求及实际教学情境，不断调整、动态发展的过程。

所谓的课堂动态生成，是指在教师与学生、学生与学生合作、探究、对话、碰撞的课堂中，现时生成的超出教学预设方案之外的新的学习探究主题，使学生在获取知识，共享学习经验，获得丰富的情感体验的同时，创造新情境，习得新方法，生成新内容的过程。因此，新课程标准下的小学语文教学追求富有生命活力的课堂动态生成。但是，一味地追求课堂的动态生成，过度尊重与张扬学生学习的个性而忽视文本的存在，无视课堂阅读的拓展性及教学内容的独特性，甚至放弃文本价值取向的生成，同样是不可取的。如何应对小学语文课堂动态生成产生的误区，合理建构课堂生成，让课堂生成更具价值，是教师需要解决的重要问题。

一、小学语文课堂教学在"动态生成"方面常见的误区

（一）课堂动态生成的误区表现

1. 误区之一：虚假的生成

在新课程标准理念下提倡"以学定教""顺学而导"，即在课堂学习中以学生的学习思维、学习感悟、学习困惑为主要依据，确定教学的引导方向，以生成新的理解与感悟，解决学生的疑问，提高语文的素养。然而在教学中，过多、过细的"引导"使生成失去了真实的意义，导致虚假的课堂生成。虚假的生成极大地损害了学生的主体地位，不利于学生语文素养的形成与发展。

虚假的生成主要来自教师对课堂教学的控制，按照手段与方法的不同可以将其分为两种类型。一是人控虚假生成，即教师主宰控制下的生成。例如，2016年5月在安阳豫北名师展示课上，一位老师授课"四季"，当学生了解了文本的内容后，老师让学生选择阅读自己喜欢的段落。当学生说得兴致勃勃时，老师说："那我们就先去看看安阳的夏天吧！"其实这是教师早已做好的教学预设。这样的选择性学习是徒有形式，这样的生成是虚假的。

二是机控虚假生成。在现代教育技术的支持下，课堂教学中滥用多媒体，从而导致机控虚假课堂生成。学生的学习内容、方法、步骤、过程，亦步亦趋都在课件中。例如，2018年4月9日在濮阳的一次观摩课上，一位老师在讲"太阳是大家的"这一课时，老师的每一个教学环节都依赖于课件，学生读的课文在课件上显示，老师说的过渡语在课件里出示，就连一个微不足道的小问题也在课件上展示出来……课件放完了，一节课也就结束了。这种在课件的控制之下的虚

假生成，教学内容、教学语言、教师提问、朗读课文都在屏幕上，一切在意料之中，按部就班地实施与控制课件生成教学过程，教师的教与学生的学怎么会有新的生长点呢？

2. 误区之二：无效的生成

在语文阅读教学中教师的设问是设疑、质疑的过程，其目的是启发学生思考，激发学生的学习兴趣，进而引导学生自己发现问题、解决问题。但在实际的教学中，教师的多处提问仅仅是"为问而问"，提问的目的仅仅是期望学生回答出已知的、固定的答案，忽略了学生的情感体验。特别是有些问题的提出及学生的回答，只是为下一个教学环节做铺垫，仅是形式上的提问，几乎没有任何实质性的意义。例如，在听一位教师讲授"最后一头战象"一课的过程中，我记录了一段教学片段：

师：想想战象在自己生命垂危的时候，最让它念念不忘的是什么？

生1：与战友在一起的难忘时光，非常骄傲自豪。

师：再仔细想想，仅仅是和战友一起度过的时光吗？

生2：与战友并肩作战。

师：同学们的回答都不是很准确，这都不是令它最难忘的事情。想想为什么它们能够并肩作战，它的身份是什么？

生（齐答）：战象。

师：对，它不是一头普通的大象，而是一头战象，这才是它最念念不忘的事情——它的身份。

在设置这个问题时，教师的内心已经有了正确答案"战象"，在学生回答的过程中，教师并未给予学生有效的评价，而是继续设疑，将学生的思维一步步指引到正确的答案。看似教师在启发学生引导学生思考，但是，不是任何问题都是在一个固定框架里已经设定好的，这只是为了问而继续发问，忽略了学生的情感体验，忽略了学生的主体地位。然而，学生的回答想必是将"战象"比作了人，这种角色上的互换，正是学生在一步步地走进并感受事物的内心世界，并且根据文章的三件主要事件"披挂战甲－重回战场－与战友长眠"，学生的回答都是有道理的。事实上，很多教师认为，教学就是有目的、有组织、有计划的活动，只要将预设的问题一步步地在预设中提出，并引导学生按部就班地解答，这样学生就会将这节课的知识全部吸收，这便是成功的课堂教学。但是事实并非如此。"教学是以教师主导，学生为主体的学习过程，作为主体的学生接受并超越作为主导的教师这样的一个过程。"[2] 因此，在教学中，教师设问要立意鲜明，符合学习情境和学生的实际情况，要随着教学情境的变化而延展其广度和变化其深度。

（二）导致课堂动态生成误区的主要原因

1. 受传统教育思想的局限

传统教育思想下，大多数师生认为：师者，传道授业解惑也！在这种思想指导下，最容易产生两种误区：教师在课堂教学中偏重知识的传授；学生在学习中只重视已有知识的积累与运用。这样的学习过程必然导致重知识轻能力的现实，因此课堂动态生成难以落地生根，更谈不上开花结果。

2. 对新课程理念理解的偏差

（1）从形式上向新课程理念靠拢

一种情况是教师掌握课堂的一切，控制课堂的话语权；另一种情况是即使在倡导学生自主、合作、探究的学习过程中，教师也参与过多，不能真正放开手脚，不能让学生完全自主并留给学生过多的自由时间。一些教师以为在课堂上给了学生自由，把课堂完全交给学生，由学生个人掌控，就是响应新课程理念。这样的结果往往是，教师很难掌控整个课堂，给了那些不会自主学习的学生放松的机会，课堂容易因此引发混乱，教学目标也难以达成，教学质量低下。

（2）难以真正落实三维教学目标

为了应对学校成绩的排比，语文课堂教学中很难将知识与能力、过程与方法、情感态度和价值观的三维目标一一落实。这样做的后果就是语文课堂教学的畸形，三维目标最终变成了一维目标，使现代语文课堂教学客观上向传统语文课堂教学回归。

3. 教师自身职业素养的缺失

大多数教师通过自己的终身学习，能够实现持续的专业发展，但有些教师不能跟上时代的脚步，依然固守原有的教学模式。那些落伍的教师无法完成"随着课堂的深入，而随机优化事先预设的目标和问题"的任务。他们在课堂教学过程中，教学目标、教学内容、教学方法，仍然以事先预设为主，生成性意识不强。对于那些思想落后又不思进取的教师来说，让他们在教学过程中加入生成，改变他们固守了一辈子的教学习惯可谓难之又难。

4.学生个体独立思考能力的差异

课堂上的很多问题和环节是需要学生独立进行的。然而，不是每一个学生都具备这种自主学习的能力，更何况这种独立探究的能力也不是一朝一夕就能够练就的，它受多种条件的共同影响。有的学生缺乏提出问题的勇气和意识，不敢或者不愿意提出问题，怕自己提出的问题太简单或者太另类，而被教师和同学嘲笑，认为自己的问题可有可无，即使自己不问，教师早晚也会讲到 [3]。

二、构建动态生成课堂的策略

生成的课堂是精彩的课堂，是有生命活力的课堂，是个性飞扬的课堂。如何在日常的语文课堂教学中生成美丽，生成精彩呢？教师需要把握住应对课堂动态生成的策略，才能以不变应万变。针对此问题，我们给出了三种相对应的策略：精设计，巧点拨，捉亮点。

(一)"设计"要开放，"氛围"要和谐

新课程倡导的是开放性的课堂教学设计。它要求课堂预设必须是开放的（根据学生的课堂表现，即时优化教师事先预设好的教学目标）。教师在课堂教学中要改变过去那种线性设计——以完成教学内容为目的组织课堂教学模式，但并不是不要预设，而是要优化预设。叶澜教授曾这样界定教学设计：一个真正关注人的发展的教学设计，会为师生在教学过程中发挥创造性提供条件；会关注学生的个体差异。"凡事预则立，不预则废"。语文课堂作为教师和学生智慧生成的生命场，应注重预设，使其成为学习语言、荡涤情感、体验生活、滋补理趣的师生向往之地。预设是生成的基础，也是生成的前提，没有开放的预设，就不会收获精彩的生成；生成是预设的补充和提升。两者相辅相成、密不可分。教学是预设与生成、封闭与开放的矛盾统一体。一方面，只有生成没有预设的课堂教学是盲目散乱的；另一方面，只有预设而没有生成的课堂教学是死气沉沉的。

自主开放的预设才能孕育生成、促进生成。开放式的教学应当以框架设计为主，教师从学生的现状出发做出多种假设，拟定一个大致的框架、轮廓或是学习的最佳途径，供学生自由选择，并根据学生运用的具体情况进行调整，使其具有生成新的、超出原先计划和目标的可能。要想使课堂产生有效的生成，教师应该从备课入手，从文本、生本、实效三方面做充足的预设。教学设计时，教师可以设计出几个不同的板块，根据教学的需要随时穿插、变化。

自主开放的预设会缩短学生与文本间的距离，使学生尽快进入研读文本、人本合一的角色当中。很多优秀的教师在课堂上驾轻就熟、得心应手，生成资源

看似信手拈来、毫不费劲，其实何尝不是潜心钻研、精心预设的结果！特级教师王菘舟在执教"草船借箭"一课时，预设了让学生感悟诸葛亮的"笑"的含义这一环节，如果不是对"笑"字独特的感悟和精心的预设，学生怎会有"笑出自信，笑出自豪，笑出嘲讽，笑出鄙视"的创造性思维？

自主开放的预设能让学生从宏观上把握文本的脉络，从多角度、多思维切入文本之中。一堂好课不在于教师的语言多么精练，教学的环节多么紧凑，而关键在于教学的设计是否精巧得当。2015 年 10 月，濮阳县第二实验小学的樊老师在教学"狼牙山五壮士"时，没有按事情的发展顺序逐一引导学生分析理解，而是抓住了关键词"壮"把学生带入深入的思索中，引起学生对战士的崇敬与佩服。她在上课伊始就提出问题："文题中为什么用'壮士'来形容他们，而不是'战士'呢？'壮'体现在哪些方面呢？"一个精巧的问题把学生带进对文本的探讨之中，经过认真的阅读和激烈的讨论，学生得出了结论，感受到五位战士的壮烈体现在"接受任务时的义无反顾、与敌人交锋时的英勇顽强、走向悬崖绝壁时的气宇轩昂、跳崖牺牲前的悲壮无畏"。这样牵一发而动全身的问题预设，充分考虑了课文内容的需要，也兼顾学生情感上的需求，更顾及为课堂教学拓展广阔空间，可以说收到了事半功倍的效果[4]。

自主开放的预设更能调动学生的情绪，发挥学生的想象，而不拘泥于狭小的文本空间之中，使学生植根文本的内容，超越文本的思想内涵。

例如，刘志春老师在课文"将相和"教学中的预设是这样的：

师：刚才同学们说了那么多。我们回到刚才一位同学提出的问题——蔺相如在准备撞柱的时候，难道他就不怕秦王真的逼他撞柱吗？如果秦王真的逼他撞柱，他会怎么做呢？

生 1：我想秦王是不会让蔺相如撞柱的。从"秦王双手捧住璧，一边看一边称赞"可以看出秦王对和氏璧的喜爱，蔺相如正是抓住秦王爱璧的心理，才会这样要挟秦王的。

生 2：秦王肯定不会让蔺相如撞柱。因为秦王很喜欢这块价值连城的璧，不会轻易就毁掉它，而且秦王用十五座城换璧，并不是诚心的，他只是想骗取和氏璧罢了。如果让蔺相如撞死在秦国，别人就会说秦王因为没有得到和氏璧而逼死赵国的使臣，到时秦王就成了天下人的笑柄。

生 3：我也觉得秦王不会逼蔺相如撞柱。因为从前面的内容可以得知，蔺相如是个名不见经传的小人物，秦王一定不会因为这个人给天下人留下话柄。

师：你从哪里知道蔺相如是个名不见经传的人？

生 3：我从"正在为难的时候，有人说有个蔺相如，他勇敢机智，也许能解决这个问题"这里知道的"有个蔺相如"意思就是好像不怎么出名。他们是在万般无奈的情况下才想到蔺相如的。

生4：老师，蔺相如在典礼那天大大方方地对秦王说和氏璧已经送回赵国了，他就不怕秦王杀他吗？

师：就是，和氏璧已经送回赵国了，悄悄溜走算啦！行吗？

生5：蔺相如根本就不会怕秦王，因为璧已经回到了赵国，自己心中已经无牵挂了。

生6：我想蔺相如要是不出席典礼，赵国就理屈了，作为使者，蔺相如绝不会溜回赵国。否则，他就有辱赵国的颜面了。蔺相如对秦王说的这段话也应当体现他作为赵国使臣的风范，同时也表现出他大无畏的精神。

师：那你试着读一读。

（生朗读）

师：同学们都听出了一国使者的风范了吧！既有那种和氏璧被送回赵国后的了无牵挂，又有对秦王的毫无畏惧之情。嬉笑怒骂，皆在其中。[5]

正是这种自主开放的预设为学生营造了良好的"学习场"，学生可以充分地思考，尽情地想象，自由地表达，使人深深地感受到学生那种创新的欲望和思维想象的标新立异。

课堂教学中的预设应当承认和尊重学生的人格、个性差异。教学过程是师生之间、学生之间交往互动与多向交流的动态建构过程，充满了多元性、不可预测性和不确定性。这就要求预设有弹性、有留白、富有动态，教学活动要用动态生成的观点来审视课堂教学，以达到预设目标与动态生成的和谐统一。

（二）迷惑处巧点拨，关键处促生成

在不断即时生成的课堂中，只有教师充满睿智地调控和巧妙适时地点拨，引导学生用全部的理智、经验和情感去感受、领悟、欣赏文本的内涵，才能让课堂充满智慧，才能让课堂焕发出生命的活力。课堂教学是千变万化的，课堂上学生的问题也是千奇百怪、难以预测的。当学生的问题脱离文本、超越预设时，教师是置之不理还是越俎代庖？这是摆在每个希望突破自我的新型教师面前的严峻问题。如何在学生的思维发生偏离时，巧妙地点拨和引导呢？这就需要教师进行深入的思考和探讨。

教师作为课堂教学的组织者、引导者，要善于运用"点金之术"，让学生的智慧火花在轻轻一点间不断迸发，让学生的智慧之火在巧妙一拨下熊熊燃烧，尽显其个性、灵性。那么，教师究竟在何时点拨才恰到好处呢？

1. 在学生"一知半解"处点拨

在学习中，对于有些内容学生常常会一带而过，貌似理解其实并未真正弄懂，这时教师就要运用"点金之术"，激发学生的探究意识，使其真正领悟文章的内涵和作者写作的精妙。

"颐和园"一课中有这样一段话："正前面，昆明湖静得像一面镜子，绿得像一块碧玉。游船、画舫在湖面慢慢地滑过，几乎不留一点痕迹。"许多学生能从比喻句中感悟到昆明湖的平静和美丽。但这两句话有一个词用得非常精妙，更能突出昆明湖的平静，学生并没有真正领悟。

2017年5月吕老师在执教这一课时，学生从比喻句中感悟到昆明湖的平静和美丽。

师：这段话中还有一个字更能突出昆明湖的平静，仔细品一品，是哪个字呢？

生（一读就明白）：哦！是"滑"字。

师：这个"滑"字能不能换成"划"字？

（课堂上出现片刻的沉默）

生1：我认为不能换，划船时，湖面会产生许多波纹，但看起来还很平静，而文中说"游船、画舫在湖面慢慢地滑过，几乎不留一点痕迹"，如果用"划"字，这样一来就自相矛盾了。

（师赞许地点点头，一时间，学生纷纷举手发表意见）

生2：文中说"昆明湖静得像一面镜子"，镜子是由玻璃做的，表面很光滑，这儿用"滑"字就显得很准确。

生3：文中说昆明湖"绿得像一块碧玉"，玉的表面也很光滑，这儿应该用"滑"字，而不能用"划"字。

生4：我去过北京颐和园，看到昆明湖大得不得了，湖面上虽有些波纹，但远远望去，像镜子一样平静。游船、画舫驶过去，也好像是滑过去的，看不到什么波纹，所以说这里用"滑"字是非常准确的，这个"滑"字更能显示昆明湖的静、大、美。

这一假设和追问激发了学生的探究意识，促进了学生对课文内容的深刻领悟，也使学生具体地感受到作者遣词造句的精妙之处，这个"滑"字，"划"出了课堂上朵朵智慧的浪花，"划"出了教学中勇于探究思考的火花。

2.在学生"欲说无言"处点拨

学生在学习课文时，有时会出现令自己很"尴尬"的场面：有所发现却不能说清楚，心有所悟但苦不能言。出现这些情况无非两种因素在起作用：一是语言表达能力偏低；二是对表述的内容还不十分明确。教师对学生的点拨只有针对学生思维受阻的"穴"，才能对学生有所启发。

一位教师教授"我的伯父鲁迅先生"一课，当讲到"四周黑洞洞的，还不容易碰壁吗"这一句话时，学生能理解"四周黑洞洞的"是指当时社会的黑暗，对"碰壁"的理解虽有所领悟，但模模糊糊，找不到准确的语言去表达。这时，老师说："在黑暗的社会里，鲁迅看不过反动派欺压劳动人民，写革命文章反对，于是反动派就对鲁迅下手。"老师的话让学生茅塞顿开。学生："哦，国民党反动派当然容不得鲁迅反对他们，当然要对鲁迅下手，鲁迅写文章要遇到多少挫折啊！从这句话可以看出，鲁迅多么富有战斗精神啊！"教师这么一点拨，学生不但变"无言"为"有言"，而且言而明意。

3.在学生"离题万里"处点拨

新课程标准理念指引下的语文课，应该是民主的、开放的、平等对话的学习活动。课堂上常常会出现这样的现象：学生畅所欲言，意见不一，谁也说服不了谁。这时，就需要教师发挥点拨作用，把学生的思想观点进行概括、提升，使他们对事物、对人、对社会等方面的认识更全面、更准确、更深刻。

2016年5月，刘老师授课"一面五星红旗"时，当讲到"我"在饥寒交迫时，遇到一位面包店的老板。他要用手中的面包换"我"手中的五星红旗时，"我"坚决不换。有的学生对于"我"坚决不换的举动产生质疑："在生死存亡的时刻，人应该把生命看作是第一位的，可作者为什么不换呢？他宁愿饿死也要保住五星红旗吗？"另外一些学生则认为："五星红旗代表着国家的尊严，在什么时候都不能为了个人的利益而失去国家的尊严，作者的做法是正确的。"一时间，围绕"维护祖国的尊严与维持个人的生命孰轻孰重"的观点，大家争执不休。这时，刘老师发挥了教师的引导和点拨作用，他语重心长地对大家说："对个人而言，人的生命固然是可贵的，可做人的尊严、国家的尊严就可以丢掉吗？如果为了生存下去，连尊严都可以置之不理，那活着的意义又在哪里？"学生听了他的话不再争论了，因为他们懂得了做人的可贵之处究竟是什么，不是如行尸走肉般的生存，而要活得有意义，活得有骨气，活得有尊严，这才是至高无上的、弥足珍贵的。

4.在学生"举步维艰"时点拨

"教师之为教，不在全盘授予，而在相机诱导。"学生自己能想得通、说得明白的，自然不需要教师指教，但当学生通过努力还是想不通、说不清，即处于求通而未通，口欲言而无言的愤慨状态时，教师要抓住时机，巧妙点拨。

例如，王崧舟老师在执教"我的战友邱少云"时，一名学生向老师和同学质疑："燃烧弹烧着之后，为什么只烧邱少云而不烧'我'和其他战士呢？"这个问题提得有水平，书中未做交代，也没有答案。教室里一片沉寂，半天无人举手。王老师启发道："你们联系风向想想看。"经王老师这样的轻巧一点拨，学生立即有种"山穷水尽疑无路，柳暗花明又一村"的感觉，都争着举手发言。一名学生兴奋地说："噢，我知道了，可能我们趴在上风，火往下风烧，所以没烧到我们。"这一声心领神会的"噢"，是对老师点拨的赞叹之声，是学生智慧之火的闪烁之声。

（三）捕捉教学亮点，催化动态生成

动态生成式的课堂坚持以生为本，追求教学的真实、自然，敢于暴露意外的情况，再现师生"原汁原味"的教学情境。所以，在课堂教学过程中，教师必须学会捕捉那些无法预见的教学因素、教学情境等信息，有效地利用可生成的资源开展教学，使之成为学生掌握知识、提高能力、培养情感的催化剂。

1.捕捉错误之处，点化为亮点

在课堂教学中，教师对意料之中的学生的回答往往是满意的，对学生精彩的生成性答案是惊喜的，但对那些尴尬的答案则不够重视，甚至心有不悦。其实，一些课堂中的"错误"也是一种"动态生成"的资源。布鲁纳说过，学生的错误都是有价值的。面对学生的错误，教师不要轻易否定，要学会赏识，懂得因势利导，善于挖掘差错背后隐藏的教学价值。通过巧妙的点化，这些错误可能会成为教学的最佳切入点。学生暴露的错误，是教师了解学生的突破口。如果教师能抓住"错误"，加以积极引导，突破预设，就可以使捕捉到的"错误"成为教学的亮点，成为新的教学资源。这样就会收到意想不到的效果，为课堂的动态生成创出美丽与精彩。

一位教师在教授"林海"时，一个学生把"大不一样"读成了"不大一样"。这位老师抓住了契机及时进行了调控，使宝贵的学习资源发挥了巨大的作用，为学生深入学习课文打开了缺口。教师引导学生进行以下思考：

师：这两个词有什么区别？

生："大不一样"说明差别很大，而"不大一样"则说明差别不怎么大。

师：读读课文，看秦岭与大兴安岭的差别究竟大不大？

生：差别很大，秦岭"云横秦岭"，而大兴安岭是"那么温柔"。

师：一个险峻，一个温柔，二者确实是——

生（齐答）：大不一样。

在以上教学切片中，教师的可贵在于善待学生的错误，及时调整预案生成有价值的教学资源，使课堂成为智慧飞扬的和谐天地。

2. 巧用疑问，转化为亮点

在课堂教学中，教师追求的教学境界是让学生自己去积极地发现问题，主动地解决问题，而不只是让学生带着老师的问题读书。教师在备课时要充分考虑，如何为学生提供质疑的机会，以疑促读，以读促思，读思结合。经历了自主质疑和思考的过程，学生获得的不只是知识，还有发现的喜悦和探究的兴趣，从而激发学生自主学习的乐趣。

记得教学"草船借箭"一课时，有个学生提出："题目中是否应该把'借'字改为'骗'字？"针对这个妙趣横生、集结了学生的智慧和认知能力的问题，教师引导学生在课堂上进行了一番激烈的讨论，大家分别阐述各自观点的依据，学生在一番唇枪舌剑后，领悟了"借"字集中了诸葛亮的智慧和才干，而"骗"字则充满了批评和指责，是贬义词，蕴含着阴谋诡计和阴险狡诈，用来形容诸葛亮不合适。

在这个教学片段中，教师及时抓住学生提出的问题作为教学资源，集中全班的智慧攻破疑点，学生在"生疑—解疑"的过程中进行认真的思考和细心的分析，取得了良好的教学效果。

3. 刨根问底，升华为亮点

学生在学习课文中，偶然想到的问题也许是稍纵即逝的，但有些想法却如星辰般璀璨，教师要善于辨别这些生成资源，有打破砂锅问到底的精神，让亮点闪烁出应有的光彩来。

当学生能够以自己独特的视角审视文本时，教师不能给学生"当头一棒"，或者对其置之不理，而要"打破砂锅问到底"，巧妙地引导学生，就稍纵即逝的生成资源做可持续的探究。学生通过研读文本，沟通生活，联系旧知识，逐步走进文本中的人物，对文本有了拨云见日的理解和感受，对经典文化充满了强烈的探究欲望，课堂也从课内延伸到课外。

4. 抓住突发事件，演绎成亮点

苏霍姆林斯基曾说过，教育的技巧并不在于能预见到课的所有细节，而在于根据当时的具体情况，巧妙地在学生不知不觉中做出相应的变动。生成性教育资源具有很大的偶然性和不可预测性，教师要具有很强的资源识别力，及时抓住课堂上的"节外生枝"，演绎成课堂的精妙插曲。[6]

刘老师在教学"鸟的天堂"一课时，同学们正围绕"为什么说大榕树是鸟的天堂"这一问题展开讨论时，从外面忽然飞来一只麻雀，对于这位不速之客的到来，教室里的同学们很兴奋，有的站起来，有的大声吼叫，有的想要去捕捉……如何巧妙地利用这一偶发事件呢？镇静过后刘老师说："大家看到了，鸟被我们的学习气氛吸引住了，飞进了教室来倾听大家的读书声。它们自由自在，快乐地生活在校园，学校成了它们生活的乐园，就像文中的小鸟守候着小岛上的大榕树一样，大榕树成了它们生活和栖息的天堂。"通过这么一讲，学生轻松了解了"鸟的天堂"这一抽象、枯燥的书本知识，在愉快中解读了文字。就这样，突如其来的"变故"成了难得的教学资源，生成了课堂中意外的亮点。

三、课堂教学动态生成的原则

好的生成课往往能够将课堂上有意义的情境，转化为教和学的资源。这样的上课过程，师生在自然和谐的氛围中，完成教学任务，但课堂教学中如果为了生成而生成，其形式花哨而没有实际意义，就会导致课堂上学生的提问有时会信口开河，教师组织教学也跟着随心所欲，既浪费了时间，教学目标也难以达成。

我们认为，掌握好语文课堂教学上的分寸，应遵循以下几个原则。

（一）适度原则

所谓适度，是指对生成内容价值的判断，即是否值得去生成，由于学生的年龄和知识的问题，课堂生成难免存在一定的偏颇、缺陷乃至失误，这时就需要教师适当发挥主导作用。一位教师在讲授"塞翁失马"一课时，学生问老师塞翁丢失的是公马还是母马。这时教师放弃了原先的教学设计，跟着问题，与学生一起讨论，一节课就在这个问题的讨论中过去了。课后，老师说他不愿意扼杀学生的兴趣，使学生失去对语文学习的兴趣。但是，我们认为，"塞翁失马"的教学目标是引导学生理解寓言的寓意，至于丢失的是公马还是母马，对于寓意理解没多少价值，对于没有价值的生成，花许多时间去讨论是不适当的。如果怕伤害学生，老师可以这样说"该问题提得很有趣，我想不管是公马还是母马，能引回一匹马，塞翁就应该很高兴"。要注意，判断的核心是教学目标，切合教学目标的生成才是最有价值的生成。

（二）适时原则

适时意味着时机要把握得好，提前的生成有生拉硬拽之嫌，滞后的生成又往往提不起学生的兴趣，对适时原则的把握取决于教师对课堂情境识别的敏锐性。

"触摸春天"中有这样一句话：我没有惊动安静，谁都有生活的权利，谁都可以创造一个属于自己的缤纷世界。在这个清香袅袅的早晨，安静告诉我这样的道理。

曹老师正在有条不紊地讲课。突然，一学生问："安静没有说话，怎么告诉我的呀？"

"告诉一定要说话吗？"曹老师先一愣，随机把这个问题抛给学生讨论。

生1：告诉要说话。比如，妈妈告诉我："先写作业，再去玩。"

生2：告诉有时候用动作。比如，妈妈一跺脚，狠狠地摔了一下门，这就是告诉我，不让我玩电脑了。

生3：告诉有时候用眼神。比如，上课时，老师狠狠地瞪了我一眼，就是告诉我，别和同桌说话了，要注意听讲。

曹老师后来在课后反思中写道：

"告诉"可以用说话来表达，也可以用动作，还可以用眼神，有时候读一个故事，看一部电影，做一件事，都可以从中得到启示，都叫"告诉"，这是"触摸春天"告诉我们的。

所以，教师在课堂上要掌握火候，寻找契机，恰当生成。

（三）适止原则

所谓适止，就是适可而止，恰好就可，到适当的程度就停下来，不要过头。那么，在课堂上适可而止就是及时停止没有方向或得不到结论地讨论和探究。学生的思想是丰富多彩、千奇百怪的，课堂上常会有一些突发的问题一时无法解决，这时教师就应该机智地中止讨论，不要一拖而不决，浪费时间。

比如，于漪老师在教"木兰诗"一课时，一位学生突发议论："这诗不真实，因为古代妇女都缠足，木兰是个缠足女，怎么可能在军队同行十二年不知木兰是女郎呢？"对这个问题，于漪老师坦诚相告，自己没有预料到，也不知道答案，于是她提议全班同学和自己一起课后去查有关古代妇女缠足的历史和知识，以佐证诗歌的真实性，这种处理无疑是一种高度的课堂机智的体现。这既有效地捕捉了课堂生成的教学资源，又让学生感受到作为教师那知为知之、不知为不知的人格魅力。[7]

再完美的预设也只是教师单向的、封闭的、静态的设想，无法预知课堂上实际发生的全部细节；再完美的预设如果得不到很好的生成，课堂也会变得死气沉沉、毫无生气，预设也会变得毫无意义。

语文课堂教学如果缺少了教学预设只剩下生成，课堂就会变得松散而没有主线，教师授课则会信马由缰、放任自流，完全按照自己临时的想法来教学。这样一来，有些生成就会变得无意义，一味地追求课堂气氛热烈，极易偏离教学目标的主线，所以语文课堂教学中的预设是不可缺少的。

课堂教学既需要预设，也需要生成，它们是课堂教学的双翼，缺一不可。没有预设的课堂是不负责任的课堂，而没有生成的课堂是死水一潭的课堂。只有让老师的智慧点燃学生的智慧，让学生的潜能得以开发，让智慧发生碰撞，这样的课堂才是精彩纷呈、思维灵动的课堂。

参考文献

[1] 鲍宗斌 . 小学语文课堂动态生成的误区与对策 [J]. 中小学教师培训，2005（9）：38-39.

[2] 陈阅平 . 新课程视域下语文课堂教学的预设与生成研究 [EB/OL].https://www.sogou.com/tx?ie=utf-8&hdq=sogou-addr-cc9657884708170e&qu. [2017-11-24].

[3] 陆宽新 . 小学语文课堂因生成而精彩 [J]. 语文教学通讯（口刊学术刊），2015（6）：47-48.

[4] 陈琳琳 . 小学语文阅读教学教师设问存在的问题及解决对策 [D]. 呼和浩特：内蒙古师范大学，2016.

[5] 刘志春构建自主开放的课堂——特级教师刘志春"将相和"精彩课堂实录 [EB/OL].http://www.ywkt.com/ArticleShow.asp?ArticleID=27990.[2017-12-01].

[6] 孙周敏 . 小学语文生成性教学的有效性研究 [D]. 西安：陕西师范大学，2015.

[7] 王茵 . 语文生成性教学的原则及实践 [J]. 教学月刊（中学版），2008（7）：5-7.

第三篇
教学拓展切片诊断

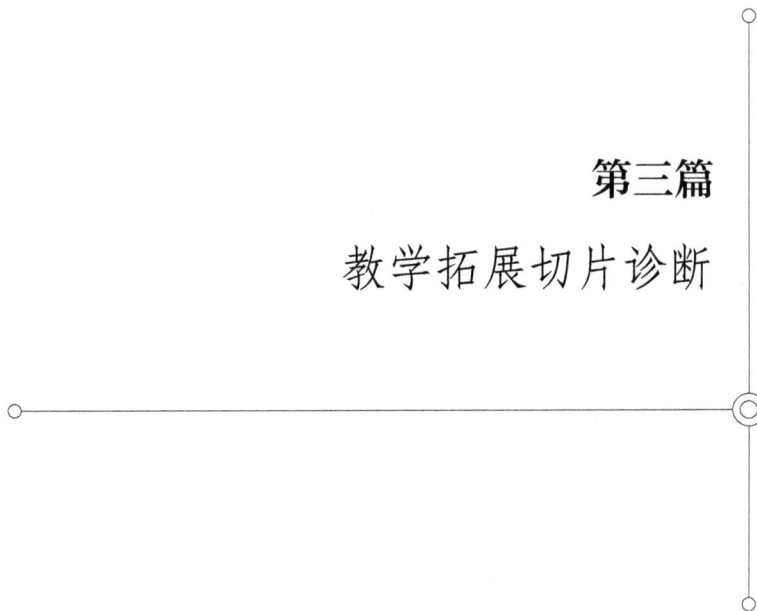

切片诊断：初中语文课堂教学拓展与延伸的对策研究

吴俊丽

（濮阳县城关镇第三初级中学　河南　濮阳　457100）

初中语文教学应该有适当、适量和适度的拓展，正如《义务教育语文课程标准（2011 年版）》所规定："要注重跨越领域的学习，拓展语文学习的范围，通过广泛的实践，提高语文综合运用的能力。"[1] 凡是入选语文教材中的课文都文质兼美，教学中教师既要善于引导学生个性化阅读，体会、感悟语言，还应该设计好语文课堂教学的拓展与延伸。教师恰到好处地运用多种方法进行拓展和延伸，不仅能开阔学生的视野、丰富其课余知识，而且有利于培养学生求得知识的能力，提高学生搜集和处理信息的能力，让情感得到升华，更会让学生大有收获。

一、初中语文课堂教学的拓展与延伸的现状及其存在的问题

在教学实践中语文课堂往往存在着一些误区，使拓展延伸成了无本之木，无源之水，失去了它的色彩，[2] 如盲目实施、流于形式、设计不当等。究其原因，是许多教师对拓展教学的理解出现了一定的偏差，甚至异化的情况，误以为只有进行了拓展才能够体现课程新理念。于是，一些教师打着"拓展"的旗号，以文本的某一内容为由头，将语文课"切换"成了思想品德教育课、时事分析课、影视音乐欣赏课等。其具体表现在以下方面。

1. 片面追求形式，忘其根本

有些拓展延伸仅仅是为了追求一种形式，并无实质意义，对课堂教学毫无用处。

【课例1】："再塑生命的人"①

王老师在讲授"再塑生命的人"一课时，剖析完人物性格、主题后，照例进行了拓展：

师：同学们，这节课，我们了解了一位失明、失聪、失语的海伦·凯勒，她凭借惊人的毅力做出如此大的成就，你还知道哪些类似海伦·凯勒的人及事迹呢？

生1：中国的保尔——张海迪，身残志坚，学会了19个国家的语言。

生2：西汉司马迁面对宫刑，毅然写出了"史家之绝唱，无韵之离骚"的《史记》。

同学们说得头头是道，课堂气氛激情高涨，但却忽略了"再塑生命的人"的主人公莎莉文老师，莎莉文老师富有爱心、耐心，给了海伦·凯勒第二次生命。本课的教学目标一是教育学生富有爱心，学会感恩；二是学习海伦·凯勒顽强的斗志。这节课如此拓展，虽然形式热烈，却忽略了根本。由此可见，该教师缺乏正确的拓展理念和方法。

2.脱离实际，硬塞硬给

【课例2】："水"②

濮阳县城关镇三中进行了一次同课异构活动，题目是"水"。徐老师在执教这篇文章时，在理清文章脉络之后，先重点讲述了"挑水"，现对该环节进行切片诊断。

师：读文章，要把自己当成课文中的人物去读。

师：那我们一起来挑水。

（全体起立，做挑水状）

师：走啊走啊走，到了吗？

生：没有。

师：从哪些地方可以看出来？

师：路上好走吗？

生：不好走。

---

① 2016年10月10日，濮阳县城关镇三中王老师执教的2013人教版语文七年级上册"再塑生命的人"
② 2016年6月10日，濮阳县城关镇三中徐老师执教的2013人教版语文五年级下册"水"

师：走得如何？

生：额头上冒汗了，衣服湿透了……

（再次齐读体会中心句）

不能否认，徐老师抓住了文章的重点词句来让学生体会，也活跃了课堂气氛，可以说非常热闹。到最后，教师出示作业：围绕"挑水真难"写自己的一次挑水经历。看到这个作业题目，我心里一惊。现在城市里的孩子有谁会拿着扁担、水桶去挑水呢？难道刚才上课时表演的挑水就算是真地挑过水了吗？难道这样就能写出挑水的滋味了吗？这种脱离实际、硬塞硬给的做法是绝不可取的。

授课内容同样是"水"，执教者王老师把重点放在对字词句的揣摩上，讲到大人小孩在雨中洗澡后，自然地出示了一些地区缺水、干旱的图片让学生说感受。课后作业是：选择其中一幅图，围绕"干旱缺水"写一段话。这样的作业就让学生有话好说，同时也能够想象作者所处的环境，理解"水成了村子里最珍贵的东西"的含义。

二、初中语文课堂教学拓展与延伸的有效策略

众所周知，课堂教学的重要环节有导入新课、研读课文、理解主题思想、剖析写作特色等方面，因此，教师应适时地将拓展延伸渗透到课堂教学中的重点环节中，使学生不但学到了知识，而且能活学活用，达到事半功倍的效果。

（一）拓展点的选择及其作用

1. 导入新授课程时拓展，能提高学生的学习兴趣

在新课伊始，老师可以将课文的一些相关知识进行链接，来导入新课。

【课例3】"口技"[①]

在教学"口技"时，濮阳县城关镇第三初级中学的李老师首先播放《洛桑学艺》中洛桑模仿乐器演奏的片段，趁学生情绪高涨时：

师：普普通通的一张嘴，竟能将如此众多的乐器模拟得惟妙惟肖，令人神往，可真是叹为观止。这就是我国曲艺园地中的一朵奇葩——口技艺术。洛桑如

---

① 2015年4月17日，濮阳县城关镇三中李翠红老师执教的2013人教版语文七年级下册"口技"

此，今天我们就再结识一位口技表演者，来感受其高超的口技表演技艺。

李老师的导入新课不但激发了学生的学习兴趣和求知欲望，而且很自然地过渡到了新课的讲解过程中。

2. 研读课文内容时拓展，可加深学生对文本的理解

在梳理课文内容时，老师可以让学生通过改写或续写等训练来有机延伸文章的内容与主题思想。

【课例 4】"皇帝的新装"①

安老师在教学"皇帝的新装"时，采用让学生续编童话的形式进行拓展与延伸。

师：同学们，如果此时皇帝得知新装是假的，自己根本就没穿衣服时，他会有怎样的表现？
王同学：皇帝他会缉捕并且恶惩两个骗子。
李同学：皇帝严厉地训斥撒谎的老大臣，"你竟敢骗我？"
黄同学：皇帝他会改掉爱慕虚荣的毛病，从此成为一个关心国事的明君。
……

这种续编童话的活动启发了学生对课文内容做合情合理的推想发展，使学生加深对课文内容的理解，从而发展了他们的想象力和创造力。

3. 理解主题思想时拓展，便于学生提升理解能力

在教师的点拨下，学生之间相互沟通并自行归纳文章的主题，但有时并不能完全理解主题思想时，教师可以再进行深化训练。

【课例 5】"海燕"②

在濮阳县举行的 2016—2017 年语文研训赛上，兴濮中学的董老师在教学"海燕"一课时，进行了独特的拓展。

①　2016 年 12 月 10 日，濮阳县城关镇三中安素瑞老师执教的 2013 人教版语文七年级上册"皇帝的新装"
②　2017 年 3 月 14 日，濮阳县兴濮中学董晓凤老师执教的 2017 人教版语文八年级下册"海燕"

同学们，这节课我们知晓了海燕面临暴风雨时所表现的无畏、勇敢的挑战精神令我们崇敬。现在，请你们拿起笔，以"面临生活的暴风雨"为题进行小练笔。

董老师的这一拓展将海燕精神内化为个人品质，即能与困难做斗争、勇于斗争、敢于斗争的乐观精神和生活态度，鼓励学生积极追求勇者风范。这种小练笔既可以让学生加深对文章主题的理解，又可以锻炼学生的写作能力，可谓一举两得。

4. 剖析写作特色时拓展，能够深化对写作特色的把握

教师给学生剖析文章的写作特色，对于大部分学生来说只是纸上谈兵，理论要与实践相结合。教师可以让学生进行仿写训练，以深化对写作特色的把握。

【课例 6】"谈生命"①

"谈生命"这篇散文最突出的写作特色是运用了比喻手法，安老师在执教本课拓展环节时，进行了这样的询问：

同学们，这篇文章中，冰心老人把生命比喻成向东流的一江春水、一棵小树，你还可以把生命比作什么呢？请仿照文中的句式，描写生命的历程。

学生在仿写的过程中，提升了写作水平。

（二）课堂教学拓展的素材来源及其作用

教学拓展的素材不仅来自课内，还可跳出课堂，延伸到课外，联系学生实际，使校内与校外、学习与生活、理论与实际相结合，让学生真正学有所用。

1. 联系社会生活进行拓展，不断丰富学生的社会实践能力

【课例 7】"敬畏自然"②

房老师在教学"敬畏自然"一课时，让学生寻找身边的环境污染现象，有的学生发现有不正规的造纸厂对水污染极大，并向环保部门举报，增强了学生的环保意识。

---

① 2015 年 4 月 17 日，濮阳县城关镇三中安西勤老师执教的 2013 人教版语文九年级下册"谈生命"
② 2016 年 4 月 20 日，濮阳县城关镇三中房燕华老师执教的 2013 人教版语文八年级下册"敬畏自然"

【课例8】"老王"①

李老师在教学"老王"一课时，让学生寻找身边的"老王"，让他们向弱小者伸出援助之手。教师把学生带到更广阔的课外世界，把课堂延伸到课外，延伸到社会、生活；引导学生到广阔的天地去探索，去摘取新的知识之果，去获取更大的创造力，才能真正培养学生的语文素养。

2．联系家庭生活进行拓展，继将学生的情感与实际行动结合

陶行知说过，千教万教教人求真，千学万学学做真人。[3]语文教学要渗透德育，可以联系拓展和延伸为切入点，化无形为有形，并学以致用。[4]

【课例9】"散步"②

吴老师在学校组织的优质课评选活动中，执教了"散步"一课，他是这样拓展的：

师：同学们，我们被文中的四个人物感动着，回到家中，你打算如何对待你的父母？
孔同学：我要给爸妈捶捶背，平时他们上班太辛苦了。
杨同学：我要给父母用心做一桌菜。
许同学：我想对妈妈说，"妈妈，您辛苦了！"
师：同学们，亲情不单是靠今天课堂上片刻的时间来体会，它更需要我们用一生的光阴来感悟。让我们的家永远洋溢着亲情，让我们的家永远充满爱！

此课的拓展化无形为有形，使学生尊老爱幼的传统美德在行动中得以升华，语文教学的"悠然心会，妙处难与君说"的美妙境界得以体现。

3.联系学校生活进行拓展，激发学生对生活的热爱

【课例10】"从百草园到三味书屋"③

高老师在执教回忆性散文"从百草园到三味书屋"一课时，深情地朗读"雪地捕鸟"的文字描写：

---

① 2015年9月2日，濮阳县城关镇三中李翠红老师执教的2013人教版语文八年级上册"老王"
② 2017年10月14日，濮阳县兴濮中学吴俊丽老师执教的2013人教版语文七年级上册"散步"
③ 2017年3月6日，濮阳县城关镇三中高银果老师执教的人教版语文七年级下册"从百草园到三味书屋"

师：扫开一块雪，露出地面，用一支短棒支起一面大的竹筛来，下面撒些秕谷，棒上系一条长绳，人远远地牵着，看鸟雀下来啄食，走到竹筛底下的时候，将绳子一拉，便罩住了。

师：这段文字中，鲁迅先生使用了一系列准确的动词，生动地描绘出捕鸟的全过程，请同学们回忆生活中的一件趣事，仿照这一描写，写不少于120字的一个片段。

生：他猫着腰，篮球在手下乖乖跃动，两眼来回扫描，寻找"突围"的机会。突然他加大步距，左侧，右侧，冲过了两层防线，直飙篮下，一个虎跳，转身投篮，篮球如流星在空中划出一条亮丽的弧线后，"嗖"的一声，稳当当地落入筐内。

师：这位同学活学活用，结合学校生活把运球上篮的过程写得如此细致，如此形象，非常好。

这一灵活的拓展不仅让学生理解了课本知识中涉及的连续动词的用法，而且把知识由课内迁移到课外，大大激发了学生对生活的热爱之情。

钱钟书先生曾说："善用不亚于独创。""诗圣"杜甫也说："别裁伪体亲风雅，转益多师是汝师。"[5] 在课堂教学过程中，适时采取这种随堂练笔的形式，既让学生更深刻地领悟作者动词运用的传神，自然而然地感悟到鲁迅先生对儿时乐园——百草园的情感，同时也扩充了课堂的容量，使教学由课内延伸到课外，由封闭走向开放，实现了"得法于课内，得益于课外"，对提高学生的写作水平大有裨益。

总之，语文教师作为课堂教学的引领者、参与者和合作者，只有深入理解新课程理念，脚踏实地地以文本为基础，遵循语文课该有的品性，做到"有教无痕，润物无声"，才能还学生一个自主的课堂、激情的课堂。

参考文献

[1] 中华人民共和国教育部. 义务教育语文课程标准 [S]. 北京：北京师范大学出版社，2012：4.

[2] 陶静. 语文教学要把握好拓展的"度"[J]. 江苏教育，2006（6）：64.

[3] 张中原，徐林祥. 语文课程与教学论新编 [M]. 南京：江苏教育出版社，2007：16.

[4] 杨军. 语文课堂拓展要适切 [J]. 现代中小学教育，2014（3）：42.

[5] 转引自刘五生.2008 浅谈古诗教学的拓展 [J]. 小学语文教学，2008（1）：68.

小学语文课堂教学拓展原则探究
——基于"卖火柴的小女孩"的切片诊断

董利允

（濮阳县第二实验小学　河南　濮阳　457000）

在濮阳县第二实验小学推进自主体验课堂教学改革实验中，2016 年 4 月，赵老师讲授人教版语文六年级下册"卖火柴的小女孩"一课时，我借助河南大学魏宏聚教授的"课堂教学切片诊断理论"及其实践原则与程序，通过对本节课重点环节进行切片诊断，获得一些相关的教学理念认知和体验，并在此基础上进行归纳总结，试图探究和发现小学语文课堂教学拓展的规律与原则。

《义务教育语文课程标准（2011 年版）》指出：语文课程应该是开放而富有创新活力的，应拓宽语文学习和运用的领域，注重学科的学习和现代科技手段的运用，使学生在不同内容和方法的相互交叉、渗透和整合中开阔视野，提高学习效率，初步获得现代所需的语文实践能力。然而，在语文课堂中仅凭借一套教科书来提高学生的语文素养显然是不够的，是难以实现其目标的。我们的语文课堂离不开适当的延伸，离不开必要的拓展，必须在教学过程中拓展语文课的学习范围，增加积累，开阔视野，从而提高语文素养和语文能力。[1] 在这样的背景下，教学拓展就成了语文课堂教学中不可缺少的重要环节，甚至成了阅读课堂教学的主旋律。

一、课堂教学拓展的内涵及其存在的问题

要了解课堂教学拓展的内涵，首先我们要对"拓展"这个词有一个较为清晰的认识。在《现代汉语词典》中，它有"开拓发展"之意。一位教育专家是这样界定"课堂教学拓展"这一核心概念的："课堂教学拓展是教师根据教材要求、文本特点、教学目标、学生基础、教师个性，在课堂教学中适时、适度、适量、适情地引入文本背景和相关内容，其中包括文字、音乐、图片、影像等媒介，整合成读写思的教学策略，促进感悟，促成建构。"[2] 我认为，课堂教学拓展一定是以课堂教学为基点，是基于教学目标并结合学生的认知能力和规律来进行的课内拓展和延伸，其最终目的是培养和提升学生的语文素养。

随着小学语文课堂教学改革的不断深入，一些教师缺乏对拓展尺度的把握

和有效拓展的经验，在教学中难免会出现一些诸如拓展时机过早或滞后、拓展内容过难或过易、拓展量过大或过小等低效的或者说是无效的拓展。因此，教学一线的语文教师必须对课堂教学流行的"拓展时尚"进行冷静的思考，及时发现拓展背后存在的诸多问题，从而有效地改进我们的教学。[3] 在这次切片教研中，我主要关注的是对文本内容的拓展。小学语文教学必须将鲜活的语文资源引进课堂，让学生的语文学习真正得法于课内，增加拓展阅读并学会拓展阅读，再从课外阅读中有所收获。

二、课堂教学拓展设计的原则探究

语文课堂教学犹如烹制一道道菜肴，课堂教学中的拓展延伸就如调料，没了、少了会令人感觉淡而无味，多了、乱了同样让人无法入口。那么，理想的课堂教学拓展应遵循什么样的设计原则呢？基于课堂教学切片诊断中总结的感悟与经验，我形成如下观点：课堂教学拓展在课堂教学中要遵循适时、适量、适度、适情等原则。

（一）适时：要在恰当的时候进行拓展

语文课中的拓展教学是为了加强对文章内容的深入理解，因此不同的文章、不同的课堂应该有不同的拓展形式、不同的拓展时机，不能千篇一律地生硬规定，而是比较阅读、写作训练等语文性很强的形式。它应该根据实际的需要，可以是一则小故事，可以是一首诗，还可以是一首歌、一幅画……它运用的时机也没有严格的规定，可以在一节课的开头，创设情境、引起兴趣；可以在一节课的中途，强调重难点、深入理解；还可以在一节课的结尾，深化主旨、拓展延伸。[4]

根据赵老师执教的"卖火柴的小女孩"的课例教学视频，基于课堂教学切片诊断的研究方法，我先针对课堂教学拓展切片适时性原则进行条分缕析的剖析和探究。

【教学切片 1】关于课前拓展安徒生简介及故事写作背景的教学视频分析

附课堂 PPT 内容

安徒生简介：安徒生，1805 年生于丹麦，父亲是个穷鞋匠，因家境贫寒，14 岁才正式上学，17 岁就走上了文学创作的道路。他一生共写了 168 篇童话故事，并且被许多国家翻译出版（作品被译成 80 多种文字），被誉为"世界童话之王"。他的童话脍炙人口，到今天还为世界上众多的成年人和儿童所传诵，如《丑小鸭》《皇帝的新装》《拇指姑娘》《海的女儿》等。

故事写作背景

1848年，安徒生到国外旅行，在途中收到了朋友的来信，要求他按照信中寄来的三张图片写一篇故事。其中一张图片上，画的是一个穷苦的小女孩，金黄的长头发打成卷披在肩上，看上去很美丽，她手里拿着许多火柴，瞪大了一双可怜的眼睛，好像在想些什么。安徒生看着这张图片，双眼湿润了，他想起了自己的妈妈。安徒生的母亲幼年时是个讨饭的孩子。安徒生说："妈妈告诉我，她没有办法从任何人那里讨到一点东西，当她在一座桥底下坐下来的时候，她感到饿极了。她把手伸到水里去，沾了几滴水滴到舌头上，因为她相信这多少可以止住饥饿。最后她终于睡过去了，一直睡到下午。"这幅图片自然使安徒生想起了自己母亲的苦难童年。他还想起在丹麦封建王朝统治下的千千万万穷苦的儿童——想着想着，他情不自禁地摊开稿纸，以自己的亲身感受和对广大穷苦儿童的同情，以及对统治阶级的憎恨，奋笔疾书，写出了《卖火柴的小女孩》这篇优秀感人的童话。

《卖火柴的小女孩》这篇童话对于六年级的学生来说并不陌生，因为安徒生和他的作品在中国影响很广泛。但是，小女孩生活的时代离学生很遥远，她的生活对学生来说是陌生的。赵老师课前拓展故事写作背景，大大激发了学生的好奇心，奠定了情感基调，为学生更好地学习课文储备了能量。从这个设计意图，可以看出赵老师扎实的基本功，这样不失时机的课前教学拓展收到了良好的教学效果。

【教学切片2】课中拓展诗歌《你别问，这是为什么》，并练习仿写的教学视频分析

附课堂PPT内容

诗歌《你别问，这是为什么》

你别问，这是为什么

刘倩倩

妈妈给我两块蛋糕，

我悄悄地留下了一个。

你别问，这是为了什么？

爸爸给我穿上棉衣，

我一定不把它弄破。
你别问,这是为了什么?

哥哥给我一盒歌片,
我选出了最美丽的一页。
你别问,这是为了什么?

晚上,我把它们放在床头边,
让梦儿赶快飞出我的被窝。
你别问,这是为了什么?

我要把蛋糕送给她吃,
把棉衣给她去挡风雪。
再一块儿唱那最美丽的歌。

你想知道她是谁吗?
请去问一问安徒生爷爷——
她就是卖火柴的那位小姐姐。

我们再来剖析赵老师对本课的目标定位。

(1)学会生字新词;

(2)引导学生整体把握内容,理清文章脉络;

(3)通过默读1~4段,画出描写小女孩"可怜"的句子,学习童话中环境描写、人物描写的方法,体会这样表达(小女孩的可怜、社会的黑暗)的效果,切实关注文中人物的命运;

(4)通过课文学习,体会作者表达的思想感情,使学生走进安徒生,激发学生阅读童话的兴趣。

对照赵老师制定的教学目标,我们不难发现,这一拓展环节与教学目标关联不大,拓展时机把握不太准确,刚梳理完内容,就进行拓展,孩子们还没有深入文本,拓展为时尚早,正所谓"情动方能辞发",所以孩子们仿写的句子只是机械的模仿,缺乏深度的思考。这一拓展环节如果放在充分的品读感悟后,孩子们通过环境描写、人物描写,深刻体会到了小女孩的可怜和社会的黑暗,再朗读拓展并仿写，更能激发学生的创新欲望与创造的灵感，会收到升华情感、以读促写的效果。

设计意图不明确是目前老师们存在的共性问题，教师关注的往往是拓展内容，而对拓展是否适时很少做审慎思考，因此很多时候并不能达到预期的拓展效果。课中拓展应有助于突破语文教学时的重点和难点。因此，课中拓展应该围绕课文的主题和教学目标、教学重点和难点，激发学生的创新欲望与创造的灵感。

（二）适量：拓展的数量要适当

拓展不仅要注意拓展的时间，还得注意阅读的量和阅读的质的问题，因为进行拓展教学一定要从教学内容的实际、学生的实际出发，不能让拓展的材料挤占文本的学习时间。要想在 40 分钟内让学生既完成课文的学习，又进行大量的拓展训练是不现实的，也是不可能实现的。所以，教师在教学设计时既要加强质的要求，也要关注量的控制。课堂上的拓展需要教师从众多的材料中精心筛选，应紧紧围绕文本内容，瞄准教学目标而展开适当延伸。把那些与文本联系最紧密、与拓展目的最相符、与学生认知水平最贴近的材料选择出来。[4]

从教学切片 1 可以看出：由课前拓展安徒生简介及故事写作背景的教学视频分析可知，赵老师在课前拓展环节不但拓展了安徒生简介，还拓展了《卖火柴的小女孩》童话故事的创作背景，学生朗读拓展资料以及从中获取的信息花费了约 6 分钟时间。对于六年级的学生来说，安徒生已经是大家耳熟能详的作家，课文的创作背景可能对同学们而言鲜为人知。因此，教师可以有选择地拓展创作背景，对于安徒生作品的介绍，可留在课尾向学生推荐阅读，有助于为他们的课外自主阅读打开一扇门。

（三）适度：拓展内容的难易程度一定要符合学生的实际水平

课堂拓展教学内容的设计一定要符合学生的年龄层次、生活水平、社会阅历、知识水平、智力程度以及接受能力等，做到因人施教、因地施教、因材施教。在设计课堂教学内容时，教师适时地增加或降低教学的难易度，让每一个学生都能够理解接受，都能够有感可想、有话可说。因此，对于每一堂语文课，教师都要先"备学生"，再备课文，从学生的实际出发确定学习目标。[4]

"卖火柴的小女孩"中小女孩的悲惨生活遭遇，离我们现在的幸福生活非常遥远，学生们甚至会觉得不可思议，这篇课文要学生深入体会小女孩的可怜、社会的黑暗，实现"关注人物命运"这一教学目标，仅仅停留在阅读文本是很难让学生充分感受到作品的这份情感，难以达成这一教学目标。这时有必要借助文本延伸与拓展，感染学生的情绪，使学生对文本的情感体验深刻丰满起来。

本节课课堂拓展设计有一个非常典型的地方如下。

【教学切片3】关于拓展阅读诗歌《温馨的家》的教学视频分析

附课堂 PPT 内容

温馨的家

只要有个温馨的家

风吹雨打都不怕

虽然它空间很小很小

却是我们欢乐的大厦

只要有个温馨的家

严寒酷暑都不怕

虽然它那么朴实无华

却是我们幸福的大厦

知心话是最动听的歌

唠叨是那最浓的情话

磕磕碰碰是那生活的旋律

冷暖常在心头牵挂

家啊家

你是一束最美的花

芬芳满天涯

父母和孩子组成一个家

相亲相爱走天涯

岁岁年年啊苦苦甜甜

有爱陪伴梦想更大

家啊家

你是一幅最美的画

挂在蓝天下

赵老师这样设计的目的在于让学生在充分理解课文内容的基础上，让拓展与学生的生活发生链接，通过朗读感悟，并拿自己的家庭生活和小女孩的家庭生活做对比，让学生深切地感受到卖火柴的小女孩的悲惨命运，以唤起学生对小女孩即所有受压迫的穷苦人的深切同情。这样创设具体情境，使学生有一种还原体验与感受，丰满了对文本的情感体验，突破了文章的重难点。

（四）适情：拓展要基于学情、基于课堂生成情况来进行

基于学情、基于课堂生成的拓展常常是学生最需要的知识和能力，是最符合学情的精彩火花。这就需要教师有高度灵活的教学机智。拓展的机智具体包括确定是否需要拓展、正确引导拓展的方向、采用正确的拓展方法等。对于少数学生产生的与教学目标没有重要联系的问题，教师应该加以肯定，但留至课后个别解决；而对于多数学生有疑难又与教学目标有重要联系的问题，教师则必须抓住机会，生发开来，让学生从中得到教益。[5] 这一点在赵老师的课堂上没有典型的教学切片呈现，实为缺憾。

教师的课堂教学拓展内容一定要基于文本，立足教学目标，联系生活实际，遵循适时、适量、适度、适情等原则，切实让课堂教学拓展成为激发学生的创新欲望与创造灵感的加速器，成为突破教学重点难点的魔法棒，成为打开学生自主学习的大门。教师应尽可能地让语文课堂更开放，将教学内容变得更充实，将教学思路变得更宽广，将教学方法变得更灵活，这样才有利于学生语文素养和语文能力的提升。

参考文献

[1] 刘启荣 .2016. 浅谈语文课有效拓展与文本的融合途径[EB/OL].http://www.360doc.com/content/16/0627/13/9570732_571108961.shtml .[2018-02-16].

[2] 韩晋芬 .2016. 浅析小学语文课堂教学中的拓展延伸[EB/OL].http://www.docin.com/p-1792772946.html .[2018-01-29].

[3] 张建礼 .2011. 浅谈语义课堂教学的有效拓展[EB/OL].http://www.360doc.com/content/11/1121/13/6801819_166172361.shtml .[2018-02-16].

[4] 杨军 . 语文课堂拓展要适切 [J]. 现代中小学教育，2014（3）：38-39.

[5] 郭亚丹 . 课堂教学拓展的问题、原则和实施要点 [J]. 福建教育（中学版），2010（6）：47.

切片分析：初中语文课堂教学中拓展迁移的原则

肖泽铎

（濮阳县第四中学　河南　濮阳　457001）

打造高效而有活力的课堂是教师共同追求的目标。日常备课时，教师往往

立足于学科教材寻找突破口，不断创新教学设计。但是，若仅仅围于课堂一隅必然会限制教学视野的广度与教学内容的深度。教材之外还有更多的教学资源值得开发和利用，课堂教学中的拓展迁移给师生搭建了一个广阔的交流平台，是整合教学资源的有力抓手。适切、到位、巧妙的拓展迁移往往能在课堂教学中深度激发学生的学习兴趣和探究旨趣，培养更深刻的思维能力，生成更奇妙的创新火花和实践智慧，把课堂教学推向高潮，成为课堂教学的亮点。

一、何谓教学中的"拓展迁移"

拓展在《辞海》中被解释为"开拓、扩展"。"拓"可以理解为开辟、扩充；"展"可以理解为展开、展示。迁移在《辞海》中被解释为"离开原地到另一地"。[1] 具体运用到教学中，拓展就是从内容层面对文本的补充，它有助于拓宽学生的知识视野。迁移是从练习层面对学习知识的应用，有助于训练学生的思维。有效的拓展迁移是学生立足课内走向课外获取更多知识的最佳途径，也是让学生把所学知识转化成能力的过程。教师在上公开课时，往往倾向于把拓展迁移环节打造成亮点。

【教学切片 1】"过零丁洋"[①]

曹教师在执教"过零丁洋"一诗时，设计了以下拓展迁移：

下面我们再来看一个实例，巩固一下今天所学的知识。选择抒情材料和运用抒情方式，阅读下面这首诗。说说抒发了什么思想感情，诗中运用了什么材料来抒发这种情感？采用了什么抒情方式？

（出示"酬乐天扬州初逢席上见赠"，让学生按照框架填写相应内容）

此设计体现了语文课"学习和运用语言文字"的本质特征。在内容层面上，学生学习本诗后的收获是，作者回忆自己从科举入仕到起兵抗元，面对已经破碎的山河，感慨万千，最后直抒胸臆，发出"人生自古谁无死，留取丹心照汗青"的豪言壮语，表达自己以死明志的决心。当然，这只是本诗所需掌握的基本知识。通过本诗的学习，学生还需掌握的知识技能是诗的材料选择和抒情方式，设计者把本诗作为应用知识的媒介，抓住文天祥回忆自己风雨人生和刘禹锡回望自己 23 年的贬官生涯在选材上的相似点，结合两人在诗尾都运用直接抒情的表达方式，引导学生对比探究，由此及彼，迁移到另外一首诗。设计者让学生根据自

---

① 广东省深圳市清华实验学校曹利文老师执教的 2013 人教版语文八年级下册"过零丁洋"

已掌握的知识和技能赏析另外一首诗，无形中激发了学生的探究欲望，在检验学生的学习效果的同时，也训练了语言表达能力。此设计让学生从课内走向课外，既增加了课堂容量，又达到了三维目标，真正实现了"教是为了不教"的终极目标。因此，新课标要求，拓展迁移应成为课堂教学的重要组成部分。它改变了传统教学只注重知识传授的不足，从知识层面向情感、思维和能力层面渗透和扩散，达到三维目标的融合，从更高的层次对教师和学生提出了新的要求。

二、拓展迁移的方式

拓展迁移不但要符合学科特征，其方式也有讲究。从思维训练的角度来说，拓展迁移的方式一般有两种，即横向拓展和纵向拓展。

（一）横向拓展

横向拓展是按照发散思维方式，在文本材料内容不变的情况下，搜集与文本内容相似的材料信息，引导学生转变学习角度，进行对比辨析或举一反三，拓展知识的宽度和广度的一种拓展训练方式。横向拓展旨在启发学生进行发散性思维，将课内知识和课外知识建立联系，拓展学生思维的宽度和广度。

【教学切片 2】"邹忌讽齐王纳谏"[①]

赵老师在执教"邹忌讽齐王纳谏"一课时的拓展迁移是这样设计的：

其实，在战国时期，像邹忌这样的人有很多，他们的地位并不高，但能量却很大。许多重大决策的产生都与他们有关，这些人就是谋士，如苏秦、张仪、鲁仲连等。大家想更多地了解他们吗？请走进名家讲《战国策》，感受魅力人物，享受《战国策》深邃的艺术风格。

（多媒体出示人物信息）

这就属于典型的横向拓展，设计者以邹忌为基点举一反三，引导学生进行发散思维，寻找相似的人物。在这些众多的人物中寻求相同点，整合资源，拓宽知识面。学生在拓展中获取更多的信息，有效地利用了课外资源。不足之处是，此设计只是从人物身份的相似点来迁移，而本文的中心是突出邹忌的劝说艺术，与文章中心联系不很紧密。另外，学生仅仅是了解了课外知识，没有体现能力的

---

① 2016 年 3 月 10 日，濮阳县第四中学赵树堂老师执教的 2013 人教版语文九年级下册"邹忌讽齐王纳谏"

训练。如果是拿这些人物和邹忌进行对比，归纳相似点和不同点就可以训练学生的信息处理能力，使拓展迁移更有效。

（二）纵向拓展

纵向拓展是研究性学习和探究性学习的起点，是在文本材料的基础上，启发学生顺着作者表达的中心进行补充和延伸，或者引导学生在文本的基础上进行创造性加工的拓展训练方式。纵向拓展迁移的方式旨在关注学生思维的深度，探究与文本相关的材料，使学生获得更深、更合理的体验，从而建立更全面、更合理的知识结构。

【教学切片3】"湖心亭看雪"①

孙老师在执教"湖心亭看雪"一课时，围绕"痴"字让学生展开讨论，最后在学生对张岱的"痴行"交流展示时，孙老师相机出示了以下拓展材料：

张岱，少为纨绔子弟，极爱繁华，好精舍，好美婢，好娈童，好鲜衣，好美食，好骏马，好华灯，好烟火，好梨园，好鼓吹，好古董，好花鸟。

——《自为墓志铭》

张岱（1597—1679）出身于官宦之家，明亡后立誓不仕，只愿入山著书以终。著有《陶庵梦忆》，书中缅怀往昔风月繁华，追忆前尘影事，字里行间流露出深沉的故国之思和沧桑之感。故国，在张岱的生命里，是永远的痛。

陶庵国破家亡，无可归宿之处。披头散发进入山中，形状可怕地变成了野人。亲戚朋友一看到我，就像看到了毒药猛兽，愕然地望着，不敢与我接触。我写了《自挽诗》，屡次想自杀，但因《石匮书》未写完，所以还在人间生活。

——张岱《陶庵梦忆自序》

金陵，就是现在的南京，曾是明朝的京都，明朝开国之初的五十三年（1368—1420）建都在长江下游的南京。永乐十八年（1420）迁都北京后，南京成为明朝的留都。

这就是纵向拓展。学生通过对文章的学习，初步了解张岱的性格，对于他深夜到西湖赏雪这一"痴行"仅仅归结于作者的傻或者遗世独立。孙老师出示几则材料既补充了张岱的生活背景，也补充了张岱生活的政治背景。综合两种背景，学生对张岱深夜看雪的行为，由浅表化的理解转向更深入的理性思考。原

---

① 2015年12月25日，濮阳县庆祖镇一中孙杜丽老师执教的2013人教版语文八年级上册"湖心亭看雪"

来，张岱年少时家道殷实，明朝灭亡后家境败落。这一落差让他与世俗格格不入。这样更有助于学生理解他对故国的留恋这一情感和遗世独立的性格，也让学生明白了张岱独往湖心亭看雪的原因。这种拓展方式利用课外资源解决了课内问题，使学生在获取知识的同时，也明白了张岱不是傻，而是性格孤傲，从而加深了思维的深度。不足之处是，拓展材料有点多，放在课堂结尾，学生的精神状态和思维或许有些疲惫，理解起来有些困难。如果内容再简化一些、通俗一点，使拓展迁移的内容难易适中，更符合学生的接受能力。

在文学作品教学中，结合其含蓄的艺术特点，比如作者在创作时故意留下空白，就需要通过丰富的想象进行补充，这也属于纵向迁移，训练的是学生的创造性思维。[2]

吕老师在执教"皇帝的新装"①一课时，设计的拓展迁移是对文章进行续写。文章最后作者通过儿童的视角揭开事情的真相，点明了童话的寓意。有好奇的学生偏要关心两个骗子和几位大臣的结局，针对这一空白，为了训练学生的创造性思维和语言表达能力，吕老师巧妙地选择续写的拓展方式。让学生在掌握童话内容的基础上，顺着作者的思路，延续人物的性格特征创造性地续写故事情节。在创作中，学生以小作者的身份投入练习中，积极性很高。这一拓展迁移，既能帮助学生对人物的性格特征进一步内化，有助于理解童话的深层寓意，又能让学生的创造性思维得到有效的训练，写作能力得到提升。不足之处是受到课堂时间的限制。学生书写和展示需要充足的时间，此拓展一般应安排在课下完成。

三、运用拓展迁移的基本原则

无论是在公开课还是常态课中，一些老师只为能体现拓展迁移这一教学环节，备课时往往忽视了具体学情。设计的拓展内容多是教参上的，对学生来说或浅或深，或易或难，有的甚至跟文本无关联，与文本内容脱节。这样的拓展迁移表面上热热闹闹，实际上却缺乏内涵，往往流于形式。学生思维仍然停留在知识层面，没有达到情感的升华、思维的训练和能力的提升，导致拓展低效甚至无效。因此，教师不能仅仅为体现拓展迁移这一教学环节而刻意安排，要想使拓展迁移有效高效还需要遵循科学的原则。

（一）围绕教学目标和教学重难点设计拓展迁移内容

拓展迁移是对文本的扩展和延伸，内容选择要指向教学目标和重难点。结合学科特点和具体学情，找准教材内容的基点和学生的兴趣点。

---

① 2016年12月21日，濮阳县第四中学吕伟霞老师执教2013人教版语文七年级上册"皇帝的新装"

【教学切片 4】"春"①

王老师在教学"春"一课时，开始用了将近 20 分钟的时间引导学生赏析春草图、春花图、春风图、春草图，接下来出示了十几张关于春的美景图片，作为拓展迁移的内容。这一拓展显然违背了学科特征，没有渗透三维目标。语文学科是以训练学生的语言为主，从文章的中心来说，这是一篇写景文章的范本；就知识能力来说，这篇文章旨在要求学生掌握写景的技巧和方法。出示直观的图片，只是满足了学生的视觉感受，对语言的应用关系不大。因此，课堂教学中拓展迁移的内容选择必须与文本的教学目标形成一个整体，文本的内容与拓展的内容应具有相关性和类比性。教师在拓展教学过程中还要把握教学方向，思路合理，引导有激发和启示的作用，避免脱离文本和学生实际。

（二）根据教学内容把握拓展迁移的难易度

"跳一跳，摘桃子。"最近发展区的理论告诉我们，拓展迁移的内容要适度，设计的内容要有梯度。有些教师在上课时只为了体现这一环节，拓展内容过于简单，浅尝辄止，浮光掠影，水过地皮湿，达不到预期的效果。相反，有些拓展迁移则脱离文本，内容太深，学生理解不了，过犹不及。其实，语文课堂的拓展不仅要有外在的"形"（拓展的材料），更要有内在的"神"（通过拓展提高学生理解和运用语言文字的能力），只有形神兼备，才能获得最大效益。要使拓展有深度必须做到两点：一是拓展材料要有可生成的价值，契合对学生进行语言训练的生长点，才能最好地发挥拓展迁移的作用，起到学有所思、学有所用的效果。二是要开发拓展材料的"附加值"。教师要从提高学生语文素养的高度对所拓展的材料加以开发和利用，使之符合学生的具体学情。只有让孩子乐于接受的拓展内容，才能让孩子在拓展迁移中从课内走向课外，把知识转化成能力和素养。[3]

（三）根据训练要点选择拓展迁移的形式

课堂教学拓展迁移的训练方法是多样的，对学生来说可以是口头的、文字的、动手操作的、形体的，采用什么方式方法要依据学科特点，由教学内容要求的训练要点决定。[4]

【教学切片 5】"诗经·蒹葭"②

肖老师在执教"诗经·蒹葭"一课时，先引导学生理解掌握文言实词、虚词，

---

① 2016 年 10 月 12 日，濮阳县第四中学王文生老师执教 2013 人教版语文七年级上册"春"
② 2015 年 12 月 25 日，濮阳县庆祖镇一中肖泽铎老师执教的 2013 人教版语文九年级下册"诗经·蒹葭"

然后通过听读、范读、自由读、个别展示读等方式让学生在读中理解大意赏析语言。接下来针对本节课的目标 3 "讨论诗的主题，培养学生的审美情趣和创作激情"。设计的拓展练习是"展开联想，再现诗歌意境，试用自己的语言把本诗改写成一个故事或者格律诗、词、现代诗等。"

新课程标准对语文学科的要求是，课堂教学要围绕听、说、读、写展开，阅读教学中不能没有写。此设计属于纵向拓展，学完诗歌之后，由诵读过渡到写，用改编故事或诗词的形式，来加深学生对文本大意的理解。这样拓展与文本内容衔接紧密，让学生在理解文本内容的基础上实现对文本诗歌主题的升华和内化。学生在分享自己的作品之后，通过对比进一步感受《诗经》重章复沓句式的结构美，同时也达到了语言训练的目的。这种拓展形式改变了以往学生逐句逐字翻译古诗文的枯燥无味，让学生有思考的欲望和表达的勇气，凸显了学生在课堂上的主体地位，也符合新课程标准要求全面提升语文素养的理念。不足之处是，按照学生的具体学情，对于九年级的学生来说，虽然他们已掌握了一些文言文常识，有一定的文言文基础，但是就诗的创作来说，还是有一定的难度，特别是在课堂有限的时间内，创作自由会受限。另外，本课的拓展练习侧重于学生的口头表达，在语文课堂中，对语言的训练也是基本要求。从布置任务到最后的展示结束，这一环节大概用了 15 分钟，时间上有一定的局限性。全班只有 4 个学生展示了自己的作品，从交流的范围来说还不够广泛。另外，要想让拓展迁移收到实效，教师不能仅仅停留在拓展的形式上，还要关注拓展迁移的深度和学生的参与度。

（四）结合学情确定拓展迁移的时机

拓展迁移不一定都安排在课堂的最后，也可以在课前，还可以在课中。要结合教学内容的需要灵活安排。[5]

【教学切片 6】"女娲造人"①

"女娲造人"一课的执教者姚老师在介绍女娲后就出示了拓展材料：

古籍中有许多关于女娲的记载，如《说文解字》载："娲，古之圣贤女，化万物者也。"《山海经·大荒西经》郭璞注："女娲，古神女而帝者，人面蛇身，一日中七十变。"

这一拓展迁移的时机把握得比较好，在导入新课后，学生对女娲的了解采

---

① 2016 年 12 月 15 日，濮阳县第四中学姚兰老师执教的 2013 人教版语文七年级上册"女娲造人"

用横向拓展的方式，出示具有相关性的拓展材料，难易适中，便于理解。通过拓展比较，让学生明白女娲不仅是至高无上的神，也是勤劳善良、有血有肉、有创造力的人。这样，学生对人物的理解会更加全面，也为下面的学习奠定了基础。处理好预设与生成的关系，巧妙地做好铺垫，是进行拓展迁移的关键。只有学生对文本内容掌握熟练之后，教师才能够进行拓展迁移。什么时候需要拓展，拓展什么，要达到什么目的，教师都要做到心中有数。设计还要具有弹性，能依据学情灵活调整。此外，对拓展迁移的时间安排也要合理，尽量充分，让大多数学生能参与其中。

好的拓展迁移不仅能够成为教学设计的闪光点，也是衡量一位教师驾驭课堂能力的重要标尺。因此，语文教师在课堂教学设计上，要立足实际、注重实效，正确把握和灵活应用上述原则。教师要面向全体学生，以全面提升学生的语文素养为出发点，以语言训练为切入口，合理选择拓展迁移的内容。教师还要用发展的眼光看问题，不断创新拓展迁移的形式，在恰当的时机巧妙地进行拓展迁移，让学生既能够进得去又能出得来，在这一体验中收获知识、陶冶情操、提升能力。

参考文献

[1] 夏征农，陈至立. 辞海（第六版缩印本）[M]. 上海：上海辞书出版社，2010：1483.

[2] 杨琼. 简析语文课堂的有效拓展迁移 [J]. 课程教材教学研究（教育研究版），2012（5）：52-53.

[3] 储开芬. 语文课堂拓展中存在的问题与思考 [J]. 教学与管理（小学版），2008（7）：7-15.

[4] 沈琳. 从四个维度把握教学中的"拓展" [J]. 江苏教育，2011（25）：27-28.

[5] 何莉. 拓展课堂空间 洞开语文天地 [J]. 语文教学与研究，2011（29）：81.

第四篇
教学语言切片诊断

初中语文课堂教学过渡语切片诊断

李科伟

（濮阳县第六中学　河南　濮阳　457100）

俗话说：过河要搭桥，爬高要登梯。对于教师而言，上好一节课何尝不需要"过渡"呢？课堂过渡语是指教师在讲授新的内容之前，有目的、有计划并用一定方法所设计的简练概括的教学语言。[1]苏霍姆林斯基指出：教师的语言修养在很大程度上决定着课堂上学生的脑力劳动效率。[2]好的教学过渡语在课堂上能够起到承上启下、衔接组合的作用。它是滋润学生心灵的甘泉，是教师引导学生走进文本的金钥匙，能为课堂教学增添无限的艺术魅力。

一、当前课堂过渡语设计存在的主要问题

课堂过渡语是教师在讲授新的内容之前设计的简练概括的教学语言。过渡语是教学语言中一个非常重要的环节。设计恰当的过渡语不仅能帮助学生归纳总结学过的内容，而且能对下文所学的内容进行启发，激起学生的学习兴趣，引导学生继续学习新内容，使学生在思维上平稳过渡，在引人入胜的情境下浑然不觉地学习新的内容。巧妙的过渡语就是教学语言海洋中的一朵浪花，虽然小，但它的功能却不可忽视。每一位教师都应做到会用、善用、巧用课堂教学过渡语。

调研发现，现实中很多教师在授课过程中存在过渡语使用的诸多问题。一是缺乏适当的过渡语，即过渡语的缺失问题；二是过渡语使用不当问题，即存在过渡不自然，比较僵硬，教学的内容和各种环节总是"硬拐弯"式地突兀地出现在学生的面前；三是过渡语运用效果不突出，即有些教师虽然也用了过渡语，但是过渡语起不到多大的作用，有些苍白无力，有些呆板生硬。

课堂过渡语的使用为什么会出现这些问题呢？究其原因，无外乎教师认识不全面，缺少精心准备，教师运用不科学。一些教师不重视教学过渡语的设计和运用，没有认识到教学过渡语在课堂教学中的重要作用。

二、课堂过渡语设计应遵循的原则

鉴于上述问题，到底该怎样设计课堂教学过渡语呢？通过对以前文献的整理，同时结合本人的实践经验，笔者总结、归纳出以下原则，以资借鉴。

（一）科学性原则

马卡连科在《论共产主义教育》中明确提出，一般来说，教育学是最辩证的、最灵活的一种科学，也是最复杂、最多样的一种科学。这种见解就是我们教育信念的基本标志。由此可知，教育非常强调科学性。作为语文课堂的过渡语也应遵循科学性原则。它既要遵循教的法则，又要尊重学的规律，还要符合学生的认知规律。不要误以为语文课堂过渡语就可以随心所欲、信口开河。在语文课堂上，教师过渡语设计遵循科学性原则还表现为教师过渡语要严谨，不能犯逻辑性错误，不能犯常识性错误，要和学生所学内容相切合，要符合学生的认知水平。

【教学切片 1】"那树"[①]

（课前播放参天大树画面，配歌曲《好大一棵树》）

"头顶一个天，脚踏一方土，风雨中你昂起头，冰雪压不服……"同学们，伴随着这优美的旋律，一棵参天大树的形象立即浮现在我们眼前。我们都居住在这个绿色的地球上，我们的周围有着许多这样古老而神奇的物种。现在我们来欣赏台湾作家王鼎钧的"那树"。

这段过渡语看似简洁明了，又具有诗情画意。但若细究一下，就会发现过渡语中存在很大的问题。《好大一棵树》是一首托物言志，歌咏坚强达观、无私奉献精神的歌曲。"那树"一文则借大树的命运引发作者深重的思考和感慨，表达人与自然应该和谐共存的主题。显而易见，这样的过渡语和文章表达的主题是相背离的，违背了课堂过渡语应遵循的科学性原则，犯了认知上的错误。

（二）适切性原则

课堂过渡语的设计要遵循适切性原则，即设计者应认真研究教学内容，根据上下文需要和主题需要，结合学生的认知心理特点，遴选过渡素材，趣化过渡设计，美化过渡语言，变化过渡形式，达到合理、自然、精彩过渡的效果。如果把过渡语理解为只是一节课内部各个环节的衔接用语，则是比较狭隘的。千篇一

---

① 2014 年 10 月 22 日，濮阳县第六中学李瑞华老师执教的人教版语文九年级下册"那树"

律地用单一的语言来实现从一个知识点向另一个知识点的转换，就会显得生硬、呆板。呆板、单一的过渡方式容易让学生出现疲劳和厌烦情绪，即使这种过渡技能本身具有奥妙之处，学生听来也会有老生常谈之感。妙趣横生的过渡语能激发学生学习的热情，使学生产生新鲜有趣的感觉。[3] 要实现语文教学的科学化、艺术化，过渡语必须灵活运用。只有这样，才能使语文教学中各个知识点、知识面之间的联系自然而紧密；只有这样，才能使语文课堂教学在起承转合都天衣无缝的基础上，成为一个连贯紧凑、富于层次感的浑然天成的有机整体。[4]

【教学切片 2】"散步"①

我曾看到一个巧妙的课堂过渡语的设计。在学习"散步"一文时，教师在学生自己了解清楚故事发生的环境后这样引导学生：教师用多媒体播放节奏舒缓的、旋律优美的轻音乐时，请一位学生配乐朗诵课文的第三、第四自然段。

请同学们闭上眼睛边听边想，夕阳西下之时，景色如画，一家四口，有老有小在外散步，在遇到难走的小路时，我俯下身去背起了年迈的母亲，妻子俯下身去背起了自己年幼的儿子……

面对此情此景，我们会有怎样的触动呢？你如果是现场的作者，你会如何抉择，会有何感慨呢？[5]

这位教师通过设身处地、以己推人的方式来引导学生，既让学生探究了文章的写作意图，领悟了语言要服务于文章主题的原则，又能引导学生去感知文中人物的性格特征。这样的过渡语特别切合文章的内容，使得课堂充满艺术和温情的气息。

（三）简洁性原则 [6]

过渡语应简洁明了，忌拖泥带水。一堂课的时间是有限的，教师应把学习的时间还给学生。教师的过渡语既要承前启后，又要通俗易懂、深入浅出。教师通过情趣盎然的表述、精辟入里的分析、入木三分的概括和恰到好处的点拨，能让学生明白学什么和怎么学。明确的学习目标能将学生带进瑰丽的知识殿堂，并开启其心智，陶冶其情操，使其获得精神上的满足。如果教师不管课堂如何变化，总是舍不得放弃课前精心准备的过渡语，犹如背诵一般，滔滔不绝，学生就会记不住内容，不理解其意，既浪费了课堂时间，又达不到预期的效果。

---

① 2017 年 4 月 15 日，濮阳县第六中学李丽娟老师执教的人教版语文七年级上册"散步"

【教学切片 3】"诗经·蒹葭"①

师：在中国，有这样几句描写美好爱情的曼妙诗句，人们耳熟能详，不知道你们听过吗？"关关雎鸠，在河之洲。窈窕淑女，君子好逑。"你们知道这些诗句出自哪一部古典名著？

生（齐）：《诗经》。

师：没错，出自《诗经》。中国是一个诗的国度，中国古典诗歌灿若星河，佳篇如林。今天我们要学的"蒹葭"也出自《诗经》。这是一部怎样的书呢？

生：是我国的第一部诗歌总集。

这样简洁而又生动的过渡语立刻引起学生的注意。众所周知的"关雎"中的名句导入能一下子把学生的思绪拉到两千多年前的《诗经》名篇，然后顺势一转，引出《诗经》另一名篇"蒹葭"。其语言简洁明快，水到渠成，毫无拖沓之感。一段简洁的语言如同一条丝带，学生拉着这条丝带自然地走入老师的教学情境中。

三、教师课堂过渡语的类型

我经过学习、总结等发现，在语文教学中，过渡语主要有激趣式、串联式、悬念式、结语式等方式。现就以一些有代表性的教学切片，进行切片诊断，分析如下。

（一）激趣式过渡

兴趣是最好的老师。兴趣是学生学习的最大的动力，学生的学习兴趣往往会影响一堂课的效率。激趣式过渡就是有意识的利用学生感兴趣的话题，进行亲切的沟通，把他们的注意力和思路引导到所讲述的内容上，以达到亲切自然、引人入胜的目的。因此，在课堂中，教师要注意运用过渡语来激发学生的兴趣，使学生进入最佳的学习状态。

【教学切片 4】"新型玻璃"②

著名特级教师于永正在教"新型玻璃"一课时，就是这样巧设过渡语的：

---

① 2014 年 11 月 25 日，濮阳县第六中学董宪民老师执教的人教版语文九年级下册"蒹葭"
② 2007 年 4 月 22 日，江苏兴华市竹泓中心小学于永正老师执教的人教版语文五年级上册"新型玻璃"

师：同学们，这五种新型玻璃有什么特点，有什么用途呢？请带着这个问题默读课文，边读边想。

（然后于老师请大家互相交流，看画得是否准确）

师（适时过渡）：五种新型玻璃的特点和作用都弄明白了吗？

（全班学生举手，表示明白了）

师：不过，我不打算让你们说了，我想让你们写。写什么呢？

（板书"自述"两个字）

师："自述"是什么意思？对，就是自己介绍自己。现在我把全班分为五组，第一组写"夹丝网防盗玻璃自述"，第二组写"夹丝网玻璃自述"，第三组写"变色玻璃自述"，第四组写"吸热玻璃自述"，第五组写"吃音玻璃自述"。现在你们都是新型玻璃了。

（笑声）

师：请把你们各自的特点、作用写出来，为自己作个广告。看谁会夸自己。当然喽，要实事求是，不要吹牛。

（笑声，全班学生写"自述"，师巡视）

这个教学切片让人感触最深的是，于老师结合课文特点精心设计了富有艺术情趣的过渡语，以写促读，读写结合，颇具匠心。这既帮助学生深入理解课文内容，又利用课文提供的材料进行作文训练；不但能激发学生的想象与联想，而且增强了训练的趣味性，把学生顺利地从读书环节过渡到写作训练上来。老师处处引导，适时点染，体现了一个特级教师的质朴而又韵味无穷的语言功底。环环相扣的精巧设计凸显了于老师过渡语的科学性。虽然简洁性看似不够，但于老师无一句赘语，可以说趣味盎然。这段过渡语的适切性与科学性皆备。

（二）串联式过渡

教师可通过富有艺术情趣的问题的创设，将教学内容用巧妙的过渡串联起来，以实现课堂教学内容的转换和课堂整体结构安排的天衣无缝。

【教学切片5】"从百草园到三味书屋"①

张老师在执教优秀课例"从百草园到三味书屋"时，在讲述"百草园"和"三味书屋"时是这样过渡的：

---

① 2017年4月20日，濮阳县徐镇第一初级中学张晓玲老师执教的人教版语文七年级上册"从百草园到三味书屋"

　　一个人迹罕至的荒园在作者心目中却成了乐园，三味书屋与百草园相比就枯燥乏味多了，在"我"被送到三味书屋时，对百草园流露出怎样的情感？作者是如何从描写百草园到三味书屋的转换的？作者对三味书屋和寿镜吾老先生怀有怎样复杂的情感呢？让我们带着这些问题一起在文中寻找答案吧。

　　该教学切片通过一连串的问题，将学生的思绪从百草园拉到三味书屋，实现了教学内容的完美切换，可以说天衣无缝。

（三）悬念式过渡

　　悬念的设置是老师围绕课堂教学的主要目标，设计成一个富有诱惑力的问题，牢牢抓住学生的期待心理，调动学生的主动性和积极性，吸引学生深入学习，解开这个疑团。

【教学切片 6】"卖火柴的小女孩"①

　　在赵老师讲述"卖火柴的小女孩"一文时，他是这样设计的过渡语：

　　如果这个卖火柴的小女孩生活在现在，她应该是多么的幸福！可是，不是这样的，请大家读 1～4 自然段，画出体现小女孩"可怜"的句子，自己体会，然后和组员一起交流。

　　这种悬念式的过渡是赵老师围绕课堂教学的主要目标，预设　个悬而未解、富有诱惑力的问题，以牢牢抓住学生的期待心理，调动学生的主动性和积极性，吸引学生去深入学习来解开这个富有诱惑力的疑团。这样就激起了学生对小女孩的同情，并迫切想了解课文的内容。赵老师紧紧抓住"可怜"一词，引导学生去细细品味文章，使学生对小女孩"由怜生爱、由爱生悲"，同时学生的情感体验不断提升，情感不断升华，达到人文合一。赵老师这种悬念式的过渡符合学生的认知水平，抓住了学生的好奇心，能让学生有效且高效地学习，体现了过渡语的适切性原则。

（四）结语式过渡

　　结语式过渡是将众多的内容及问题进行必要的精简、归纳、总结、梳理，进而使课堂教学的目的任务更为明确。这样的过渡语常常会起到纲举目张的作

---

　　① 2016 年 4 月 28 日，濮阳县第二实验小学赵景利老师执教的人教版语文五年级下册"卖火柴的小女孩"

用。精彩的过渡语，能让各个教学环节紧紧相扣，能让学生产生强烈的求知欲望，能使学生的情感得到升华，还能为整堂课的结束画上一个最为完美的句号。

【教学切片7】"散步"①

某教师在教学"散步"一文时，课文结束，教师的过渡语是这样设计的：

亲情，是人生永恒的美丽。高尔基说过：在岁月的长河里人与人之间最宝贵的是亲情，最难以割舍的还是亲情。

我想，亲情不单靠今天课堂上片刻的时间来领会，它更需要我们用一生的光阴来感悟；亲情不仅仅是声情并茂地诉说，它更应该是落到实处的行动；亲情不能只是父母的无偿给予，它更应是儿女无言真诚的回报。

学会珍爱亲情，珍爱生命，做有责任意识的人。

同学们，但愿这节课能成为你人生路上的一笔财富。

这样的过渡语突出了课堂过渡语的适切性原则。文辞优美，感情充沛，极具感染力，为整堂课画上了一个完美的句号，学生的情感也得到了最后的升华。

可见，无论运用哪种方法，都需要教师依据教学内容的特点和教学的目的灵活运用，也需要老师在长期的教学实践中积累，锤炼教学过渡语。合理、巧妙地运用课堂过渡语可以开启学生的思维智慧，驱动学生灵动的心，激发他们飞扬智慧的语言。学生的精神、情感、思想在优美的文字体验中得到浸润、感染和丰富，切实提高了课堂教学效率。

综上所述，精彩的过渡语是知识点之间的桥梁，引领学生进入新的领域，获得一个逻辑严整的系统认识；精彩的过渡语是语文课堂的调色剂，让我们的语文课堂变得更加绚丽多彩。[7]所以说，教师的过渡语在课堂教学中起着举足轻重的作用，是课堂教学成功的保证。因此，在使用上一定要注意得体自如，淡而无痕，在"导"与"接"上显能耐。

现在教育界正大力提倡阅读教学，重在培养学生独立思考、独立理解祖国语言文字的能力。教师应该妥善地对过渡语进行认真地审视，使学生能更全面更深刻地理解课文的内容，使课堂中能更充分地体现出教师的"教"和"学"的双边活动。文章有了段落之间的过渡，才能融为生气灵动的整体；课堂有了精妙的过渡语，才能充分彰显课堂的精彩与魅力。

---

① 2017年4月15日，濮阳县第六中学李丽娟老师执教的人教版语文七年级上册"散步"

参考文献

[1] 吕景宏 . 课堂教学过渡语的设计艺术 [J]. 吉林教育，2011（第 C3 期）：63.

[2] 徐微萍 . 精彩的过渡语，语文课堂的润滑剂 [EB/OL].http://www.docin.com/p-1397326901. html.[2018-1-29].

[3] 朱红群 . 过渡巧设计课堂增魅力 [J]. 新课程（下），2013（2）：75.

[4] 左成荟 . 语文课堂中如何巧妙使用教学过渡语 [J]. 学园，2013（33）：95.

[5] 王瑞金 . 落霞与孤鹜齐飞，秋水共长天一色——谈语文课过渡语的艺术设计 [J]. 学周刊 B 版，2013（11）：170.

[6] 王德昌 . 数学课堂教学过渡语设计的原则和方式 [J]. 教学与管理，2010（7）：61.

[7] 许泽英 . 精彩的过渡语，语文课堂的润滑剂：浅谈语文课堂过渡语的妙用 [EB/OL].http://www.docin.com/p-1579279017.html.[2018-01-29].

让精彩的过渡语点亮语文课堂
——以"卖火柴的小女孩"课堂教学切片诊断为例

田美丽

（濮阳县第二实验小学　河南　濮阳　457100）

在语文课堂上，恰如其分的教学过渡语在课堂教学中起着举足轻重的作用，是课堂教学成功的保证。这种语言在课堂上往往能起到承上启下、衔接组合的作用。巧妙的过渡语不仅能使语文教学中的各个知识点、知识面之间联系自然而紧密，也能大大激发学生的学习兴趣，使他们投入课堂学习中，成为课堂真正的主人。反之，语文课堂便失去了"语文味"。

一、课堂教学过渡语的内涵

课堂教学过渡语是指教师在讲授新的内容之前，有目的、有计划并用一定方法所设计的简练概括的教学语言，这种语言在课堂上能够起到搭桥、牵线的作用，即在课堂教学过程中，不同教学内容或教学环节之间承上启下的语言。"它与导入语同中有异：相同的是它们都有启下的作用，不同的是导入语单纯启下，一般用于一节课的开始，过渡语则既启下又承上。"[1] 换言之，"课堂教学过渡语是衔接教学各环节非常重要的桥梁，恰如其分地运用课堂教学过渡语不仅是评价有效课堂的重要标准，也是教师素质的重要体现"[2]。

二、当前过渡语常见的问题及原因

在现实中，通过观察研究发现，很多教师在上课的时候没有使用过渡语，教学的内容和各种环节总是条条框框地突兀地出现在学生的面前，而有些教师虽然也用了过渡语，但是过渡语却起不到很大的作用，像"接下来""好""下面"等语言，有些苍白无力，有些呆板生硬。现将上述问题的原因归纳为以下几个方面。

（一）教师未充分重视过渡语在课堂教学中的作用

一些老师误以为，课堂是学生学习科学知识的重要时机，应时刻抓住教学重点知识向学生传授，所有的教学语言应紧密联系教材的内容，而不应加入其他无关的知识来分散学生的注意力。另外，他们认为教学过渡语一般涉及的知识与教学重点无关，所占的课堂时间不多，起的作用也不大，因此，过渡语那一小小的环节就没必要去设计。

（二）教师缺少在过渡语方面的精心设计

一些教师在潜意识里知道课堂上的过渡语是必需有的，但是没有下功夫去思考怎么进行设计，课前也没什么准备，在课堂上想说什么就说什么，压根没有形成"过渡语"的概念，有时说得入题，有时就跑题了，没有注意前后内容的衔接，让学生不明白下一步的学习目标。课堂显得凌乱，缺乏整体感，影响课堂效率。有的教师过渡语贫乏、苍白，语言表现力不强，很多教师会说："接下来……接下来"之类的话语，课堂平淡无奇，而且不顺畅。这样就阻碍了学生思维的发展，不利于学生语言表达能力的提升。

（三）教师未能将过渡语的预设与课堂生成相结合

一些教师意识到了课堂过渡语的重要性，也下功夫去考虑如何设计过渡语，但却过于在乎而近乎于滥用，不能把过渡语的预设性与生成性相结合。他们课前精心准备了过渡语，不管课堂如何变化，都按备课时所准备的过渡语滔滔不绝，犹如背诵一般，导致学生不明白其所涉及的内容及意思。这样的过渡语既浪费了课堂时间，又达不到预期的效果。有的教师在创设过渡语时过于矫情，上课时激情澎湃地表演，学生却无动于衷。这样的过渡脱离了学生实际，过渡语的创设也就失去了其价值。

三、过渡语的类型及其作用

过渡语既是课堂教学环节的"桥",也是各个环节的"黏合剂"。要上一节优秀的课,就要凭借教师起承转合的功夫,这样才能使教学的全过程机理严谨。经过不断的分析总结,我发现有几种过渡语类型,现结合濮阳县第二实验小学赵老师执教的"卖火柴的小女孩"①一课,逐一进行剖析。

《卖火柴的小女孩》是一篇经典童话,主要写了一个小女孩在大年夜因没有卖掉一根火柴而不敢回家,最后被冻死在墙角的故事。

(一)问题式过渡语,激发学生探究的兴趣

【教学切片1】

赵老师在执教"卖火柴的小女孩"一文开头时,是这样设计过渡语的:

(课件相机出示:通过默读1~4段,画出描写小女孩"可怜"的句子,并体会其表达效果,切实关注课文中人物的命运)

师:语言是有温度的,寥寥几笔的环境描写一下子就把我们带到这个又黑又冷的大年夜。让我们近距离地走近这个可怜的小女孩。同学们,请拿出你们的笔,读课文第一部分,勾画出你们是从哪些语句里感受到小女孩可怜的?

这种问题式的过渡语是赵老师围绕课堂教学的主要目标,先用一句话把上一个环节的内容说出来,然后提出问题,引入下个环节施教内容,从而激起学生对小女孩的同情,并迫切想了解课文的内容,激发了学生探究课文内容的兴趣。紧紧抓住"可怜"一词,引导学生去细细品味文章,探究文本,使学生对小女孩"由怜生爱、由爱生悲",使学生的情感体验不断提升,情感不断升华,达到人文合一的效果。

问题式过渡语可以提高学生的注意力,启发学生思维,激发学习兴趣,是课堂教学中常用而又较好的一种过渡方式。如果教师能够深入研究问题的提出方式,把握问题的层次和梯度,配以声情并茂的表述,将会为课堂教学润色不少。

(二)顺流式过渡语,水到渠成

【教学切片2】

赵老师在执教"卖火柴的小女孩"一文时,在体会环境描写的表达效果后,

---

① 2016年4月28日,濮阳县第二实验小学赵景利老师执教的人教版语文五年级下册"卖火柴的小女孩"

紧接着设计了这样的过渡语。

师：我们在语言文字里徜徉，去触摸课文的字里行间，深深地体会到这是一个身世可怜的小女孩。她的遭遇震撼着每个人的心灵，让人们想走近她、温暖她。一个叫刘倩倩的九岁小学生听完她的故事之后，写了一首诗，请大家一起来欣赏。（课件相机出示"你别问，这是为什么"这首诗）

你别问，这是为什么

刘倩倩

妈妈给我两块蛋糕，
我悄悄地留下了一个。
你别问，这是为了什么？

爸爸给我穿上棉衣，
我一定不把它弄破。
你别问，这是为了什么？

哥哥给我一盒歌片，
我选出了最美丽的一页。
你别问，这是为了什么？

晚上，我把它们放在床头边，
让梦儿赶快飞出我的被窝。
你别问，这是为了什么？

我要把蛋糕送给她吃，
把棉衣给她去挡风雪。
在一块儿唱那最美丽的歌。

你想知道她是谁吗？
请去问一问安徒生爷爷
——她就是卖火柴的那位小姐姐。

顺流式的过渡语一般用于各个教学环节之间。赵老师在上一环节"理清写作顺序"这一教学内容结束后，用简明扼要的语言，概括出"这是一个可怜的小女孩"，然后过渡到下一环节的教学内容"朗读一首小诗"。这样的过渡语能把教学的重点再现出来，让学生加深印象，又能水到渠成地进入下一环节的学习。

（三）拓展式过渡语，通过点题以升华情感

在新课程改革环境背景下，小学语文的教学也发生了一些变化，其中最为显著的是在语文课堂上更注重学生的情感体验。很多拓展性的问题需要学生从个人的情感体验出发，去想象，去换位思考，去移情，最终得出个性化的答案。这样的问题需要教师通过拓展式的过渡语进行引导。

【教学切片 3】

赵老师在执教"卖火柴的小女孩"一文时，在设计拓展环节时是这样设计过渡语的：

师：大年夜本是家人团圆的日子，小女孩却要忍着饥饿和寒冷在外面卖火柴，这一整天，谁也没买过她一根火柴，谁也没给过她一个硬币。在这个过程中，小女孩会遇到哪些人呢？她是如何央求人们买她的火柴的？人们又是如何冷酷地拒绝她的？让我们插上想象的翅膀，和卖火柴的小女孩一起尝尽人间冷暖，感受世态炎凉。

（课件相机出示内容，进行想象，仿写）

又冷又饿的小女孩手里拿着一把火柴，哆哆嗦嗦地向前走着，边走边叫卖。她来到衣冠楚楚的绅士面前恳求道：_____ ，衣冠楚楚的绅士_____；她追赶着马车上的一位雍容华贵的夫人哀求道：_____ ，雍容华贵的夫人 _____ ；她拉着衣着时髦的小姐的裙角乞求道：_____ ，时髦的小姐 _____；她……

赵老师精心创设情境进行拓展式过渡，利用语言材料之间内部和外部的联系，通过想象、类比，激发学生进行思考，并借助一定的情境和情感基础，顺利激发学生完成思维的拓展，从而提高学生的想象力，同时也进一步升华了学生的情感。

（四）评论式过渡语，渲染激情

评论式的过渡语是教师对上环节或以前所学知识的优劣、利弊进行精要的

简评，从而提出新授知识点的一种过渡方式。[3]

【教学切片4】

赵老师在执教"卖火柴的小女孩"一文时，在学生理解文章的基础上，拓展阅读了一首小诗《温馨的家》，内容如下：

家是什么？
家是风雨中一温暖小屋，
家是大雪天的一盆炭火，
家是为我们遮风挡雨一把大伞。
家是什么？
家，是慰藉心灵的港湾，
家，是疗伤的灵丹妙药，
家，是冬日温暖的阳光。
家是什么？
家是母亲的叮咛，
家是父亲的期望，
家就是前行的护航。

（学生齐读后，她设计了这样的过渡语）

师：读着这样一首温馨的小诗，让我们真实地感受到拥有一个完整和温暖的家是幸福的，它能为我们遮风挡雨，是我们心中温馨的港湾。但是文中卖火柴的小女孩却没有如此温暖、幸福的家，她的家是寒冷的、缺少温情的。

（变换文中句式特点，感受小女孩家庭的冷漠）

她不敢回家，
因为她没卖掉一根火柴，
没挣到一个钱，
爸爸一定会打她的。
再说，
家里跟街上一样冷。
他们头上只有个房顶，
虽然最大的裂缝
已经用草和破布堵住了，
风还是可以灌进来。

赵老师在上一环节朗读诗歌结束后，激情归纳"拥有一个完整和温暖的家是幸福的，它能为我们遮风挡雨，是我们心中温馨的港湾"，暗示学生学习下一环节内容"卖火柴的小女孩却没有如此温暖、幸福的家，她的家是寒冷的、缺少温情的"，这种评论式过渡语既渲染了激情，又巧妙进行了过渡。

有魅力的课堂过渡语是教师引导学生走进文本的金钥匙，是滋润学生心灵的甘泉。精彩的过渡语成为语文课堂的润滑剂，让课堂变得更加绚丽多彩。无论运用哪种类型的过渡语，都需要教师依据教学内容的特点和教学的目的灵活运用，也需要老师在长期的教学实践中积累、锤炼教学过渡语，通过合理、巧妙地运用课堂过渡语开启学生的思维，驱动他们灵动的心，激发他们飞扬智慧的语言，使学生的精神、情感、思想在优美的过渡语文字体验中得到浸润、感染和丰富，切实提高课堂教学效率。[4]

总之，课堂过渡语既是教育职业用语，又是一种语言艺术。教师应注意研究这类职业语言的特点和作用，逐步达到会用、善用、巧用的境界。

参考文献

[1] 魏玲.英语课堂教学过渡语的运用策略 [J]. 教学月刊小学版，2013（Z1）：21-23.

[2] 芦松菡.浅析地理课堂教学过渡语的运用 [J]. 教育教学论坛，2012（8）：251.

[3] 顾舜若.教学过渡语的类型 [EB/OL]. https://wenku.baidu.com/view/326c6e1b59eef8c75fbfb 312.html. [2017-10-20].

[4] 王新芳.让精彩的过渡语点亮语文课堂 [EB/OL]. https://wenku.baidu.com/browse/downloadrec? doc_id=a0666905f242336c1eb95ec1&.[2017-11-25].

第五篇
其他类型切片诊断

"师生互动"切片诊断

高少慧

（濮阳县渠村乡第一中学　河南　濮阳 457183）

在新的时代背景下，课堂中的互动也不断地被赋予新的诠释。其中，后现代的一些观点得到了大家的一致认可。多尔大胆地提出了教育作为多种学科的合流，必将受到后现代课程的深远影响。他说："我相信，在新的课程概念中将出现一种新的教育秩序，并形成一种新的师生关系。"[1]这种关系将较少地体现为有知识的教师教导无知的学生，而更多地体现为一群个体在共同探究有关课题的过程中的相互影响。多尔教授所强调的这种影响，实际上就是我们所追求的"师生互动"，进一步了解并认识"师生互动"，是我们进行一切分析的前提。

一、"师生互动"的内涵、特性与分类

（一）"师生互动"的内涵

关于"师生互动"的内涵，不同的学者从不同的角度分别进行了界定：一部分学者从"师生互动"的本质出发，他们认为"师生互动"从本质上讲是一个包括发生在多情境中，具有多种形式、多种内容的互动体系。[2]另一部分学者给"师生互动"下定义的时候，以互动的过程为重点。比如，吴康宁认为：师生间的互动是指教师与学生之间发生的各种形式、各种性质、各种程度的相互作用和影响，是师生之间相互对话、相互沟通和相互理解的过程。他认为，教师与学生之间的互动是课堂教学中最主要的人际互动，课堂的大部分时间和任务内容都表现为教师与学生之间的互动，课堂教学的各项任务也主要是通过师生间的互动来完成的。[3]当然，还有一部分学者强调"师生互动"的背景因素。有人认为"师生互动"，简单地说，就是作为社会代表的教师和作为社会期望接受者的学生在特定情境中的相互影响和相互作用。它应该是一个文化撞击、兴奋点激活、自主创新的过程。[4]

综合不同学者对"师生互动"的内涵界定，我们进行分析总结后认为，"师

生互动"是指在特定的组织氛围中，教师与学生之间发生的多种形式、多种内容、多种维度的相互作用，并能使师生双方在心理上、情感上、行动上发生不同程度变化的过程。

（二）"师生互动"的基本特性

"师生互动"作为一种特殊的人际互动，既具有一般人际互动的共性，又包括区别于其他人际互动的特性。要全面理解这一概念和把握其意义，还必须对其特性进行全面、正确的分析与认识。

1. 中介性

"师生互动"的主体是教师和学生。因此，它首先对师生的相互影响起到一个桥梁的作用，是教师教育学生的一个重要途径，直接影响教学质量和效果。

2. 双向性

"师生互动"是基于双方行为或情感而表现出来的互动反应。教师在教学过程中总是通过互动来观察学生对知识的掌握情况和情感情况，因此学生在课堂上的行为表现会对教师的教学监控产生很大的影响。同时，教师的教学行为对学生的影响很大，学生可以依据教师的反应和要求来调节自己的行为。

3. 动态性

互动中未必总是和谐的，往往潜藏着偶然性。另外，师生互动的环境不可能是事先安排好的，参与者并没有事先读过"脚本"，互动的结果完全取决于参与者相互作用的类型和方式。师生间能否互动，怎样互动，在很多情况下教师是不能预见的。因为，师生间的相互作用和相互影响是一个动态过程，受多种条件的制约。"课堂交互作用不是一个静态的或机械的过程，而是一个动态的过程。"[5]在课堂师生互动中，尽管教师可以决定互动的性质、内容和形式等，但课堂上师生交互作用的内容和形式都是以学生的特点、参与的数量、发生的环境和传递的内容为转移的。在课堂互动中，教师常常要根据学习的内容或主题来变换互动的内容和方式，如有时采用讨论法，有时采用讲授法等。教师还要根据学生的反应，做出正确的判断并改变互动的内容和方式。

4. 教育性

这是基于教师互动的目的来说的。"师生互动"的目的是促进师生双方特别是学生的认知情感等方面的发展，这也是"师生互动"所追求的结果。另外，由于教师角色的特殊性，在互动过程中其不自觉流露出的对学生的情感、期待和评价，都会直接影响学生的自我认识、社会行为、师生互动及其教育效果。[6]

（三）"师生互动"的分类

为了便于研究，进一步了解"师生互动"，我们先来看一下国内外关于"师生互动"的分类情况。国内外学者按照不同的划分标准，将"师生互动"划分为不同的类型。

1. 国外关于"师生互动"类型的划分

国外主要有以下几个代表性的观点：①按照"师生互动"中的主体地位来划分，其代表人物艾雪黎等根据社会学家帕森斯的社会体系观点，将"师生互动"分为教师中心式、学生中心式和知识中心式三种。②按照师生行为来划分，弗兰德斯的"课堂社会互动模型"把师生的行为概括为 10 类，其中教师的行为有 7 类，依次为接纳学生感受、表演、延伸学生想法、提问、发出命令、讲解、批评与维持纪律；学生的行为有回答问题、主动提问和沉默。另一代表人物有利比特和怀特等人，他们将教师的领导型分为权威式、民主式和放任式，由此形成了教师命令式、民主协商式和师生互不干涉式"师生互动"类型。③按照教师的行为作风和师生间的不同情感和态度来划分，其代表人物是心理学家勒温，他将"师生互动"分为专制型、放任型和民主型。[7]

2. 国内学者关于"师生互动"类型的划分

国内学者主要有三个划分标准：①按照师生行为对象划分。吴康宁等学者认为，根据师生行为对象划分可区分为三类：师个互动、师组互动和师班互动。②根据师生的行为属性划分。将"师生互动"分为控制—服从型，师生行为的主要属性首先是控制与服从；控制—反控制型，在多数情况下，学生以"服从"行为与教师互动，但偶然也会发生不服从的情况；相互磋商性，既相互对抗又相互磋商。[8]③按照师生互动的方式来划分。很多学者将师生互动分为强硬专断型、仁慈专断型、放任自流型和民主型师生互动四类，其中又将强硬专断型和仁慈专断型归结为"教师中心"的师生互动，将放任自流型纳入"学生中心"的师生互动，并且提倡民主型的师生互动。

本文中涉及的"师生互动"主要以吴康宁的关于师个、师组和师班互动方式为主。师个互动是指教师与学生个体之间的互动；师组互动是指教师与学生小组间的互动；师班互动是指教师与全体学生之间的互动。

在新课程改革的背景下，《基础教育课程改革纲要（试行）》中明确要求：

教师在教学过程中应与学生积极互动、共同发展，要处理好传授知识与培养能力的关系。[9]

然而，师生互动实践在课堂中生动有序开展的同时，也存在着很多的问题。下面通过切片分析法来探究"师生互动"在语文课堂中出现的各种问题，并力图构建更为完善的课堂师生互动模式，实现从传统的"知识课堂"向"生命课堂"的转变，建立以人发展为本的课堂。

二、切片分析"师生互动"在语文课堂中出现的各种问题

（一）"师生互动"过于单向性

"师生互动"的单向性主要表现为在师生互动的过程中，教师占主导地位，是互动的发起者与领导者，而学生处于被动的接受地位，是被发起者和被领导者。例如，在"送东阳马生序"的教学切片中，有这样的一段师生互动：

师：请大家放开，不要害羞，不要拘束，抬头，读一下作者幼年时向别人借书学习的句子。

生：家贫，无从致书以观，每假借于藏书之家，手自笔录，计日以还。天大寒，砚冰坚，手指不可屈伸，弗之怠。录毕，走送之，不敢稍逾约。以是人多以书假余，余因得遍观群书。

师：好，大家现在把书合上，努力地、尽量地回忆课文。同时考虑一下，刚刚所说的是不是正确的。×××，你注意一下，不要东张西望。

生：余幼时即嗜学……

师：描写成年时作者爱好学习的句子有哪些？

生：既加冠，益慕圣贤之道……

师：对，大家注意认真听课，不要随便讲话……①

对这段师生互动我们可以形象直观地分析、评鉴。执教老师是互动的发起者，学生也参与到了互动中，但学生的回答并没有得到老师的反馈，相反老师一直在强调学生不能窃窃私语，注意课堂纪律。学生的想法没有表达出来，也没能交流讨论，整个课堂气氛较为沉闷，学生的互动学习效果不明显。教师的主体性很强，学生的主体意识相对薄弱。

---

① 2016年10月20日，濮阳县渠村乡一中武老师执教的人教版语文八年级下册"送东阳马生序"

再如，在"口技"的教学切片中，教师和学生产生了这样的一次互动。

生：老师，施八尺屏障中的"施"是什么意思？
师：这个是安放的意思。①

在"口技"的讲解中教师很明确地告诉学生"不要只靠我讲，大家要开动脑筋"，这说明教师希望学生可以通过老师的引导进行独立思考，但这次互动却极为简短，教师对学生主动发起的互动没有处理好，没有引发学生的自主探索。出现这一情况的原因与教师与学生在互动中的主体地位认识有很大关系。教师基本把自己放在主动的位置上，而把学生放在被动的位置上。

就这一问题通过对 30 节课进行师生互动的切片分析，得到以下结果（见下表）。

课堂师生语言互动行为构成情况

行为类型	提问		回答		评价	异议
角色	教师	学生	教师	学生	教师	学生
次数（次）	736	19	26	725	345	6

从上表可以看出，课堂师生语言互动主要表现为教师所引发的互动，教师提问的总次数为 736，约占总提问次数的 97.5%，学生提问 19 次，约占总提问次数的 2.5%；在评价行为中，只有教师对学生的评价，而没有学生对教师的评价；学生有异议的情况仅有 6 次。从量上来说，教师的行为占主体，处于控制地位，学生虽有主动和被动回答，但是学生的回答是教师预成的，是教师思路的延续，学生处于被动地位。

（二）师组互动较为缺乏

在师生互动类型方面，本研究通过教学切片，观察了师班互动（教师与全班学生之间的互动）、师组互动（教师与学生小组之间的互动）、师个互动（教师与学生个体之间的互动）情况，发现师组互动较为缺乏。同时，在互动中大多是教师提问，学生回答，缺乏其他互动形式。很多教师片面地认为，课堂上的师生互动只是一个教学任务，有时候因害怕影响教学进度，担心课堂处于失控状态，破坏所谓的课堂纪律，而很少关注课堂讨论。

师个互动主要存在于课堂教学中的提问与应答、要求与反应、评价与反馈，以及个别辅导、眼神交流、直接接触等过程中。[3] 师个互动是师生互动中使用最

---

① 2016 年 10 月 20 日，濮阳县第一中学张老师执教的人教版语文九年级上册"口技"

多的一种形式，学生往往注意力集中，学习效果明显，但不能照顾到所有的学生，不适合大班教学。

师班互动形式表现为"师生个体与学生全体之间的互动，如组织教学、课堂讲述、课堂提问、课堂评价、课堂练习等"。[3] 由此看出，这种互动涉及参与学生的面广，能有效节约时间。因为是面向全体学生，所以在一定程度上又降低了学生个体对它的重视度，让学生认为自身的行为只是学生全体中的一小部分，自己的表现不会引起教师的重视。

在师组互动中，学生的小组意识还很薄弱，学习小组的功能主要还是为管理班级行使小组学习的监督任务，而真正意义上的学习小组在教学过程中可以帮助教师对小组进行学习上的讲解、分析、引导、启发和提出建议，并通过师生互动带动生生互动，在学生中产生合作的学习氛围，让学生在课堂内外主动地构建学习。根据有关研究表明，中国小学教师课堂活动时间构成情况是教师与学生个体的互动时间占 45.4%，教师与小组互动的时间占 0.2%，教师与全班学生互动的时间占 54.4%。[8] 通过观察多个教学切片发现，师组互动在课堂实践中确实极少运用。

（三）"师生互动"中论证性问题匮乏

在教学切片视频中，我们从判断性问题、描述性问题、论证性问题三个层次观察了师生互动针对的问题类型。观察发现：一半以上的问题都集中在判断性问题上，能够引发学生思维的、实质性互动的描述性问题、论证性问题却不多。

判断性问题要求根据所知、所记忆的内容来回答，一般回答的问题为概念、时间、地点、人物、判断对错、关键的细节等。关键词：是什么、定义、听懂了吗、对不对等。描述性问题主要包括根据语境确定某一生词的含义、推断隐含的观点，以及对整篇文章、一个段落或者一个话题的概括、造句、对问题进行评价。关键词：意思是什么、概括、造句、评价、你觉得、怎么样等。论证性问题主要包括主题思想的观点（文章的主题思想、文章的目的、文章主要讨论的话题、文章的题目等）、文章的主题风格以及作者的态度语气等。关键词：讨论、目的、主题思想等。

根据上面的界定，我们观察师生互动中涉及问题的教学切片会发现，判断性问题和描述性问题是师生语言互动的主旋律，而论证性问题则比较匮乏。例如，"卖火柴的小女孩"中的一段师生互动：

师：通过朗读课文我们发现，卖火柴的小女孩因为寒冷不断地擦燃火柴，我们在文中找一下她一共擦燃了几次火柴？

生：五次。

师：分别看到了什么？

生：火炉、烤鹅、圣诞树、奶奶。

师：找得很准确。那么，能不能找一些合适的词语来修饰一下这些事物呢？

生1：温暖的火炉。

生2：喷香的烤鹅。

生3：美丽的圣诞树。

生4：慈祥的奶奶。

……①

这个教学切片中的老师在讲课文内容的时候，基本上都是在用一些判断性和描述性的问题来讲述课文的知识点，这看似师生积极互动的场面，学生像是忙起来了、动起来了，但只是一种外在的表象，学生对课文很少质疑，也没有类似于讨论性的问题供学生积极思考与合作讨论。

在师生互动针对的问题类型里，论证性问题很少涉及，而论证性问题在促进学生思维发展方面起着重要的作用。学生通过讨论，通过对文章内容的探讨，能够深入地了解文章内涵，更能够培养学生积极思考的习惯。大量的针对判断性问题和描述性问题发起的互动看似热闹，其实就是简单的刺激——反应。例如，在七年级课文"爱莲说"中，在讲到"香远益清"的时候，教师问"香不香"，学生一起回答"香"。教师还进一步叫起来一个学生问道："我们看一下香气，表现在哪里？"学生回答道："香远益清"……像这样看似让学生寻找表现的句子，实际上并没有思考价值。师生互动中针对的问题层次不高，很多问题不能引起学生的积极思考，互动也就不能通过问题触动学生与教师的思维衔接。

（四）"师生互动"中师生的情感互动贫乏

在师生互动中，师生之间的情感没有得到很好的交流，互动质量有待进一步提升。下表是根据师班、师个、师组的互动分类，对几位教师与学生互动情况的切片分析。

教师与学生互动情况的切片分析

互动类型	互动课题	教师	学生
互动1 师班	山中访友	表情严肃，一直站在讲台上，语气平淡	学生表情茫然，不知所措，吞吞吐吐
互动2 师个	紫藤萝瀑布	微笑地或注视或环视，平淡的语气	微笑着，低头，质疑的语气

---

① 2016年3月4日，濮阳县渠村乡一中李老师执教的人教版语文六年级下册"卖火柴的小女孩"

互动类型	互动课题	教师	学生
互动3 师个	散步	微笑着，在讲台下走动，带有激情	微笑着，偶尔点头，语气肯定
互动4 师班	海燕	严肃，注视，在讲台上和讲台下走动，带有激情	微笑，记录，肯定的语气
互动5 师组	辩论课	微笑着，坐在讲台下，赞赏的语气	微笑，点头，快速肯定
互动6 师个	藤野先生	严肃，站在讲台上环视，平淡的语气	无视教师提问，低着头，不说话

从上表中观察部分教师的表情、行为或者语气来看，三者之间有一方面积极的表现，学生就会给予相应积极的回应。同时我们会发现，有一些教师善于运用积极的表情来引导学生，因为微笑可以拉近师生间的距离，不会使学生有压力感。还有一些老师采用接近或靠近等行为，站在学生的旁边，会让学生有一种被重视、被关心的感觉，有利于改善师生关系，创建和谐的学习氛围。在语气上，很多老师的语气比较生硬，可能会使学生紧张。生硬的口气易造成教师与学生之间的距离感，学生也会有消极的回应。

三、语文课堂教学中的"师生互动"优化策略

初步了解了师生互动的内涵、特性、分类及其在教学实践中存在的问题之后，我们再来明确一下语文课堂中师生互动都有哪些优化策略。

（一）"主体性"策略

为了在语文课堂教学中构建有效的师生互动，教师首先应转换其角色。在教学过程中，要始终体现学生的主体地位，充分发挥学生在学习过程中的积极性和主动性。[10] 教师要成为师生良好互动环境的创造者，交流机会的提供者，师生互动的组织者和学生发展的支持者、帮助者。因为，教师对学生的影响，只有通过学生主体的积极参与和反应才能产生积极作用。教师要树立起"一切为了学生"的观念，尊重学生，全方位地为学生的发展服务。通过教师的"教"唤起学生的"学"，突出学生在学习中的主体地位。比如，在教学"凡卡"一文的结尾时，教师提出问题："凡卡写的信爷爷会收到吗？即使收到信爷爷会来接他吗？课文以凡卡的梦结尾还有什么含义吗？"这些问题让学生自己动脑思考，再联系前面所学到的知识，很快就能找到答案，只用一课时，学生学得既轻松又愉快。

（二）"情感交流"策略

重视师生间的情感交流是构建互动式教学的重要保证。"亲其师，信其道"。

教师把对学生的关爱化为一个温柔的眼神，一个会心的微笑，一句暖心的话语，一个赞许的表情，一个体贴入微的动作，都会使学生感受到教师的关心、赏识，其心理上会产生一种说不出的愉悦与满足，这无疑能促进他们积极上进，从而激发他们的求知欲，增添他们的勇气，鼓起他们的自信。如果师生之间的关系紧张，学生会由厌恶教师进而厌恶学习，即使是难度不大或者很有趣味的教学内容，有时也不能引起他们的兴趣。例如，我班的刘同学，说话不清楚，成绩很差，不能按时完成作业，每次考试也就得十几分，以前从没得到过老师的重视。当我在课堂上提问简单问题时就叫他回答，结果他答对了，我就叫同学们鼓掌鼓励他，他露出了腼腆的笑容。之后我在辅导作业课堂巡视时经常到他身边鼓励他，夸他有进步，很聪明，时而摸摸他的头。在此之后，他除了保质保量完成作业之外，还时不时地去请教老师和同学，对学习有了兴趣，写作文时还写到了老师对他的帮助并心存感激，成绩也提高了。可见情感的投入是多么重要啊！

因此，在语文课堂教学中，教师应特别注重培养学生的情感，在思考写作方面的话题时，让学生试着多写一些周记、小练笔，话题要尽量贴近生活，充满感情色彩，这样才会将他们的思想感情自然流露出来。这样，教师就很容易和学生进行心灵上的沟通，产生一种自然的情感交流，那么学生对语文的学习兴趣便会自然而然地提高。

（三）"全体性"策略

在目前的教学模式中，大多数班级并不是小班教学，因此班级的人数比较多。教师由于忙于教学，一般只关注那些思维活跃、性格较外向的学生或学习成绩较好的学生，而对那些不善言谈、学习比较落后的学生则关注较少。这个问题会严重影响我们课堂教学中的互动效果。因此，我们应该对性格内向、不善表达的学生，付出更多的关爱和鼓励，课堂上多给他们提问、发言的机会，提高他们的语言表达能力，对个别实在不善表达的学生，可以适当降低要求，让他们从最简单的语句说起，由易到难。在对阅读文章的理解上，只要他们说的与答案接近或有道理，都要及时地给予肯定和表扬，使其感到成功的喜悦，产生上进的动力。

（四）"留白"策略

留白原是国画创作的一种构图方法，可以起到虚实相映、形神兼备的作用，创造出无画处皆成妙境的艺术境界。语文教学是一种开放性、多向性、艺术性很强的信息交流活动。在这个活动中，教师的作用不在于全盘托出，而在于相机诱导，教师在课堂教学中运用留白的策略，可以更好地激发学生的想象力，拓展学生的思维空间。

1. 在时间上留白，充分展示学生的思维过程

对学生进行提问，教师在问题提出以后，至少要等待 3 秒钟，这样做有很多好处：可以使更多的学生能够主动而又恰当地回答问题；可以提高学生的积极性；可以丰富学生思维的多样性……因此，在课堂教学中，教师一定要给学生留出充分的时间，使学生能够针对问题积极思维、主动探讨，这样，学生的思维才能够在课堂上得到展现。

2. 在空间上留白，丰富学生的想象力

好的文章就像书法，有时密不透风，有时又疏可走马。例如，在"老人与海鸥"一课中，当老人的照片被带到翠湖边时，海鸥看到后，围着老人的遗像翻飞盘旋，连声鸣叫，海鸥在表达什么？在倾诉什么？学生各抒己见，这激发了学生表达的欲望，丰富了学生想象的空间。教材本身留有艺术空白的地方很多。例如，文中结尾处的省略号省略了什么内容？海鸥还会有什么表现？教师要善于挖掘，同时，教师也要适时"制造"这样的留白，拓展学生想象的空间。

总之，在新课程语文教学中，通过广泛交流实现师生互动，相互沟通，相互影响，相互补充，学习过程更多地成为学生发现问题、提出问题、解决问题的过程，构建和谐的、民主的、平等的师生关系，以师生互教互学，形成一个真正的"学习共同体"，创设师生交往、共同发展的互动教学关系，已成为课堂教学的新模式。广告语说："让城市互动起来。"那么，在教学上我们也应该大声地喊："让我们的课堂动起来——师生、生生互动起来吧！"

下面我们来看一下好的互动对于教学的影响。

切片分析"湖心亭看雪"中师生关于"痴景"的互动（前面是教师引导学生分析作者的"痴行"，后面是截取师生互动分析"痴景"的部分）。

生：还有，老师，你看张岱，他眼中的西湖雪景我觉得也挺"异"的！

师：你有感情地读一遍，说说"异"在哪儿？

（生读，还挺有感情。但是抓耳挠腮说不出"异"在哪儿）

师：来，咱们一起读这两句，细细体会一下。

（教师面带微笑赞许地看着。学生读，摇头晃脑的，有些韵味儿）

生：这幅图嘛，反正就是觉得很不一样，一会儿大一会儿小的。

（众笑）

师：不着急，我来帮你。老师觉得呀，这一句问题也挺多的。你看"天与

云与山与水"多拖沓啊，古人不是说要惜墨如金吗？一连用了三个"与"字，我看一个都不用也行。

（教师来回走动，质疑的口气）

生：不行，老师！

师：为什么不行？你看我读。

（师去掉三个"与"字，很认真地读了一遍）

生：效果不对了。

师：哪点不对？你得说服我。

（大家仿佛都表达不出来）

师：那我们对比读一读。先去掉"与"字读一遍，然后再把原文读一遍。

（生对比读了一遍）

生：哦，老师，我感觉出来了，这三个"与"字并不多余，它让"天、云、山、水"四个景物融合在了一起，如果去掉，好像它们就有界限似的。

生：三个"与"字就造成了一种天地苍茫的浩大气象。有这三个"与"字，后文的"上下一白"才显得更有气势。

师：好样的，有眼光！来，让咱们读出天地苍茫的景象。

（生拖长音调读，摇头晃脑，韵味儿十足）

师：还有一个地方，老师不解啊。你说文中那些量词怎么这么怪啊？明明应该是这样的嘛：惟长堤一条，湖心亭一座，与余舟一艘，湖中人两三个而已。

生：不好，显得好大哟！

师：大有什么不好吗？看得更清楚有什么不好吗？

生：前面的大和后面的小形成鲜明对比，这样才"异"嘛！

（众生笑）

师：不仅量词有问题，我还觉得顺序也有问题呢。如果我来写就这样安排，"湖上影子，惟舟中人两三个，余舟一艘，湖心亭一座，长堤一条"。你看，越来越清晰，越来越清晰，符合人的心理要求嘛！

生：不好，味道全没有了。

师：啥味道？

生：好像作者要把自己融进苍茫宇宙的那种味道。

师（惊喜地）：漂亮！咱们读读最后一句，把那个"而已"的味道读出来。

（生反复读"舟中人两三个而已"，教师反复指导"而已"的读法）

师：感觉到这"而已"的言外之意了吗？

生：景啊，人啊，不过是沧海一粟罢了，在苍茫天地中，他们都似有似无，"天人合一"了！

（师生惊喜，热烈鼓掌）

师：嗯，这位同学真是一语惊醒梦中人。原来痴人眼中有痴景，是因为有一个"天人合一"、想融入宇宙的愿望啊！

（师板书"痴景"）①

首先我们发现，互动是由学生发起的，虽然互动一开始是学生带有疑惑的发问，但仍然具有讨论的价值。教师没有直接以自我为中心地去回答，而是把问题抛给学生，引导学生去思考，这不仅发挥了教师自己作为引导者的作用，同时又把学生放在了师生互动的主体地位上。一番虚拟假设性的对话一步步地引导学生品味痴人之"痴景"，读得细腻，读得丰满，读出了内涵，读出了妙处。 在互动中学生积极参与，学生的主体性得到了一定程度的发挥。但是有一点，当一个学生不能直接回答问题时，是不是让学生小组去讨论更能发挥更多学生的主体作用呢？师组之间的互动设置好了，可以集更多学生的智慧，加强学生的参与感。很显然，在这一环节中没有教师和学生小组之间的互动，这是一个不足。其次，教师提出的问题，如"你看'天与云与山与水'多拖沓啊，古人不是说要惜墨如金吗？一连用了三个'与'字，我看一个都不用也行"，这个地方如果换成用多媒体呈现出"天、云、山、水"，然后让学生朗读、对比，由学生自己发现问题并质疑，是不是更能培养学生主动思考的能力呢？另外，教师的鼓励性语言得到了学生积极主动的回应，老师的"动"带动了学生的"动"，教师面带微笑和赞许的话语使学生感到了老师的关心和赏识，从而激发了学生想思考、想学习的欲望。此外，教师应该调动班里大部分学生积极主动地参与学习互动，充分利用小组合作的方式或是关注更多的学生，鼓励他们参与互动，让整个课堂活起来。最后，教师在引导学生赏析量词时，问题预设很到位，如果可以让学生对比朗读，然后给他们一些时间让他们自己赏析品味一番再做总结，这样加深学生的印象会更能引发学生的共鸣。这个切片基本达到了师生互动的目的。虽然学生思维的起点有好些地方还开始于老师预先设计好的"导"，但是教师可以多注意培养学生积极思考、主动参与互动的习惯。

在此，我想强调的是，任何一项改革都是有利有弊的。有一句话说得好，新的东西正如啤酒，都是有泡沫的，但是泡沫绝对不是啤酒。在新型的师生互动中想要避免师生互动中的不和谐问题，就要遵守师生互动的原则，实现课堂思维从学生始，打造真正属于学生的课堂。一方面，教师要善于设置高质量的问题，创建最有效的互动环境；另一方面，教师要不断分析、总结、实践，帮助学生构

---

① 2016 年 12 月 12 日，濮阳县渠村乡一中王老师执教的人教版语文八年级上册"湖心亭看雪"

建起自己的知识体系，而不是一味地自己提出问题，让学生解答。在观察中我们也发现，大部分教师在组织师生互动中，只注重提问的方法，有效的提问可以激发学生积极的思维，但提问只是互动的一种手段，而不是目的。因此，在课堂中教师也要注意引导学生进行小组合作，积极讨论。

参考文献

[1] 小威廉姆·E.多尔.后现代课程观 [M].北京：教育科学出版社，2000：5.

[2] 叶子，庞丽娟.师生互动的本质与特征 [J].教育研究，2001（4）：32.

[3] 吴康宁.课堂教学社会学 [M].南京：南京师范大学出版社，1999.

[4] 光军凤.浅谈素质教育中的师生互动 [J].山西教育，2001（17）：28.

[5] 程功，黄天元.课堂交互作用的社会心理学观 [J].浙江师大学报（社会科学版），1994（2）：80.

[6] 张瑞红.初中语文课堂师生互动研究现状 [D].太原：山西师范大学，2010.

[7] 佐斌.师生互动论：课堂师生互动的心理学研究 [M].武汉：华中师范大学出版社，2002.

[8] 吴康宁.教育社会学 [M].北京：人民教育出版社，2014：289-299.

[9] 张晖.新课程的教学改革 [M].北京：首都师范大学出版社，2001.

[10] 傅维利，张恬恬.关于师生互动类型划分的研究 [J].教育理论与实践，2007（3）：29-32.

初中语文对话教学的切片诊断研究

陈瑞花

（濮阳县中小学教研室　河南　濮阳　457100）

教学从本质上说是一种"沟通"与"合作"的活动。因此，教学可以被理解为一种语言性沟通或语言性活动，其中"对话"是教学活动的重要特点。[1]《义务教育语文课程标准（2011年版）》指出：阅读教学是学生、教师、文本之间的对话过程，语文教学应在师生平等对话的过程中进行。[2] 在濮阳县语文教学实践中，广大一线语文教师也试图通过课堂观察改变表面热闹精彩却偏离语言文字训练的对话形式，但仅依靠眼、耳感官和纸笔记录课堂上的教学信息，难免因时间紧迫遗漏一些信息，故而效果不佳。河南大学魏宏聚教授近年来深入中小学课堂教学一线，针对当下课堂教学质量偏低的实际，创造性地提出用教学切片分析诊断的方法研究、改进课堂教学，提升课堂教学质量。教学技能切片分析是对传统及当前课堂研究方法的继承与创新，是从教学设计的角度，将教学活动分解为切片，通过分析有价值的教学切片来诊断课堂教学，提升教师教学设计技能的一种课堂研究方法。[3] 对课堂上的师生对话教学进行切片研究，不仅有利于教师调动学生课堂学习的积极性，引导学生深入思考，发展智能，积极主动地获取知识，还有利于提高教师的课堂教学提问水平，提升课堂教学的质量，促进教师的专业发展。

一、初中语文对话教学存在的问题及原因

课堂师生对话是具有生命意义的人性化的教学形态，作为现代课程教学改革的重要课堂教学组织形式之一，在课堂教学环节，师生对话层次的高低直接关乎课堂教学的效果。美国的布伯斯认为："教育学意义上的对话是一种直接指向发展和新的理解的行动，它能增长知识、增进理解、提高参与者的敏感度。它代表着一种持续的、发展的相互交流，通过对话，我们获得对知识、对世界、对我们自己以及人们相互之间更充分的理解。"[4] 如何通过对话来激发学生的学习兴趣、活跃学生的思维、发展学生的智力，不仅考验教师的教学艺术水平高低，更关乎语文课堂的教学质量。然而现实中，初中语文课堂教学的师生对话大多是一种"似是而非"的对话，效果堪忧。

（一）初中语文对话教学存在的问题

1. 低效率对话

低效率对话是指徒具对话的形式，而无实质性意义和内容的对话。最常见的有"对答如流"式、简单"是或不是"的表演式对话，表现为：学生对某一问题的回答，有许多雷同与重复，缺乏激烈的辩论，少见强烈的反驳，没有思维的碰撞，也没有矛盾的激化。这些对话不能激发学生高层次的思维活动，绝大多数问题学生仅凭借死记硬背的知识就可以回答，对学生的思维活动不能产生积极的促进作用。

2. 垄断式对话

垄断式对话是指授课教师或者少数精英学生占据课堂对话的大多数时间，多数学生特别是学习困难生往往无人问津，得不到对话的机会。

3. 非主流对话

非主流对话是指对话游离于语言文字训练之外，与语文关联性不强的对话。

教师只是为了创设师生对话互动的氛围，不注意引导学生从学习语言文字的角度去思考问题，而是过多地让学生去了解对文章、作者的介绍或进行其他"非语文"的学习，导致语文学科特征被遮掩。

4. 齐答式对话

齐答式对话是指授课教师一人提问、全班一起回答的对话。这是低层次对话，教师无法准确获得学情反馈，违背了因材施教的原则，不利于学生语文个性化阅读学习活动的开展，无法让学生在阅读过程中获得独特的感受和体验。

（二）初中语文对话教学存在问题的原因分析

以上几种师生对话在语文课堂教学中的盛行，导致语文课堂教学被广泛诟病，效率低下。其原因主要包括以下几个方面。

1. 学生语文学习的积极主动性被压抑

在课堂教学中，教师和学优生掌握话语霸权、垄断课堂，使大部分学生语文学习的积极主动性被压抑，他们的个性得不到尊重，语文学习的热情也渐渐消失殆尽，他们可能越来越不愿意参与语文课堂教学活动，长此以往甚至会厌恶语文学习。

2. 学生积极主动参与的缺失

由于没有了学生积极主动的参与，语文课堂教学活动缺少了真实的对话与沟通，缺少了生机与活力，新课程标准所倡导的学生的学习活动（生动活泼的、主动建构的和富有个性的学习过程）就无法实现。

3. 教师工作责任感的缺乏

教师缺乏对学情、对教学文本的深入研究，教学设计流于一纸空文，不能真正促进学生语文核心素养的提升，导致课堂教学效率低下。

4. 教师专业性角色的降低

教师的教学失去了与学生真实对话的快乐，相应地，新课程赋予教师的成为学生学习的组织者、引导者和合作者的专业性角色可能实际上达不到预期，这不利于教师自身素质的提高和教师的健康成长。

二、课堂有效对话教学的基本特征

只有精确诊断，才能对症下药。这需要教师精心搜集整理大量教学切片（课堂教学视频、教学实录、图片等），从正、反两方面实例中分析有效的、高质量的对话教学的特点和规律，规避低效甚至无效的师生对话，这样便可提炼出课堂教学师生对话的有效策略与方法，从而提升课堂教学效益。[3]

与传统的教师问、学生答的"灌输式"教学截然不同，启发式对话教学意味着师生关系的人性化，是真正意义上的平等与沟通。语文教学的本质是对话，新课程标准下的语文阅读教学必须走出以知识为核心的对文本的肢解式剖析，走向语言和生命的对话。阅读教学中的对话不仅是言语的交流，更是主体间精神的相遇、思维的碰撞和心灵的呼应。[5]为达成教学目标，教师在营造课堂教学环境的基础上，以提问、点拨等手段引发学生思考，引导学生整理思路并合理组织语言进行双边或多边的交流过程，从而达成某种共识，或由此引发更深更广的思维。"对话教学的需要根植于师生对于学习过程的新的理解，具有显著的生成性。学习者主动参与到知识的生成与价值建构之中，不再局限于既定的教材体系、标准答案之内。"[6]这就要求语文教师营造以支持学生的学习为宗旨的积极的课堂环境，与学生展开面对面的对话，让学生在积极参与的学习中保持生机盎然的求知欲望与探究兴趣。

以下是"星星变奏曲"一课的教学片段。

【教学切片 1】"星星变奏曲"①

师：大家朗读、交流暂进行到这里，同学们能把本组总结的朗读诀窍或经验，提炼成词语展示到黑板上与大家分享吗？

李同学：我的朗读秘籍是读出层次。特别是第一节中，我们读出了一个诗意、柔美、迷人的理想世界。我就从"谁不愿意"开始来为大家展示朗读……我展示完毕，请大家点评，谢谢。

崔同学点评：我在读这首诗时，感受到了作者对美好世界的向往越来越强烈，却不知怎样表达，而李同学恰好抓住了"谁不愿意……""谁不愿意……""谁不喜欢……"三个反问句式，读出了阶梯式的层次感，很值得我学习。

韩同学：我的朗读经验是读出画面感。希望通过朗读，能够让大家产生丰富的联想与想象，脑海中有一幅幅画面，感受作者不同的情感色彩。（接下来韩同学展示朗读）

---

① 2016 年 9 月，濮阳县城关镇第三初级中学周老师执教的人教版语文九年级上册"星星变奏曲"

田同学点评：我觉得她读"鸟落满枝头，像星星落满天空"，让我想起了陶渊明的那句"山气日夕佳，飞鸟相与还"的恬静与适然。

师：读诗要善于联想和想象，使这首诗在自己头脑中的形象更为丰富、鲜活起来，这也是对诗歌的二度创作。

任同学点评：的确，她读到第二节前面时，画面很晦暗，但我听到"飘动的旗子""金黄的星星"时，画面似乎又明朗起来，也被作者那种执着精神感动。

师：是啊，作者的情感由最初遐想的世界跌入现实黑暗当中，随着画面的逐渐明朗，情感逐渐变得更加坚定，充满信心。

在上述教学切片中，教师引导学生与文本进行真实而有效的对话，明显具有以下特点。

1. 尊重学生

教师要尊重学生真实的内心体验和感受。教师要设身处地从学生角度思考问题，要重视学生的存在和需要，不能以成人的认知方式去要求学生，不能忽视学生已有的认知经验，上述教学切片 1 中的老师在充分肯定学生的奇思妙想，尊重学生朗读经验的基础上进行补充和点拨，这场对话教学是学生与文本、学生与学生、教师与学生、教师与文本之间平等、民主的多向互动，是教师、学生、文本之间的情感沟通、思维合作、心灵共鸣、精神分享，是知识和能力、过程和方法、情感和价值观的双向交流。

2. 平等对话

所谓平等对话，一方面是指师生之间的平等，即在对话过程中承认学生的主体性，给予学生所应该享有的权利，给予学生主动发言、参与的机会；另一方面是指学生之间也是平等的。在课堂教学中，教师既不能让一部分学生成为对话的"贵族"，也不能使另一部分学生沦落为对话的"奴隶"。要实现师生之间的平等，教师就要学会调控自己，消除自己的尊长心理，"屈尊"倾听，参与到对话中，用各种行之有效的方式、方法调动大多数学生参与的积极性。

3. 智慧共享

教学中的师生对话实际上是师生交流思想、共享智慧的过程。教师要充分挖掘课堂中的教学资源，及时捕捉学生参与学习活动的信息，促使学生分享相关的经验，并积极引导学生以一种超越自我的、理智的态度汲取他人的智慧，从而相互启发，彼此促进。

4. 相互评价

在以往的师生对话中，往往只有教师对学生的评判，而缺少学生对教师的评判；在学生之间的对话中，往往只有优生的"指点江山"，而无生生间相互的分析、评价。上述教学切片中，师生在多重有效的对话中达成相互理解与认同，离不开彼此的评判。相互评判不是挑刺，而是为了让他人接受自己的思想、观点等，为了使自己获得他人的理解，与他人达成一致，形成共识，在对话过程中相互成就，共同发展进步。

三、初中语文对话教学的有效策略

（一）学会认真倾听

认真倾听是有效对话教学的基础。倾听是对话的起点，没有认真倾听，对话就难有效果。在课堂教学中，倾听不仅是学生的一项学习技能，还应该是教师组织教学、设计有效提问、把握学生思维和心理动向的有力武器，课堂教学就是师生在多次的倾听与对话当中完成的。师生应具备倾听的心理准备与态度，善于第一时间从倾听中捕捉、概括要点。师生、生生在对话中及时应对、评价，相互启发是有效教学的重要保证。钱梦龙老师曾说："如果我上的某些课看起来似乎还有些灵气的话，那不过是我借用了学生的智慧而已。"[7] 所以，语文老师在课堂上一定要走近学生，认真倾听他们说话，捕捉他们的智慧，借力给力，在倾听中引导学生从语言进入人物的心灵，感知每一处语言背后潜藏的文化因素和思想情感。

以下是"天上的街市"一课的教学片段。

【教学切片 2】"天上的街市"①

师：传说中的牛郎织女被一条宽广的银河隔开了，一年只有一次短暂的相见。诗歌中牛郎织女又是过着怎样的一种生活呢？

生 1：幸福的生活！

师：你是从哪儿看出来的呢？

生 2：从"定能够骑着牛儿来往"可以看出他们可以天天在一起生活，而不是一年只能见一次面。

师：回答有理有据！还有吗，同学们？

---

① 2015 年 11 月，濮阳县实验中学魏老师执教的人教版语文七年级上册"天上的街市"

生3：从"定然在天街闲游"这句可以看出他们的生活很悠闲自得。

师：非常准确，点赞！还有新的发现吗？

生4：诗歌中对天河的描写是"浅浅的"，这里的天河不再是汹涌的，不可逾越的，而是"浅浅的"，这道天河已不能阻隔牛郎织女相见，他们可以自由来往。

师：真好！读着这样的结局，同学们有什么样的感受？

生5：以前听故事的时候觉得有点儿遗憾，总希望他们之间没有银河的阻隔，没有王母娘娘的阻挠，现在很为他们高兴。

生6：这样的结局与神话传说截然不同，让我感觉很新奇、意外。

师：是的，郭沫若先生在原有传说的基础上进行大胆的改编，这就是创造。这样的创造确实让人耳目一新。可是诗人为什么要如此改写呢，请结合诗歌的写作背景思考。

在上述教学切片中，师生善于倾听，积极对话，相互启发，课堂生成精彩不断，促进了课堂教学有序推进。

（二）师生平等交流

平等交流是有效对话教学的基本形式。语文课堂教学中通过教师、学生与文本的平等对话，真诚沟通、彼此信赖来共享经验知识，发展合作精神，激发道德勇气，实现自我超越。没有师生平等的对话沟通就不会有真正的课堂教学。语文教学中的师生对话是一种平等的、垂直性的交流，无须居高临下的所谓指导，只需要根据教学进程对重难点的学习内容进行必要的组织、引导、点拨、强调总结和帮助。教师要充分尊重相信学生，师生在平等对话交流的过程中，产生的"张力"可以促使双方积极思考，从而达到"教学相长"的目的。

以下是"陈太丘与友期行"一课的教学片段。

【教学切片3】"陈太丘与友期行"①

那天天气很冷，王老师走上讲台放下书本便随意问道："同学们，冷吗？"学生小声回答："不冷。""是呀，尽管窗外寒风呼啸，但你们的热情可以让我们的教室内温暖如春。请把你们的热情展示在课堂上！自信从大声说话开始。来，大声地读一下课题。"

（众生大声读课题）

---

① 2017年9月，濮阳县第二中学王老师执教的人教版语文七年级上册"陈太丘与友期行"

师：看这个题目，你们能读出哪些信息？

生1：陈太丘和他的朋友的约定。

师：他不仅说出了两个人物，还说出了"期"的意思。

众生：约定！

师：陈太丘原名叫什么？

生1：陈太丘原名陈寔。

师：哦，原名叫陈寔，那为什么后来叫陈太丘？还是你说，我相信你能说，来！

生1：因为太丘是个县名，他当过这个县的县令。

师：你这样对答如流，请问你是怎么知道的？

生1：因为我预习时看了课下的注解。

师：你瞧瞧，说话这么有条理，还掌握了语文学习的重要方法。看来读注解是一个很好的习惯。同学们读书时都有读课下注解的习惯吗？

众生：有！

师：请看幻灯片。

（幻灯片展示：陈太丘其实叫陈寔，因为做过太丘长，所以人称陈太丘。就好比大诗人韩愈是昌黎人，就称韩昌黎；柳宗元是河东人，就称柳河东。用地名来称呼名人，是古人的一种习惯，也是当时的一种文化特征）

师：从标题看，这个故事的主人公是谁？

众生：陈太丘和友人。

师：究竟是不是呢？读了课文相信你会有新的发现。

众生：好的！

（学生愉快地读起课文来）

　　师生间自然、平等的交流不仅营造了一种轻松、愉悦的课堂氛围，让师生关系变得民主、融洽，还激活了学生的思维，激励学生愉快学习，积极思考，课堂呈现出生机勃勃的景象。

（三）精心设计问（话）题

　　有效的问（话）题是有效对话教学的保证。在课堂对话教学中，有了一个好的问（话）题，就等于设置了一个情境，营造了一种氛围，激发了学生的兴趣，激活了学生的思维，使师生能够在课堂上进行多向的交流，促使课堂生成不断向前推进，进而有效促进学生知识的内化与思维的发展。因此教师要善于设计一些既切合文本内容又能激发学生对话兴趣的问题。对问题的深入探究离不开追问，追问是在提问基础上的深化，能够引导学生的思维向纵深发展。追问是一种手段，更是一门艺术，有效地引导学生触摸文本内核，引发学生由浅入深、由表及里、由外到内地探究问题的实质，避免浅尝辄止。

以下是"陈太丘与友期行"一课的教学片段。

【教学切片4】"陈太丘与友期行"[①]

王老师在学生理解文本大意后，设计了这样一个环节。

思考：这是一个关于 _____ 的故事。（提示：请用一个字填空，并说出理由。比如："诚"）

师：请同学们用一个字来概括这个故事，这是一个关于什么的故事。请你用一个字来填空，比如：这是一个关于"诚"的故事。

生1：这是一个关于"友"的故事。

生2：这是一个关于"信"的故事。

生3：这是一个关于"礼"的故事。

师（追问）：从哪里可以看出这是一个关于"礼"的故事，你能结合文中的关键语句来说说你的理由吗？

生3：两人对话那一段，一开口就是"君""尊君""家君"，从中可以看出，这些人很有礼貌。

师（顺势而导）：你能关注到本文中的称呼文化真不简单！那就让我们把目光锁在两人对话的语段吧，想想"君""家君""尊君"各是什么意思？

（大家纷纷举手，教师脸上露出很开心又很专注的表情，课堂气氛活跃）

生4："君"是古人对文人的一种尊称。

生5："家君"是对人谦称自己的父亲。

生6："尊君"是对别人父亲的尊称。

师（追问）：真好！那么，对别人怎么称自己的母亲呢？

生7：应该叫"家母"吧！

师（追问）：不错！"家母"或者是"家慈"，慈爱的慈。古人真有礼貌，在称呼上如此讲究，再来想想，对别人的母亲该怎么称呼呢？

生8：令堂。

生9（带着不太确定的语气）：是不是叫"令尊"啊？

（众生哈哈大笑）

师（微笑着）：嗬，你很聪明，能想到"令尊"这个词很了不起。但是，要

---

① 2017年9月，濮阳县第二中学王老师执教的人教版语文七年级上册"陈太丘与友期行"

注意性别的区分。

师（纠正）：称别人的父亲可以说"令尊"或者说"尊君"。

师（追问）：再想想，别人的女儿、儿子该怎么称呼呢？注意男女别弄混了。

（众生笑）

生10：应该是"令千金""令郎"吧。

（众生很开心地笑起来，课堂气氛很是热烈）

师（顺势而导）：孔子曰："不学礼无以立。"荀子说："人无礼则不立，事无礼则不成，国无礼则不宁。"可见，我国自古就是礼仪之邦。因此，我们应具备基本的礼仪常识，讲究称呼用语，这其实是有其深厚的文化渊源的。那么，按照古人在称呼上的这种文化特征，如果要在两人对话的前面加一个招呼语"喂"和"请问"，你会选择哪个？请说说理由。

上述切片中"这是一个关于＿＿＿＿的故事"，该问题的设计是很有张力的，它既能带动学生对课文的整体品读，又对课文内容和教学过程产生极强的内在牵引力。学生围绕这个问题，在读中感悟，说中评析。其实，选哪个词语并不是关键所在，而是通过做选择题的形式，让学生在选选、说说、辩辩、评评、读读中引发争论，激活学生的思维，也自然而然地把课文理解透了，课堂对话上升到了一个更高更深的层次。实践证明：只有基于真实的课堂教学情境生成的问题才能更好地激发学生的学习热情，也只有源于学生困惑和体验的问题才更能激发学生的问题意识和进一步探究问题的欲望。评价提问是否有效的标准就是看所提问题有没有激活学生的大脑。[8]在这节课上，我们听到了种子萌芽进而拔节的声音，学生的思维力在不断地生长，学生通过品味咂摸言语，自觉走入文本情境，探究称呼言语背后那广袤的文化家园，浓浓的语文味、文化味在课堂上发酵、芬芳。

（四）适时相机引导

相机引导是有效对话教学的关键。教师在对话教学中是平等中的首席，这一首席地位决定了教师应依据学生发言，判定可供生发、纠正、点拨、引申、拓展的地方，将大问题化小，将笼统问题具体化，将偏离的引向正轨，将学生思维层层引向深入，使不同学生在其最近发展区获得不同程度的发展和提升，这也是教师智慧和教学艺术的有效体现。

以下是"一棵小桃树"一课的教学片段。

【教学切片5】"一棵小桃树"①

课堂上，我引导学生赏析"一棵小桃树"写景状物的特色时，学生对"我突然看见那树的顶端，高高的一枝儿上，竟还保留着一个欲绽的花苞，……像风浪里航道上的指示灯，闪着时隐时现的嫩黄的光，嫩红的光"这个句子的赏析大多着眼于比喻修辞的作用，将"欲绽的花苞"比作"风浪里航道上的指示灯，闪着时隐时现的嫩黄的光，嫩红的光"，表现了小桃树顽强的生命力，同时也给予作者希望和信念，等等。一位平时不爱回答问题的女生红着脸站起来，说："俺读过贾平凹写的原文，在原文里写的不是像风浪里航道上的指示灯，而是'风浪里海上的灯塔'，欲绽的花苞与灯塔的外形并不像，用'闪着时隐时现的嫩黄的光，嫩红的光'的指示灯比喻更恰当。"由于这位女生平时性格内向且带有浓重的地方口音，在她回答问题时，旁边一些同学心不在焉，甚至表现出嘲笑的神情。我及时捕捉到了这一信息，待这位同学回答问题之后，我面向全班问道："刚才这位同学的回答，包含了哪些重要的信息？哪些知识与方法是你没有关注到的？"班里顿时变得鸦雀无声。"课堂上要认真倾听同学的发言并做出积极评价，××同学不但平时善读乐读，还另辟蹊径：与原著（文）进行比较赏析也是品析语言的一种重要方法，请同学们在该句旁做批注并在以后的语文学习中注意运用。"班里再次鸦雀无声。回答问题的女生也随即坐正了身子，红着脸向我投来感激的目光。嘲笑该女生的同学也不好意思地低下了头。

在语文课堂上，教师要善于把握对话的时机和节奏，积极捕捉生成点，进一步引导学生得出更加有价值的观点（或发现），并做出积极、有效的评价与反馈。为求生成而偏离预设好的基本教学目标和固守预设而抛开生成的做法都是不可取的。在上述教学切片中，教师适时的引导既能让学生对自己的不良行为进行反思，也能促使学生学会仔细倾听，吸收和接纳他人的学识，学会宽容、尊重、欣赏他人的观点，做到智慧共享，真正实现把课堂还给学生。这样，语文课堂充满浓浓的语文味儿，班级充满浓郁的人文关怀和生命拔节的声音。

（五）采取科学评价

科学评价让师生对话更高效。课堂上，师生要以欣赏、包容的态度倾听学生发言，准确地判断学生的理解程度，敏锐地捕捉学生理解上的偏差，并迅速做出适时、准确、有针对性的评价，既然对话是多元的，相应的评价也应该是相互的、多维的。教师尤其要以宽容、接纳的心态对待学生的批判性评价，着重引导

---

① 2017年5月，濮阳县教研室陈老师执教的人教版语文教材七年级下册"一棵小桃树"

学生做到有理有据。激励性评价能激发学生语文学习的兴趣和学习自信，但评价语言一定要力求客观、准确、丰富，富有启发性。师生、生生之间有效的评价与反馈能促进高质量对话的生成，让对话教学更高效。

（六）课堂信息整合

信息整合把对话教学引向深入。当课堂上师生对话达到一定层次时，教师要及时筛选、整合最有价值的信息，生成新的问题，进一步引导学生得出更加有价值的观点，把学生思维层层引向深入。在现实教学中，教师要有意识地提升自己对课堂信息的敏感性、辨识度和提炼、整合信息的能力，以师生有效对话促进学生创造性思维和创新能力的发展。

总之，我们运用魏宏聚教授的"教学切片诊断"成果研究初中语文课堂师生对话教学，通过对多人多节语文课堂教学中师生对话的数量和质量进行切片分析诊断，以直观、真实的方式归纳出优质有效的对话教学的特点与要求。这不仅有效帮助我们进行深度课堂研究，提升了语文课堂教学质量，也对语文教师教学观念和行为变革产生重要的影响，促进了教师的专业发展。曹勇军老师说，心到了，语文对话教学就有了。语文课堂上师生要用心交流，坦诚沟通，智慧共享，相互激励，共同成长，让初中语文教学因"有效对话"而更加精彩。

参考文献

[1] 钟启泉，崔允漷，张华 . 为了中华民族的复兴 为了每位学生的发展：基础教育课程改革纲要（试行）解读 [M]. 上海：华东师范大学出版社，2001：136.

[2] 中华人民共和国教育部 . 义务教育语文课程标准（2011 年版）[S]. 北京：北京师范大学出版社，2012（1）：22.

[3] 魏宏聚，杨润勇 . 中小学教师教学技能研训 [M]. 北京：教育科学出版社，2013：3，179.

[4] 曾晨 . 从对话教学的角度探讨初中英语课堂教学：优化英语课堂提问的策略 [D]. 上海：上海师范大学，2010.

[5] 王明亮 . 小学阅读教学中多重对话关系的解读 [EB/OL].http://www.doc88.com/p-3817903546855.html .[2017-10-26].

[6] 柳夕浪 . 对话教学概述 [EB/OL].http://www.pep.com.cn/xkzthyd/xiaoyu/book/xy_dsyz/sw3/xysw5/201008/t20100824_720157.htm .[2017-11-6].

[7] 钱梦龙 . 观念出智慧 [J]. 中学语文教学，2013（1）：34.

[8] 张增田 . 对话教学的课堂设计：理念和原则 [J]. 课程・教材・教法，2008（5）：21.

阅读不识指导"味"，教"尽"经典也枉然
——浅谈中学语文课堂阅读指导的切片研究

孙丽娟

（濮阳县八公桥镇第一初级中学　河南　濮阳　457100）

2017 年全国大部分地区实施"部编本"教材，新教材对阅读要求有何变化？教师的教学理念和教学行为有何转变？这些都是一线教师所关注的问题。下面我对当前语文课堂阅读指导做出诊断和探究，以此来加强并指导学生阅读。

语文教材的总主编温儒敏先生谈教材解读时说过，新教材更重视阅读教学，设计了从教读到自读，再到课外阅读的"三位一体"的阅读教学体系。这样设计力图改变以下三种情况：强调由教师引导到学生自主阅读的转变，改变现在普遍存在的精读、略读不分，几乎全部都讲成精读课的状况；强调由单篇文章阅读到更多同类文章或整部作品阅读的拓展，改变过于强调单篇阅读的状况，起到更好的举一反三的作用；强调由课内到课外的延伸，改变当前普遍读书太少的状况。怎样在语文教学活动中，有效指导学生阅读，培养学生良好的阅读习惯，形成独立的阅读能力，将是我们研究的一个重要课题。

一、熟知阅读指导目标

没有目标的生活恰如没有罗盘的航行。要想有效指导学生阅读，首先教师要了解阅读指导的目标。《义务教育语文课程标准（2011 年版）》课程总体目标中提出：具有独立阅读的能力，学会运用多种阅读方法。有较为丰富的积累和良好的语感，注重情感体验，发展感受和理解能力。[1] 具体来说，阅读目标又分为阅读习惯目标和阅读能力目标。

（一）阅读习惯目标

阅读指导的一个最重要的目标是对学生良好读书习惯的培养。叶圣陶先生指出，语言文字的学习，就理解方面来说，是得到一种知识；就运用方面来说，是养成一种习惯。培养良好的阅读习惯是《义务教育语文课程标准（2011 年版）》规定的目标之一，阅读习惯对学生阅读素养的提升以及阅读质量的提高至关重要。阅读教学从某种意义上说就是养成习惯的教育，良好的阅读习惯一旦养成，

学生将终身受用。因此，阅读指导应将学习习惯的养成作为核心目标。其内容包括：主动阅读的习惯，独立阅读的习惯，恰当选取工具书和参考资料的习惯，朗读、吟读、背诵、批注精彩内容的习惯，圈点勾画的习惯，写读书笔记的习惯，读思结合的习惯，阅读质疑的习惯，阅读生活化的习惯，等等。

（二）阅读能力目标

什么是阅读？阅读是阅读主体对读物的认知、理解、吸收和应用的复杂的心智过程，是现代文明社会人们不可或缺的智能活动，是人们从事学习的最重要的途径和手段之一。什么是阅读能力？阅读能力是指完成对文章的阅读所应该具备的本领，包括对文章的感知、理解、鉴赏的具体阅读活动，以及顺利完成阅读所必需的正常动机、兴趣、情感、意志和个性。阅读能力包括以下几个要素：①认读能力。认读能力是阅读能力的基础。一般包括对文字符号的感知与辨识能力、识字量和认读速度。它是以一定的识字量为基础的。②理解能力。阅读理解是阅读能力的一个重要指标，包括对文中重要词语的理解、重要内容的理解、文章结构和表现形式的理解、作者观点、思想的理解。③鉴赏能力。文学的鉴赏能力是对文学的欣赏和评价能力。朱自清认为这是一种"情感的操练"。④评价能力。评价能力是指对阅读材料的思想内容、表现形式、风格特征等做出评判的能力。⑤活用能力。活用能力是指阅读的迁移能力，是把在阅读中学到的知识加以运用的能力。⑥阅读技巧。阅读技巧包括朗读技能、默读技能、速读技能等。

教材的阅读能力包括阅读方法的选择和阅读策略的制定两方面的内容。教师清楚这些概念和要求，在阅读指导中就会做到胸有成竹，有的放矢。心中有目标，就不会偏离阅读指导的航线。

二、阅读指导中存在的问题

当前的语文课堂多重教轻阅读。教师"讲"占用时间多，学生阅读的时间短、次数少、不深入、不充分、对课文理解不透彻。下面我通过教学切片来分析在阅读指导中存在的问题。

【教学切片诊断一】重教轻读现象重，忽略阅读重要性

【教学切片 1】"河中石兽"[①]

这篇说理短文出自《阅微草堂笔记》，叙述了三种寻找河中石兽的方法，告

---

① 2016 年 12 月，濮阳县八公桥镇第一初级中学张老师执教的人教版语文七年级下册"河中石兽"

诉人们做事不可只看表面、不可主观臆断，要实事求是的道理。在对这节课进行阅读指导时，老师提出齐读课文读准字音，学生齐读一遍课文后，进入下一个教学环节，对照注释翻译重点词语和句子，在学生还没细看注释的情况下，教师用多媒体课件出示了答案，学生看着答案翻译句子，读完翻译后，教师讲析课文。

古文的学习应先从指导朗读开始。整整一堂课没有范读，没有自由读，没有个体读，没有检查阅读，只是简单地齐读一遍。这样的课堂很难了解学生阅读中存在的障碍和问题，了解不到阅读实情，也就无法做到有效指导。翻译句子时学生还没仔细看完注释，教师就用多媒体课件出示了答案。这种没经过学生大脑思考、加工、提炼而看似流利的回答，学生的记忆自然不深刻，学生对字、词的意思掌握也不牢固。在没有充分阅读、理解文本的情况下，教师提出让学生探究寻找石兽的三种方法，学生显得茫然无措。教师只好自问自答，课堂成了教师的一言堂、独角戏。课堂上的大部分时间被教师的烦琐分析和提问所占用，导致教学效果不佳。语文课堂中，教师一定要留给学生足够的阅读时间。

【教学切片诊断二】阅读目的不明确，阅读层次不分明

俗话说"读书百遍，其义自见"。真是这样吗？阅读次数多，读书效果就好吗？也未必，有这样一种现象，一堂课里读书声不绝于耳，学生对文章的理解却没有深入，教学效果不理想。

【教学切片 2】"风雨"①

"风雨"借助典型的景物描写，通过侧面烘托的手法，生动展现了狂风暴雨中种种事物的情态，表现了风雨之猛烈，儿童性情的天真。在教学切片 2 的教学过程中，在一节课的时间里这位老师一共进行了四次阅读指导：①自由朗读课文。要求：把不认识的生字词标示出来。②多媒体范读。感受一下（感受一下什么？没指明确）。③边读边找出文中写了哪些事物。④读读自己喜欢的段落。

在这节课中，教师指导学生读书达四次之多，但学生阅读效果并不理想。阅读指导停留在对文章内容理解浅层面上，而且是在学生读第三遍课文时才提出。教师对文章侧面烘托的写法在指导中并没有涉及，这本是文章最突出的写作手法，可圈可点、可学习、可品评的地方很多，值得师生很好地赏析和品味。可惜教师对学生的阅读指导不给力，仅限于阅读形式的多样，如自由读一读、听范

---

① 2015 年 9 月，濮阳县八公桥镇第一初级中学孙老师执教的人教版语文七年级上册"风雨"

读、读喜欢的段落等，学生的思维只停留在描写内容的浅层次理解中，无法达及写作技巧的点拨，教师阅读指导设计缺乏梯度。

【教学切片诊断三】"教读""自读"课不同，阅读指导分不清

在教学中，有的老师把"自读"课当成"讲读"课来上，只不过缩短了教学时间，精简了讲授内容。

【教学切片 3】"台阶"①

李森祥的"台阶"是一篇自读课文，主要描写了一个勤劳诚实的农民盖新屋的过程，借父亲的辛苦一生却无法改变命运来反映农村社会进程中的精神和物质双重需求。董老师的这节课抓住细节品析父亲形象，从父亲的形象剖析文章主旨。

老师"讲"得绘声绘色，学生听得津津有味，看似很精彩的一节课，细思下来，这节课上学生基本上没有读课文，老师讲到哪儿学生就翻到哪儿，很多感悟都是老师在谈，学生很少发表自己的看法，也没有自己的疑问和思考，更没有对文中的旁白做批注。在这个课堂上，老师是这节课的主角，学生处于被动接受的状态。这节课中老师忽略了自读课的要求，忽视了学生自读能力的培养，缺少对读书方法的指导，也没有给学生提供自读自悟的机会，课堂中教师不敢放手，学生不会自己走，自读能力就难以提升。

三、阅读指导中的优化策略

针对当前课堂阅读指导方面存在的问题，如何指导学生阅读，我认为应从以下几个方面做起。

（一）加强阅读指导意识

俗话说"思想决定行动"。只有教师充分意识到阅读指导的重要性，才能在教学中加强阅读指导的力度。

教师要留给学生充足的阅读时间。语文老师的职责不仅是给学生讲书，更要引导学生看书。一篇文章，学生自己也能粗略地看懂，就放手让学生去读，所谓放手不是教师不管不讲，放学生的羊，而是有技巧地点拨学生读书。怎样点拨？对于课文深奥的地方、隐藏在文字背后的意义，学生自己读未必就能领会

---

① 2017 年 3 月，濮阳县八公桥镇第一初级中学董老师执教的人教版语文七年级下册"台阶"

时，教师可在学生看不懂的地方轻轻点拨一下，只需三言两语，不要啰唆，就能使他们开窍就行。这样做的时间长了，学生看书读书的能力自然就会提高。课堂上，教师不要怕读课文浪费时间，不要怕讲不完，因为学生只有对文本熟知了、理解了，才能领会文章的妙处所在。

（二）制定合理的阅读指导策略

1.注意阅读指导方法的多样性

读书方法有很多，如默读的方法，诵读的方法，精读、略读和浏览的方法，品读与赏析的方法，等等，如何根据阅读需要选择恰当的读书方法？教师要筛选出最合理的方法指导学生。

【教学切片诊断四】阅读方法要多样
【教学切片4】"老王"①

"老王"是七年级下册的一篇回忆性散文，文章以"我"与老王的交往为线索，回忆了老王生活中的几个片段，刻画了一个穷苦卑微但心地善良、老实厚道的"老王"形象。表达了作者对弱者的关心、同情和尊重。王老师上课伊始，让学生先默读课文，用一句话概括文章内容，再跳读课文，找出文中体现老王"善"和"苦"的段落。结尾重读这句话"一个幸运的人对一个不幸的人的愧怍"，谈谈自己的理解。

王老师这节课采用了默读、跳读、重读等方法，从不同的角度解读了这篇课文。默读，速度快而完整，让学生整体感知课文，有个完整印象。跳读课文，迅速捕捉老王的不幸，作者与老王双向的善。重读一句话，指向文章表达的中心：对弱者的同情和尊重。其中跳读法，是指在阅读中，有意识地跳过一些无关紧要的句段或篇章而抓住读物的关键性材料的速读方法。跳读不同于扫读，扫读是逐页扫视，而跳读是有取有舍，跳跃前进。跳读可以提高阅读速度，可使读者更深刻地理解内容，提高阅读效率。教师要细致地研读课文，根据不同文章、不同情感、不同内容等寻找最有效的阅读方法。教师要对各种读书方法的优劣了然于心，悉心指导，因为精心选择阅读方法很重要。

2.注重阅读指导的层次

教师指导学生读书层次不清，是教师对教材研读不深造成的。要迅速读懂

---

① 2017年3月，濮阳县八公桥镇第一初级中学王老师执教的人教版语文七年级下册"老王"

一篇文章，除了读书方法的选择，还要准确把握文意，设计出不同梯度的阅读问题。怎样达到这个目的？研读教材是阅读指导的根基。教材研读的深度与广度直接影响着阅读指导的质量。教师只有对各种文体知识有丰富的积累，才会对文章有"登泰山而小天下"的把握，指导学生阅读才会进退自如，游刃有余。

怎样设计出阅读指导的层次呢？

第一，对于每一篇课文来说，初读、精读、品读都有不同的目标和要求。

初读，要求读准字音，读通句子，初步熟悉课文内容，理清文章脉络。

精读，边读边思，细读要抓住关键句、段，寓分析于阅读之中，让学生读出感悟、体会。

品读，即品评语感，赏析文章的精华处。对于每一学段的学生来说，阅读要求按低、中、高螺旋上升的，环环相扣的。

第二，不同的文体，阅读指导的层次也不一样。

例如，"说明文阅读指导：对象－特征－说明方法－说明语言－说明顺序。议论文阅读指导：论点－论据－论证方式－论证思路－论证语言。小说阅读指导：理情节－赏人物－析环境－明主题。文言文阅读指导：会读－会译－会积累－会运用"[2]。

总之，要想设计出合理的阅读指导层次，教材研读是一切教学活动的开端和基础。阅读指导的思路，要坚持"道而弗牵，强而弗抑，开而弗达"的原则，在学生思考问题的源头给他们指示"路径"，让他们自己走完思考的路子。

3. 注意阅读指导的全面性

教师指导学生读书内容要全面，除了指导学生读正文外，还应引导学生读教材的单元提示、课前预习、课后思考、课下注释、自读课的旁批等信息，还可以引导学生读文中的插图，从图片中获得信息。下面以黄厚江老师指导学生读文中插图的课例"背影"为例：

师：课文围绕背影写，那么怎么去感受这个背影呢？大家看这幅插图，这个插图能不能表达这种情境？（大屏幕显示父亲翻月台图）

师：如果配文字，应该是哪些文字？

生：他两手攀在上面……我的眼泪流了下来。

师：你们圈画出最能表现父爱的词语。

（教师开始读）

生：蹒跚……艰难……照应前面的肥胖，等等。

师：换"徘徊"行不行，嗯，这个是内心活动，不是动作。

生：向左微倾……吃力。

生：攀、缩、吃力。

（师指着大屏幕上的插图：这幅图是两手向上攀？）

生：是。

师：我生气了，怎么读书的，这是攀吗？

（动作示范了一下，借助黑板）

师：这是攀，还是爬？所以画得不好，你们要敢说。

生："倾"字好……很不容易。

师：我就读出了"不容易"，你们大概是没有做爸爸的缘故。（众生笑）[3]

黄厚江老师的阅读指导，引导学生"看图"说话，给图画配文字，指导学生根据图片信息走进文本，还要根据文字细心揣摩，图文是否相得益彰，不要迷信课本，要敢于质疑，使图片的价值最大化。这样的阅读指导很好地发挥了教材资源的作用。教师对学生的阅读指导，要涵盖教材的方方面面，注意阅读指导的全面性。

（三）躬身示范和技巧点拨相结合

1.做好范读

古诗云："多读几遍，自然上口，久远不忘。"文言文的学习须从熟读精思开始，这是基础。多读有利于理解文意，文言文因离我们久远，有些词义词性和现代词义词性差别很大，学生自己读起来有些困难，教师可进行适当的范读。对这类文章，教师要以身示范，悉心点拨。

【教学切片诊断五】以身示范，悉心点拨

【教学切片5】"狼"①

人教版语文七年级上册"狼"，是清代小说家蒲松龄创作的文言短篇小说，描绘了贪婪、凶残、狡诈的狼的形象，启示我们对待像狼一样的恶人，不能妥协退让，要勇于斗争，善于斗争，才能取得胜利。谢老师讲课之前，先让学生自由读课文，并提出阅读要求：读出轻重，读出快慢，读出抑扬，读出语气。学生读不出时，老师范读，学生模仿读，然后教师检查学生读书情况，对读错的地方予以纠正，再读再指导。一节课中，反复读课文四遍之多，直到学生读流畅，读得有节奏、有韵味为止。

---

① 2017年9月，濮阳县八公桥镇第一初级中学谢老师执教的人教版语文七年级上册"狼"

　　谢老师在阅读指导中的要求很具体：读出轻重，读出快慢，读出抑扬，读出语气。怎样读出这样的效果？教师声情并茂地范读，做好引领，对难懂难翻译的句子，如"其一犬坐于前"，学生容易读成"其一犬 / 坐于前"，读错节奏。谢老师先解释"犬"字，名词做形容词，翻译成像狗一样，"其一"，指代其中一只狼，这样就很容易记住"其一 / 犬坐于前"的节奏，学生理解了，也就不容易出错了。在学生充分阅读文本之后，赏析狼的贪婪狡诈，屠户的勇猛，达到了很好的教学效果。

　　对于诗歌和散文等文体，因它语言美、声韵美，教师要躬身示范，做好朗读的引领作用。

【教学切片诊断六】声情并茂，以读带析

【教学切片6】"海燕"①

　　这是高尔基创作的一篇著名的散文诗，通过对海燕在暴风雨来临之际勇敢欢乐的形象描写，讴歌了俄国无产阶级革命先驱坚强无畏的战斗精神。语言流畅优美，感情高昂，是适合朗诵的名篇。在这篇文章的教学活动中，董老师以读带析，多次指导学生朗读，范读达 11 次之多。

　　当学生想读而读不出"味"来的时候，教师的即兴范读不仅给学生传达生动、形象、富有启发性的有声声音，还给学生以目光、姿态、表情、动作等无声语言以指引。董老师以自己声情并茂的范读带动学生对文章的理解，指导学生读出感情，读出气势，读出海燕渴望暴风雨来临时的勇敢和亢奋。此方法具体，切实可行。董老师多次强调哪些词应该重读，怎样重读，在哪些地方把朗读声音加大、提高，哪里读得有气势，在哪里读时要语速加快，哪里短促、紧凑，怎样读出凝重，在哪里把声音放低、拉长，等等。经过教师的悉心点拨，学生读出了情感，使文章韵味十足。教师的范读本身就是对学生的"授之以法"，对学生有启发、感染、帮助和激励作用，使学生从教师身上获得情感信息进而较好的感悟文章的声韵美。

2. 朗读技巧的点拨

　　真正的朗读是技巧知识和文本内容的完美结合。朗读训练中要抓好"三个重点""五个不要"。"三个重点"是指读好重音、读好停顿、读好语调。"五个不要"是指不添字、不漏字、不换字、不颠倒次序、不读破句子。学生朗读不好是因为

---

　　① 2017 年 3 月，濮阳县兴濮中学董老师执教的人教版语文八年级下册"海燕"

对内容理解上的不到位，还是朗读技巧缺乏点拨？教师对此要做到心中有数，对学情做出准确判断，对症下药，这方面，余映潮老师教"乡愁"的做法值得老师们学习。

（屏幕显示）

乡　愁
余光中

小时候　乡愁　是一枚　小小的　邮票
我　在这头　母亲　在那头
长大后　乡愁　是一张　窄窄的　船票
我　在这头　新娘　在那头
后来呀　乡愁　是一方　矮矮的　坟墓
我　在外头　母亲　在里头
而现在　乡愁　是一湾　浅浅的　海峡
我　在这头　大陆　在那　头

这是余映潮老师教学生读出节奏的方法，他要求每位同学看着屏幕练习，轻声读，读出节奏，读出韵味。老师之所以把字距拉开，就是要告诉学生在相应的地方一定要慢下来读。这里有示范，有方法指导，直观形象，学生易于掌握。

（四）钻研文本，吃透教材

阅读指导要有方，关键是语文教师要深刻钻研文本，要把教材吃透。

语文教师首先要把教材读"厚"：尽可能多地读与教材相关的资料、教参、作者的写作背景等内容，了解越多，就会对教材的把握越大，吃得越透。其次，教师把教材读"薄"：是对教材内容有整体认识，梳理出脉络清晰的知识体系，明确教材的重难点，抓住主线来教学。最后，教师再把教材读"活"，不是教教材，而是用教材教，要灵活运用各种教学手段为教学服务，形成自己的教学风格。但自身也有它的局限性和适用范围。不是所有课型都适合以读带析的，阅读指导不能代替理性的分析和探讨，教师要加以警惕。

（五）培养读书批注习惯

俗话说：不动笔墨不读书，不留痕迹不深刻。批注是在阅读过程中，圈圈点点，心有所感，笔墨追录，三言两语，生动传神。批注是在阅读的时候把读书感想，疑难问题，随手批写在书中的空白地方，以帮助理解，深入思考。批注形式有：①批注式符号，波浪线画在文章精辟和重要的语句下面，圆圈标在文章的难词下面，直线标在文章需要着重领会、加深记忆和理解的词句下面，问号标在疑问处，等等；②写感想式批注；③质疑式批注；④联想式批注；⑤评价式批注；⑥补充式批注等。阅读指导不仅要重视学生读的习惯，还要重视学生动笔，养成读后落笔、学有所得的习惯。

总之，当前的语文课堂中，阅读不识"指导"味，教尽经典也枉然。清华大学校长梅贻琦曾说："学校犹水也，师生犹鱼也，其行动游泳也。大鱼前导，小鱼尾随，是从游也。从游既久，其濡染观摩之效，自不求而至，不为而成。"阅读指导实在是语文教学中的弱势群体，我们语文教师要提升自身的阅读能力，坚守语文本位，精心研读教材，观摩名师课例，提高教师自身的阅读能力，才能像大鱼带小鱼，在语文长河里欢快地游啊！

参考文献

[1] 中华人民共和国教育部. 义务教育语文课程标准（2011 年版）[S]. 北京：北京师范大学出版社，2011：7.

[2] 陈振兴. 语文教学策略研究 [M]. 北京：中央民族大学出版社，2015：123.

[3] 黄厚江. 预约课堂的精彩 [M]. 桂林：漓江出版社，2015：31.

小学语文朗读指导存在的问题与解决策略

吴慧娟[1]　杨兰花[2]　董永飞[3]

（1 濮阳县王称固镇孟楼小学　2 濮阳县柳屯镇焦村中心小学

3 濮阳县郎中乡大赵寨小学　河南　濮阳　457100）

前段时间央视播出的《朗读者》节目非常火，其实我们生活中的每个人都应该是朗读者，语文教师则是一群特殊而重要的朗读者，因为语文教师可以用丰富的语言引领学生走进有温度的文字世界。儿童的语言之树，应该根植于教师日复一日的语言滋养之中。

只有朗读——不停地为学生朗读，让学生开口朗读，才是润泽儿童精神世界的真正养料。总之，语文教师应当成为学生朗读路上的点灯人，做永远的朗读者。

一、朗读指导的含义与意义

据《说文解字》载："诵，讽也。"段玉裁注为："倍文曰讽，以声节之曰诵。倍同背，谓不开读也。诵则非直背文，又为吟咏以声节之。"可见，"诵"是一种情态而又寓于声，是以声传情的表达方式。《说文解字》载："读，籀书也。"段玉裁解释为："抽绎其义韵至于无穷，是之谓读。"他又解释："讽诵亦可云读，而读之义不止于讽诵。讽诵止得其文辞，读乃得其义蕴。"可见，"读"侧重内容的理解，包括"诵"，"诵"能增加阅读量，"读"能加深理解程度，二者相辅相成。

朱熹曾说，读书无法，读了一遍，又思量一遍，思量一遍，又读一遍，始诵者，所以助其思量，常教此心在上面流转。若只是口里读，心不思量，如何也记不深刻。由此可见，古代诵读既是一种读书方法，也是一种教学方法，它的精髓是熟读精思，口诵心惟。

叶圣陶先生在《精读指导举隅》的前言中说道："吟诵就是心、眼、口、耳并用的一种学习方法。""必须理解在先"，然后才能"传出文字的情趣，畅发读者的感兴"。

朱自清认为，语文教学应该重视诵读，因为诵读有助于了解文章真正的含义，领会文章的意蕴、神气，提高学生对美的感悟、鉴赏能力。诵读除了能提高学生的语文水平外，还能帮助学生人格的形成及自我价值的实现。

研究任何一个问题都要先从研究它是什么开始，然后了解它的意义。

（一）朗读和朗读指导的含义

1. 朗读的含义

"朗读"在《现代汉语词典》中的解释是："清晰响亮地把文章念出来。"具体来说，小学语文教学中的朗读就是将无声的书面文字转化为有声语言的过程，是一种创造性的阅读活动。

在小学语文教学中，教师往往把朗读看作一种创造性的阅读活动，因为通过朗读，学生可以发现文本的秘密，与作者的情感和思想进行碰撞。

为了使定义更清晰，我们将朗读与相似的概念进行对比。朗诵属于艺术表演范畴，可以借助音乐、动作等来营造氛围，在朗诵时可以稍为夸张。在语文课程标准中，评价有感情的朗读，是要以对内容的理解与把握为基础，防止矫情做作。所以，朗诵更具表演性，而朗读更加强调自然。

2. 朗读指导的含义

小学语文课堂中的朗读指导是指教师指导学生准确理解作品的思想内容和感情，对有创造性的语言活动，教师一定要进行具体的朗读指导。比如指导朗读重点词语，处理标点符号以及语速等。总之，朗读要以对文本的理解为基础，教师进行朗读指导设计时，首先自己要进行文本解读。

可以说，朗读和文本解读是相辅相成的，有感情的朗读必须建立在对文本理解的基础上，而朗读本身也是帮助发现、阅读文本的一种重要方式。

（二）朗读指导的意义

叶圣陶先生曾经说过，吟诵就是口、耳、心、眼并用的一种学习方法……亲切的体会在不知不觉之间，内容与理解化为自己的东西，这是一种可贵的境界。学习语文只有达到这种境界才会终身受用。也就是说，在语文教学中合理而恰当地运用朗读可以大大提高教学效率，深化语文的课堂功效。

有一次，我在听贾志敏老师的课时，他对几个读课文的学生说："听你们读课文我就知道你们谁的语文成绩好，你们看我说的对不对？"果真，结果跟贾老师说的一样。这个例子说明了什么呢？语文教育的核心是语感，而朗读是形成语感的重要途径，包括语言的积累、语言的表达与应用都与朗读有着密切的关系。朗读能力好的孩子总是能够较为敏锐地发现文本的秘密。我们都知道，这种敏锐的发现力不是天生的，是需要经过有目的、有方法的训练、指导才能得以提升。所以，教师的朗读指导尤为重要。

关于朗读的意义有以下五个方面。

1. 有利于帮助学生发展口语表达能力，培养学生语感素质

在现代语文教学中，朗读在所有的言语活动中所起的关键作用是不容置疑的。朗读是听、说、读、写等言语活动的质量和效率的杠杆，朗读是提高学生语言感悟能力的行之有效的好方法。所谓"熟读唐诗三百首，不会作诗也会吟"，言虽简单，却道出了语文学习的真谛。在朗读时，我们对于文中所涉及的语音、词语、文字等的品味与琢磨，更是一种不知不觉的语感训练。教师用标准的普通话范读或用远教 IP 资源课件范读，学生在模仿中纠正自己在发音、语气及句读等方面的错误，朗诵时声情并茂、声音响亮、抑扬顿挫，恰当地掌握语速的缓急和语气的轻重，则会使学生将自身的情感融入文章中去，大大提高学生的语感素质。

2. 有利于学生积累发展语言、提高写作能力

《义务教育语文课程标准（2011年版）》指出，语文是最重要的交际工具，是人类文化的重要组成部分，语文课程的教学应该致力于学生语文素养的形成。[1]朗读能做到的就是——使学生通过对语言文字的感悟、朗读，在不知不觉中记住课文中比较优美的句子，从而运用到自己的写作或者是平常的语言中，在无形中提高学生的整体语文素养。朗读也可以让学生感知作者写作中所运用的技巧，从而运用到学生自己的写作中，提高学生的写作水平。

学生读得多了，自己的语言也会随之发生一定的变化，会把课文中学到的技巧运用到自己平时的语言表达中。从这个角度来说，朗读确实可以提高学生的整体语文素养，使学生取得进步。比如，今天我和孩子骑车去春游。当我们穿过麦田间的小路，孩子看到田野里的油菜花不禁吟唱"儿童急走追黄蝶，飞入菜花无处寻"。当我们来到公园，看见青翠的枝叶，闻到芬芳的花香，孩子忽然说出昨夜刚会背的"迟日江山丽，春风花草香"。孩子看见这样的春景，能够恰如其分地说出诗句，这不正是在应景运用吗？这难道不是朗读带来的效果吗？

3. 有利于以声解意，加深对文本的理解

所谓"书读百遍，其义自见"，也就是说，只有经过反复朗读，读者方能读出书中的韵味，领悟其深层含义。有感情地朗读能使声音进入大脑后产生很强的形象感和画面感，激发学生的想象力。教师通过让学生齐声读、轮流读、指名读、分角色读、领读、默读、朗诵等形式，一边读一边思考，将读与思结合，做到朱熹所说的"熟读精思"，从而品析语言文字，理解文章内容。

俗语说："熟能生巧。"朗读对加深学生的记忆起到了很重要的作用。例如，我讲"彩色的梦"一课时，文中有一句"在葱郁的森林里"，我故意把"葱郁"重读，请学生们思考可否用"茂盛"替换？学生一致回答："不可以！因为作者画的是雪松，雪松的叶子像针一样，根本就不是茂盛的。"通过对比，学生理解了"葱郁"的意思，通过朗读把学生带入情境，融入情境后对课文的理解也更深刻。

4. 有利于体会作者的思想感情，提高学生的鉴赏能力

新部编教材中所编选的文章，大多都是经过精挑细选的。比如，"彩色的梦"一课，其中有一小节写道：

> 脚尖滑过的地方，
> 大块的草坪，绿了；

大朵的野花，红了；

大片的天空，蓝了，

蓝——得——透——明！

通过师生朗读，引导学生融入课文中描述的情境，去想象、去感受文章中那些艺术美和文字美。在一次次的朗读中，学生的审美、鉴赏能力也就慢慢提高了，学生甚至还学会了仿写句子。

5. 有利于对学生进行美的熏陶和爱国教育

朗读还是一种强有力的文学欣赏手段。读书朗诗是一种美的享受、美的陶冶，如果教师能绘声绘色地配乐朗读"找春天"一文，特别是配合着观看春天风景的多媒体课件，学生就会感受春天来了以及春天的美好。这样学生在朗读中受到了美的感染、美的熏陶，有了美的欣赏能力，从而也能生成美、创造美。

小学语文的诗词教学是一个难点。教师可以让学生对诗词进行反复朗诵，从中品味诗词的语言美，领略诗词的节奏美，欣赏诗词的韵律美，感受作者的情感美，体会诗词的意境美，从而领略中国语言文字和语言艺术的魅力所在。

实践告诉我们，语文素质高的人往往是语感强的人，而训练语感的有效途径就是朗读。朗读就是声音响亮地读，就是把无声的书面语转化为有声语言的再创作活动，它是阅读的一种重要方法，也是一项重要技能。朗读在小学语文教学中具有重要的意义。

二、小学语文朗读指导存在的问题

（一）朗读指导意识淡薄

1. 朗读时间安排不足

下面是我们在林萍《小学语文朗读指导与评价的螺旋促读模式的探究》[2]所找到的一份调查。

【调查一】

从教学一线的实际情况看，朗读在一堂阅读课中所占的比重还相当轻，平均不足 7 分钟。从所调查的 70 个班的一节语文阅读课朗读情况来看，对于重点段落、精彩句段等的学习，用"一问一答"式进行教学的占 67%；有 13% 的教师有用反复朗读促进学生语文学习的意识，但是往往是朗朗书声骤然响起，不到

1 分钟，又在教师的示意下戛然而止，朗读成了课堂教学的一种点缀；只有 20% 的教师采用多种朗读的方式，较好地完成教学任务。

这份调查说明，朗读只是课堂教学的点缀，对其课上安排时间不足、重视不够。教师知道朗读的重要性，但教师很少在课堂上放手让学生去朗读。教师还是习惯于课堂上以教师去讲解提问、学生回答的方式去理解课文。

2. 有读无导，有读无评

从上面的调查数据中，我们不难发现，目前的语文课堂上书声琅琅的现象还是比较普遍的，但是教师朗读指导和评价的情况却不容乐观。这才是朗读指导意识淡薄的真正体现。

（二）教师朗读技巧欠缺，文本解读意识淡薄

对于这种情况，我们身为一线教师都比较了解，或者看看我们自身的情况就能对这个问题颇有感触。有的研究者对农村学生和城市学生的朗读能力进行了对比，发现农村学生的朗读能力普遍较差。一是受方言的影响，二是农村教师师资力量薄弱，专业素养不过硬，示范性不强，更重要的是部分老师缺乏对文章解读的意识。

关于教师无法有效指导朗读的原因，我们大致可以将其归纳为两条。

第一，在语文课程标准中有感情地朗读要以对文本的理解和把握为基础，但我们大部分教师缺乏文本解读意识。比如"触摸春天"一课，有些教师在指导学生朗读时一味沉浸在对盲童安静的同情之中。但经过对文本的反复揣摩我们发现，作者想要表达的是对一种豁达的、热爱生活的精神的赞扬，因而整体的朗读基调把握不准。

第二，某些教师对朗读技巧的把握不准确。语文课程标准中朗读评价总体目标为正确、流利、有感情的朗读。要达到这一目标，教师首先应要求学生不添字、不漏字、不唱读等，然后还要在具体的语言环境中教给学生一些朗读的技巧，如轻重音的把握，语速的快慢，语调的高低等。但如果一位教师缺乏这方面的知识与技巧，就很难培养出朗读水平高的学生。

（三）朗读指导浅化，缺少示范

朗读指导浅化是指我们的朗读指导主要集中在把字音读准确，也就是说，我们的指导多数停留在指导学生读得正确、流利层面，但对让学生有感情地朗读

指导得过少。

【调查二】

从我所找的 30 节小学语文课堂视频实录中，有朗读的节次有 28 节，比例达到了约 93%，但有朗读指导和评价的节次只有 21 节，比例只有 70%。在我们观看的 30 节课例中，基本上每节课都有关于字音的朗读指导，但朗读指导也就仅仅停留在这个层次。

下面我们来看一个教学切片。

【教学切片 1】"触摸春天"[①]

吴老师对这节课的朗读设计如下：

① 初读课文，整体感知。请你认认真真地读一读这篇课文，要求把字音读准确，把句子读通顺。

② 示范朗读第三自然段，让学生画出安静感受到蝴蝶的句子。

附："触摸春天"第三自然段

早晨，我在绿地里面的小径上做操，安静在花丛中穿梭。她走得很流畅，没有一点儿磕磕绊绊。安静在一株月季花前停下来。她慢慢地伸出双手，在花香的引导下，极其准确地伸向一朵沾着露珠的月季花。我几乎要喊出声来了，因为那朵月季花上，正停着一只花蝴蝶。

切片分析：我们可以看到，这位教师的朗读设计仅仅停留在读准字音方面。"触摸春天"这篇文章中的一些关键性的词语能够帮助学生去理解文本。如果进行有效的朗读指导，学生自然而然地就会发现文本的秘密。但这位教师却一直在自己讲，没有让学生去朗读体会就直接地告诉学生答案。

学生朗读完之后，教师再读时强调了一点儿，但她没有指导学生，直接让学生马上谈有什么体会，学生自然答不出来。如果这位教师这个时候问"你发现老师刚刚读的和你读的有什么地方不一样"，学生就会发现老师重读了一点儿。"那重读的一点儿你发现了什么？你去读一读。"学生自然就会发现，原来一个盲姑娘能够走得一点儿也没有磕磕绊绊，说明她对这个地方很熟悉。

可见这位教师朗读指导浅化，在以朗读促进理解、以朗读体会感情方面的

---

① 2016 年 4 月 24 日，濮阳县第二实验小学吴老师执教的人教版语文四年级下册"触摸春天"

指导缺乏，导致学生的主体性无法得到发挥。

（四）朗读指导过于机械化、模式化

1. 模式化的指导语言

请看这些格式化的朗读指导语言：请带着愤怒的感情读；请带着高兴的心情读；请你把这个字的重音读出来……

这种模式化的朗读指导真的可以有效地指导学生掌握朗读技巧吗？当然不能。朗读指导需要以对文本内容的理解为基础。

2. 机械化的指导技巧

在课堂上，有些教师陷入了唯技巧论，认为只要抑扬顿挫地朗读就是好的朗读。但是我们想想，难道应用题和说明书也要有感情地朗读吗？说明性的语言也要抑扬顿挫地朗读吗？这就陷入了矫情做作的怪圈。

朗读是一个个性化的二次创造过程，如果都统一要求朗读得跟老师一样，那真是太可怕了。

（五）朗读指导缺乏层次性、逻辑性

这主要体现在两个方面：一方面是缺乏分学段意识；另一方面是缺乏分体裁意识。

朗读设计缺乏学段意识就会导致朗读设计不符合学生的年龄特征，设计过浅或者过深都不能给予学生良好的朗读指导。《义务教育语文课程标准（2011年版）》对不同学段的朗读要求如下：

第一学段：学习用普通话正确、流利、有感情地朗读课文。
第二学段：用普通话正确、流利、有感情地朗读课文。
第三学段：能用普通话正确、流利、有感情地朗读课文。

同时在整体上提出各个学段都要重视朗读和默读，各学段的目标中都要求"有感情地朗读"。我们还是可以明显地看到，从"学习用"到"用"到"能用"这样一个层次性的变化，但《义务教育语文课程标准（2011年版）》中提到的要求仍然过于宽泛。

朗读设计缺乏体裁意识就会导致朗读设计不符合体裁的内容需要。如果童话朗读设计成过于平淡的语气，就读不出赋予儿童化的语言；如果诗歌朗读设计成过于平淡的语气，就读不出诗歌的韵律美。

总之，什么样的体裁就要选择什么样的语气来朗读。教师指导学生朗读要根据体裁的不同选择贴近儿童的语气来朗读。

（六）朗读评价方式简单化

1. 朗读评价语简单化

教师经常说这样的话：读得非常棒，读得非常好，读得很正确……看似教师运用了激励性的评价语，但这些评价语真地可以激励学生吗？可以为他们的朗读指明方向吗？ 当然不能，因为评价不应拘泥于一种形式，而应因人而异、因课而异、因发生的情况而异。教师应全身心投入朗读，朗读中应注意技巧性和艺术性。小学生在朗读中的评价的最终目的是培养并提高学生的语文学习能力，使其形成对语文学习的积极态度，树立朗读的自信。朗读评价不只是一种技巧和方法，否则可能使教师对评价迷失方向。朗读应丰富学生的精神内涵，充实其真实的感受。在进行朗读评价的同时，教师要尽量避免评价简单化、形式化。朗读评价不是不着边际的"戴高帽"，也不是机械地重复"嘿！嘿！你真棒！"，而应结合真实的教学情境，给予学生一种真实的感受和真切的体验。朗读评价源于真实。

2. 朗读评价方式简单化

大部分教师采用"教师评价"这种单一的方法。课堂上基本是学生读，教师评，而较少采用或没有采用过生生评价和生师评价的方式。因此，大部分的学生无法准确地去评价别人的朗读，只能简单地说一句"我觉得他的声音很洪亮，感情很丰富"，这种现象到了初中也非常明显。

三、小学语文朗读指导存在问题的解决策略

（一）以文本解读为前提，提升自身朗读功力

【教学切片2】"差不多先生传"[①]

朱老师对这节课的朗读设计为：

示范朗读"差不多先生传"全文，请同学们思考，为差不多先生写一份挽词。

———————————————

① 朱震国执教"差不多先生传"课堂实录来源于优酷网在线播放

切片分析：在观看朱震国老师执教的"差不多先生传"课堂实录中，我们看到了一个朗读功力非常强的老师，朗读给学生以巨大的感染力。朱震国老师的朗读，把胡适先生对于差不多先生这类人的讽刺淋淋尽致地表现了出来。在有些夸张的、好笑的朗读中，学生明白了作者就是要用这样的语言来警醒我们不能做差不多先生。

（二）注重示范朗读，指导层层递进

【教学切片3】"三个儿子"[①]

本课有关朗读指导评价的部分设计：读出三位妈妈在谈论自己的儿子时的不同的语气。

1. 出示句子

我的儿子既聪明又有力气，谁也比不过他。（生读句子，语气较平淡）

师：读得很正确，别忙着坐下去，小伙子。你知道这句话是谁说的吗？

生1：一个妈妈说的。

师：我觉得这个"说"还可以换一个字，她这是在……

生2：夸儿子。

师：假设现在你就是这位妈妈，请你夸夸自己的儿子吧。

（生再读）

师：好多了。有这样的儿子，你一定会感到怎么样？

生3：很高兴。

生4：很自豪。

师：那现在请你当这个妈妈，高兴地、自豪地夸夸自己的儿子。

（生再读句子）

师：听听，声音里都透着骄傲。还有哪个妈妈愿意夸夸自己的儿子？

（指名读）

师：多棒的儿子啊！咱们都来夸夸他吧。

（生齐声读这句话）

2. 出示句子

（我的儿子唱歌最好听，没有人有他那样的好嗓子。）

分析：有了第一位妈妈话语的分析，同学们再读第二位妈妈所说的话则

---

① 2017年3月，濮阳县柳屯镇焦村中心小学杨兰花老师执教的人教版语文二年级下册"三个儿子"

是水到渠成，朗读时妈妈的得意与自豪，孩子的开心与幸福，洋溢在每个人的脸上。

3. 出示句子

（他们问第三个妈妈："你怎么不说说你的儿子呀？"

"没什么可说的，他没有什么特别的。"）

在体会第三位妈妈说这句话的语气、心情时，学生理解起来会有一定的难度。于是老师示范朗读，用了两种截然不同的语气对比范读，给学生一个选择的机会。一是用生气的语气读，别人家的儿子有特长，自己家的儿子没有特别的地方，感觉没面子，很生气。二是用平和温柔的语气读，不与人相争相比。同学们欢呼雀跃般喊着："第二个！第二个！"杨老师追问他们为什么。学生很快给出了答案。教师无须再讲答案已见分晓。

我们可以看出，这位老师的朗读指导层层递进，在学生无法很好地理解文章内容、感情时进行范读，不同语气的范读激发了学生的思维，文本的秘密自然而然就被发现了。

（三）朗读指导要有针对性，把握内容与技巧的平衡

【教学切片4】"祖父的园子"第一自然段朗读设计[①]

这是一个非常具有针对性的正面教学切片。看看窦桂梅老师是如何把握文本内容理解和技术指导的。因为实录太长，我们只截取了课堂实录的一部分。

窦桂梅老师首先对文本进行解读，找到"祖父的园子样样都有"这样一条主线，对园子的描写中充满了快乐与自由，于是窦桂梅老师的整篇设计就是围绕"样样都有"展开的。

后面还有一段教学实录也非常精彩，在学生读"园子里昆虫样样都有"时，读小蜜蜂，小蜜蜂圆滚滚的，老师就示范压低声音，嘴巴向前绷紧，变圆。学生也做出这样的动作去感受。

这种朗读指导便是基于学生个性化的感受，以文本内容解读为基础，并且后续给了朗读技巧的指导，学生的朗读能力自然得到了提升，同时学生也在朗读中走近了文本。

---

① 窦桂梅执教"祖父的园子"第一自然段朗读设计，节选自《跟窦桂梅学朗读》

（四）要有学段意识

【教学切片5】"泉水"①

首先看一个缺乏学段意识的低年级朗读设计。这位老师讲的是二年级下册"泉水"这一课。文中出现了多次对话，该老师引导学生朗读对话时，只是要求学生读出泉水的特点，做到有感情地朗读。在朗读对话时，老师指名读，并只做简单的对话联系，未作出具体的朗读的指导。

其实，这篇课文语言优美，洋溢着对泉水的赞美之情，感情真挚，是一篇学习语言、情感熏陶的好文章。如果能做到以读为本，让学生通过各种形式的朗读（自由读、师生合作读、角色扮演读、齐读等）体会语言美，感受泉水乐于助人、无私奉献的精神，不同的朗读会有不同的要求，最后就能达到熟读成诵的目的，从而加深学生对课文的感悟能力，使其获得情感的体验，并提高了审美。这样岂不是更好？

【教学切片6】"文具的家"②

刘老师在执教"文具的家"时是这样设计朗读部分的。

1）所有朗读设计中均注重朗读规范的培养，用游戏、儿歌方式帮助学生改正拖音、唱读习惯。

2）指名朗读课文，教师相继提醒、正音。

3）想象妈妈和贝贝当时的心情，分角色朗读课文。

附："文具的家"朗读指导片段

贝贝一回到家，就向妈妈要新的铅笔、新的橡皮。妈妈说："你怎么天天丢东西呢？"贝贝眨着一双大眼睛，对妈妈说："我也不知道。"

妈妈说："贝贝，你有一个家，每天放学后，你都平平安安地回家。你要想想办法，让你的铅笔、橡皮和转笔刀，也有自己的家呀。"

切片分析：首先，低年级是养成读书习惯最重要的阶段，所以教师在设计朗读指导时，要注意朗读习惯的养成。用游戏方式帮助学生改正拖音、唱读的习惯，在师生合作读书时提醒学生要把书拿好，放正。

其次，读准。朗读一定要正确、清楚，即用普通话朗读，读准字音，不漏字，不添字，不错字，不颠倒，不读破句，做到自然、流畅。态度要自然大方，

---

① 2017年3月12日，濮阳县柳屯镇焦村中心小学杨兰花老师执教的人教版语文二年级下册"泉水"
② 2017年3月15日，濮阳县第二实验小学刘志华老师执教的人教版语文一年级下册"文具的家"

语气顺畅，停顿合理，节奏恰当。能抑扬顿挫地、较为准确地表达作者的情感。

最后，低年级的学生刚开始接触读课文，因而教师在要求其有感情地朗读时，一定要注意范读。我们可以看到刘志华老师在看到学生朗读惊讶的语气不太好时，做出了范读。创设情境，让学生想象如果自己是妈妈会怎么样，指导学生进行个性化的朗读。

刘志华老师的这节课的朗读设计非常具有学段意识，朗读设计层层递进。刘老师采用多种朗读方式，指名读、师生合作读、齐读，就是因为低年级的学生注意力集中时间短，要采用更灵活的方式帮助学生集中注意力。要抓住学生心理发展的年龄特征，不能陵节而施，拔苗助长。

（五）要有体裁意识

不同的体裁有着自己的文本特点，因而不同的体裁也有着自己的朗读特点。教师要在了解的基础上，可以更有针对性地进行朗读指导。

在这里我们列举一些体裁的朗读要点。记叙文要求点染得体，小说要求抓住个性，这两种文体在朗读上是有些相似之处的，如都要注意运用各种朗读技巧，表现出不同人物的个性，尤其要读好人物的语言。比如，注意提示语、注意人物的思想、情感、年龄、职业，等等。这都是教师朗读设计的抓手。再比如童话，朗读时要注意不同角色说话的音色，不同人物的情感立场，等等。

【教学切片7】"巨人的花园"①

我们就以张学选老师执教的"巨人的花园"这篇童话的朗读指导为例。在朗读时，张老师指导学生体会巨人的感情，调动自己的表情，想象情境，指导得非常到位。

张老师在执教"巨人的花园"时是这样设计朗读部分的。

1）自由朗读巨人赶走孩子时说的话，说一说自己的体会。

2）发现文本里的"！"，读出巨人的情感。

3）想象巨人的心情，想象巨人脸上的表情，加上动作再次进行朗读。

附："巨人的花园"朗读指导片段

他见到孩子们在花园里玩耍，很生气："谁允许你们到这儿来玩的！都滚出去！"

可是巨人又发脾气了："好容易才盼来春天，你们又来胡闹。滚出去！"

---

① 2017年3月15日，濮阳县第二实验小学张学选老师执教的人教版语文四年级上册"巨人的花园"

"喂！你赶快滚出去！"巨人大声叱责。

切片分析：童话的朗读，要根据孩子的特点，抓住童话语言中的画面、声音、想象……体会童话奇幻瑰丽的语言特点。[3] "巨人的花园"是一篇童话，张老师执教时，特别关注到文本的体裁。张老师指导学生体会巨人的感情，调动自己的表情，想象情景，指导非常到位。

另外，例如文言文的朗读，语句的停顿、节奏、重音、语速等方面都需要老师对学生给予明确的指导。

（六）分学段评价、形式多样、重在激励

教师在评价时也有分学段意识，不同的学段有不同的朗读要求，不能要求一年级的学生各个都读得非常有感情，甚至读得不好就批评他们，这会极大地打击他们的积极性。评价还要形式多样，如分角色朗读要注意评价学生是不是读出了人物的不同情感，还可以采取学生评价老师的朗读、学生之间相互评价的方式。当然，最重要的是这些评价要有针对性，能够激励学生、促进学生的发展。

小　结

我们分析了目前小学语文朗读指导中存在的一些问题，并相应地提出了对应的策略。这些问题不是面面俱到，却是我们小学语文经常遇到的，策略不太全面，但都是我们在教学过程中总结的。

正如曹文轩所说，朗读是迄今为止他所看到的最好的学习方法。[4] 朗读应成为我们日常生活的一部分。文字组成的不同体裁的文章将变为声音传达给我们的内心。通过朗读，我们将从文字世界过渡到有声世界。

参考文献

[1] 中华人民共和国教育部 . 义务教育语文课程标准 [S]. 北京：北京师范大学出版社，2011.

[2] 林萍 . 小学语文朗读指导与评价的螺旋促读模式的探究 [J]. 当代教育论坛，2010（18）：61-62.

[3] 窦桂梅 . 跟窦桂梅学朗读 [M]. 桂林：广西师范大学出版社，2015.

[4] 曹文轩 . 听曹文轩谈读书 [N]. 人民日报，2016-04-24（24）.

小学数学复习课教学设计策略切片诊断

谢俊梅　高凤梅

（濮阳县第二实验小学　河南　濮阳　457100）

复习是课堂教学的必经阶段，小学数学复习课是小学数学教学中的重要课型，对于促进学生深入理解知识，将数学教材中的知识进行整理和归纳，使之系统化和条理化，达到所学知识融会贯通，从而提高学生的知识综合运用能力有着至关重要的作用。

一、小学数学复习课教学设计现状

复习课是小学数学课堂教学中不可或缺的一环，许多数学教师片面地认为，复习课的主要功能是把学过的知识简单地再现一遍，所以常在实际教学中套用新授课或练习课的模式带领学生简单地重温一遍，复习课经常会出现以下问题。

（一）小学数学复习课教学设计存在的问题

1. 复习课内容组织不当

复习课上教师简单重复那些自认为比较重要的概念及公式推理过程，或者直接按照教材的编排顺序依次讲解，根本不研究习题编排的意图，学生也就跟着教师的"引导"，浑浑噩噩地完成复习。这样的复习课等同于再现已有知识，把复习课上成新授课，忘记了复习课是一个疏通知识的过程，它必须厘清知识之间的联系，将"点"连成"片"，内化为学生的知识。这样的复习课导致优等生"吃不饱"，部分学生仍是"囫囵吞枣。"

2. 复习课目标定位模糊

在复习课中，很多教师根本就没有明确的复习课课堂教学目标意识，或者是不知道怎样确定复习课的教学目标，凭着经验讲课，凭着感觉讲课，复习目标不明确，常常把复习课上成习题或难题处理课，复习课需要练习，但不应为练习而练习。有些教师设计的练习层层递进，密度不断加大，角度依次变换，难度随之增加，让学生误认为会解答每一道复习题是教学的主要目标，练习—反馈—再练习—再反馈，如此循环。就题讲题的情况比较多，没有从知识上总结，方法上提炼，更没有从数学思想上进行归纳。

3.复习课教学方法比较单一

教师过于重视知识系统本身，基本上是教师独占课堂，很少引导学生思考与系统有关的知识，即很少举一反三。学生独立思考的时间与空间不够，教师留给学生构建知识体系的机会很少。教师不是沿着学生的思路去分析问题、解决问题，而是把学生引入自己的思路，无法激发学生的学习主动性和积极性，学生始终处于被动的地位，这可能阻碍了某些学生的思维发展，使有的学生对数学课失去了信心。

4.复习课复习内容针对性不强

复习课容量过大，学生会与不会的内容的分配时间均等。教师力求知识梳理结构完整，知识点面面俱到，课前学生没做知识梳理，导致复习节奏过快，教师对学生接受情况关注不够，相当一部分学生跟不上教师的复习进度，复习实效性不高。

（二）小学数学复习课教学设计存在问题的原因分析

上述复习课堂教学造成的后果是教师感叹"复习课难上"，学生埋怨"复习课没劲"。那么，复习课为什么难上？究竟难在哪里呢？

原因之一：复习课的教学内容已是学生所熟悉的知识，对学生来说已没有新鲜感。若再加上教学方法老套，学生更觉得索然无味，学习动力不足。

原因之二：复习课就是要引导学生把平时每节课学习的内容融会贯通，但小学生的年龄特征决定了他们缺乏整体把握学习内容的能力，而有的教师又不会把先进的教学观念转化为复习课的教学策略行为。学科知识的系统化、结构化基本以教师讲解为主，导致学生缺少学习成功的体验。

原因之三：一些教师为了追求应试效果，往往强化训练和解题技巧指导过多，学生相对缺少独立思考的时间与自主的探究空间。

基于上面的种种复习情况，教学结果可想而知，优等生没有再提高，中等生等于又熟练了一遍，平时没掌握牢固的仍然疑问在心。其实，复习课不同于新授课和练习课，它有自己的特点。一是"理"，对所学的知识进行系统的整理，使之"竖成片、横成线"，以达到提纲挈领的目的。二是"通"，融会贯通，沟通新旧知识的联系，引导学生构建完整的知识体系，让学生在完善认知结构的过程中温故而知新，发展数学思维，领悟思想方法，提升数学素养。

二、小学数学复习课教学设计优化策略

（一）准确诊断——找准起点

复习课的一个主要功能就是查漏补阙，对于一些关键问题和学生容易出现错误的地方进行补救，也可能学新课时学生没有完全掌握或者是当时会了等到单元学完时学生几乎将其遗忘了。数学复习课的教学就是为了对学生没有掌握和遗漏的知识进行补救。复习课上的查漏补阙，应当具有针对性，不是老师随意抓去的。教师应当根据学生平时课堂上的表现或作业当中的问题去寻找。

我在执教"运算定律与简便计算"①时，进行如下诊断。

"运算定律与简便计算"是人教版数学四年级下册第三单元的内容，主要是加法交换律、结合律，乘法交换律、结合律和分配律，减法、除法的性质以及它们的简单运用。这是学生第一次比较系统地学习运算定律和简便计算。从结构来看，将相关运算定律集中编排，是为了使学生了解其内在联系与区别，从而构建比较完整的知识结构。从数的编排上，学生对于小学阶段的整数的运算已经学完，在这里对整数运算加以总结和归纳是有必要的，为即将学习的小数和分数的运算做好正确迁移的准备。下表是学生平时练习和作业中出现的典型错误。

平时练习和作业中学生的典型错误

算式	正确率 /%	典型错误（典型问题）
25×32×125	95.5	25×4+125×8
25×（4×40）	80	25×4+25×40（25×4）×（25×40）
125×（80+8）	40	125×80×8
72+78×36	85	计算错误，大部分学生没简便计算或运算顺序错误
99×47+47	87	100×47－47
29×99+99	75	29×100
254-54×3	90	（254－54）×3
203×12	82	200×12+3
4×25÷4×25	78	（4×25）÷（4×25）

从上表的统计结果看，主要存在以下几个问题。[1]

1.缺乏对运算意义及运算定律本质的理解

许多学生能进行简便计算，有时不能准确说出使用的是哪一条运算定律，对

---

① 2017年4月23日，濮阳县第二实验小学谢俊梅老师执教的人教版小学数学四年级下册"运算定律与简便计算"

乘法结合律与乘法分配律最易混淆。究其原因，是缺乏对乘法意义及分配律本质的理解。例如，算式 $25×40×4$ 是不易出错的，但添上括号变为 $25×（40×4）$，学生自然地想到乘法分配律。典型错误是 $25×40＋25×4$，显然是学生将它与 $25×（40＋4）$ 混为一谈；也有学生将乘法中的分配现象转移到了乘法结合律中，如 $25×（40＋4）$ 有时写成 $（25×40）×（25×4）$。

2. 缺乏简算的意识

简便计算能使学生思维的灵活性得到充分锻炼，很多学生在遇到不能直接简算的题目时，由于数感不强，又缺乏必要的观察力和创造条件简算的意识，如算式 $72+78×36$。还有的学生在要求简算的试题中能主动运用运算定律进行简算，但在解决实际问题时，却不能合理、灵活地进行计算。

3. 缺乏对运算顺序及运算依据的整体把握能力

每个学生内心都有凑整计算的愿望，又加上类似 $125×8$ 或者 $176－（35+65）$ 之类的题目被反复操练，大部分学生都对类似的数据形成了"条件反射"。碰到这样的数据特点就像飞蛾扑火般冲上去，而忘记了运算顺序及运算定律。比如，算式 $4×25÷4×25$，"$4×25$"对学生产生了"刺激"，他们往往会忽视整体的运算顺序，而把注意力集中在凑整上。

基于观察，我认为通过回顾交流、思辨梳理、应用提升等手段，进一步帮助学生理解运算定律（尤其是乘法分配律）的本质和培养学生对运算顺序及简算的整体把握能力，是本次单元复习课的出发点；培养学生的简算意识，提高学生合理运用、灵活计算的能力，是本次单元复习的生长点。

（二）创设情境，集中呈现知识，梳理知识网络

建构主义理论认为，如果学习者仅凭死记硬背，没有将学习内容转化为自己的经验，这样的学习就不可能是真正有意义的。习得的知识是静态的、固化的。复习课的一个主要目的是使学生通过知识的梳理和消化实现知识认知的进一步提升，所以复习课就要创设情境为复习课做好铺垫，引导学生把各知识点分类整理形成完整的知识网络，在头脑里构成完整的知识体系。

以下是我在执教"运算定律与简便计算"时的教学片段。

1. 实例导入，提炼记忆

【教学片段1】"运算定律与简便计算"

在本课回顾与整理环节时，老师出示了 125 这个数，让学生利用 125 写一

道算式，并能利用运算定律进行简便计算，以引起学生的思维碰撞。

师：你能说出一道什么算式呢？

（生说出自己所想的算式）

师：这道算式能简便计算吗？能运用什么运算定律呢？这条运算定律用字母如何表示呢？

（根据学生的回答，师板书运算定律名称及字母表示式）

师：还能用上其他运算定律写算式吗？

（生出题师板书，同上）

（直至用上 5 个运算定律和 2 条性质）

师（总结）运用简便计算，关键是把数凑整。

师：我也写了一道算式 38+62×125，可以简算吗？为什么？怎样改就能运用乘法分配律呢？

师：运用运算定律能使计算简便，但不要滥用。

在此教学片段中，我出示了 125 这个数，让学生利用 125 写各种能简便计算的算式，把学习完全交给了学生，任由学生搜集自己的经验来出题，让大家讨论。因为复习课的回顾与整理是学生形成知识网络的重要环节，这一环节的教学必须务实。如果缺少一些计算实例的说明，凭空让学生用语言描述各种运算定律和运算性质，意义并不大。事实上，对学生进行视觉上的对比冲击比单纯地用语言表述，效果要好得多。

2. 分类整理、加以辨别

【教学片段 2】"运算定律与简便计算"

师：这么多的运算定律，用起来容易混淆，怎么办呢？

（在生分类过程中，师提出以下问题把思考引向深入）

师：你是怎么分类的？按照什么标准分类的？为什么这样分类？哪两个定律容易混淆？该怎样区别它们？乘法分配律中的分和配在定律中是如何体现的？

教育家乌申斯基曾经说过，智慧不是别的，只是组织得很好的知识体系。良好的知识体系有助于学生的记忆、提取和应用。因此，整理知识并形成网络是复习教学的第一要务。"运算定律与运算性质的整理与复习"这一节课中很重要的一点就是要让学生厘清各种运算定律和运算性质的内涵及结构特征，明确其适用的范围，真正在学生的头脑中形成知识网络。在本片段教学中，学生先将学过的运算定律按一定的标准分类，然后在分析比较的基础上进一步理解各个运算定律的含义，并在寻求联系中深化对运算定律本质的理解，将那些有内在联系的知识点串联在一起融会贯通。通过梳理而使知识成为有结构的编码系统，让学生对这些运算定律有了更加清晰的认识，形成了知识网络。

（三）综合训练，活化认知结构

在知识整理的过程中，学生的知识结构还是静态的、不稳定的，教师还要帮助学生把静态的知识内容、知识结构转化为动态的认知结构。教师应通过不同层次的练习使这种结构更加明晰，实现学生个体的知识内化。练习更要加强对比、辨析，促使学生认知结构"融会贯通"和"精确分化"，提升学生综合应用知识的能力。

【教学片段3】"运算定律与简便计算"

1. 火眼金睛

师：挑出能应用运算定律进行计算的题目。

① $13+17×18$　　② $3×8×9×125$　　③ $18×63+37×18$　　④ $25×(4+96)$

⑤ $297-58-103+42$　　⑥ $(90+25)×4$　　⑦ $300÷25÷4$

师：谁来说说自己选了多少个？

师：大部分同学认为第④题不能简便运算，个别同学认为第⑤题能简便计算。这样吧，同桌交流一下，再来说说你的看法。

经过讨论，学生一致认为，有的题目不用运算定律直接按顺序计算就很简便，并不是所有的计算都要运用运算定律才能进行简算。一定要看数据的特点，还要看数据前的运算符号，也就是运算的意义，不能光为了凑整。

2. 我会动脑

用计算器计算 $1235×49$ 时，发现键"4"坏了。如果还用这个计算器，你会怎样计算？请写出算式：（　　）

师（小结）：看来同学们能巧妙运用运算定律解决实际问题，同学们，解决了这个问题，计算简便了吗？（没有简便）看来运算定律不是只有在简便运算中才用到。在以前的数学学习中，还有类似的例子吗？

3. 仔细回忆

如加法口算 $23+2=20+(3+2)$（加法结合律）

竖式计算 $126×23$（乘法分配律）

问题解决：每组 3 人，4 组共几人？ 4×3 或 3×4（乘法交换律）

组合图形面积计算：25×17+15×17 （25+15）×17

这两种不同的解题方法代表了不同的解题思路，其中就蕴含了乘法分配律。

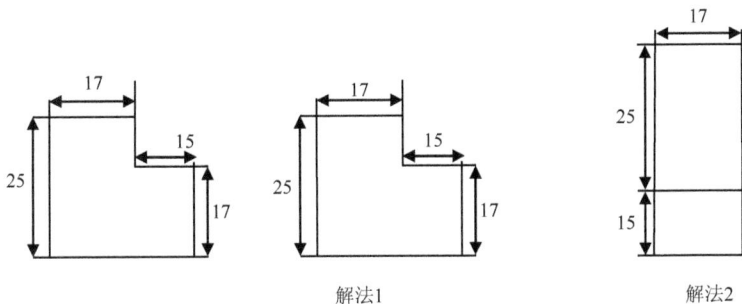

解法1 解法2

小结：运算定律的用处还真大，不仅可以使计算简便，在口算、计算、问题解决中，图形几何的计算中都能见到它的身影。从本册本单元正式学习运算定律，其实一、二、三年级时已经出现了。

一年级 3+2=5   9+3=12   二年级 5+5+5=15   三年级 12×3=36 10×3=30
       2+3=5   5×3=15   2×3=6
              1   2   3×5=15   30+6=36
             10

本节课在综合训练、活化认知结构教学环节中为目标的实现准备了合适的学习材料，既有计算、解决问题的内容，又有空间与图形领域的内容，更有学生从已有知识提取相关材料的内容。在对教师提供的学习素材和对已有经验回顾的思考中，重新梳理，更新着自己的知识经验。学习材料中蕴含的普遍性规律及运算定律，慢慢地浮现出来。学生不仅认识到运算定律是简便运算的依据，而且是各种基本运算算理的基础。运算定律，不仅应用在简便运算中，更广泛适用于计算、问题的解决和图形问题中。学生学习关于运算定律的认知结构不断得到了扩充，活化了认知结构。

（四）延伸拓展，领悟思想方法

《义务教育数学课程标准（2011 年版）》明确指出，教师应该充分利用学生已有的知识经验，引导学生进行自主探究。复习课应有一定的延伸和拓展，其练习必须综合灵活，更具开放性和拓展性。让不同的学生在数学上得到不同的发展，让每一个学生都有机会去接触了解，钻研自己感兴趣的数学问题，最大限度地满足学生的数学需要，开发学生的潜能并提高其综合应用能力。

【教学片段4】"运算定律与简便计算"

在复习"运算定律与简便计算"时，课上我引导学生进行总结。

师：我们在计算时，会应用到哪些运算定律和性质？以前我们还用到哪些规律呢？

生1：积的变化规律。

生2：商不变的规律。

师：通过本单元的学习，你已经掌握了加法和乘法的运算定律，也学会了探究运算规律的一般方法。请用学过的方法试着研究下面的运算规律。

$(a+b) \div c = a \div c + b \div c$（c 不等于0）

这样延伸拓展，旨在沟通知识之间的联系，达到学以致用，触类旁通。

有人说，数学新课教学是"画龙"，而复习课则是"点睛"。"点睛"的数学复习课堂，教师不仅要有一种知识与方法能力上的整体把握的教学意识，还必须有一种"纵横驰骋"的数学视野，引领学生在一次又一次的发现中不断地领悟知识之间的联系，建构完整的知识网络，从而让数学学习成为一次次的快乐旅行。复习也不仅仅是温故，还应该是认识上的知新与跨越。要真正上好小学数学单元复习课、要想上出实效并不容易，这需要教师在教学实践中不断探索，总结经验，在分析反思中总结，让复习课真正亮起来。

参考文献

[1] 庄旦丹. 梳理中寻建构，复习中求发展 [J]. 小学教学研究，2015：36-39.

课堂小结的切片诊断
——以中学数学为例

王艳丽　张海霞　刘青霞　许静利

（濮阳县第二中学　河南　濮阳　457100）

课堂小结是中学数学课堂教学过程中每节课都不可缺少的、重要的一个教学环节。通过课堂小结，指导学生把新旧知识联系起来，形成知识结构，促进学生知识内化，引领学生透过现象看本质，找到知识的精华所在，这有利于我们突出重点，突破难点，达到引导学生整理、复习、巩固所学知识，深化理解的作用，为后续学习奠定基础。[1] 在一堂课临近结束时的课堂小结，就是全面总结一堂课的重点内容，回顾学习探究的历程，交流数学活动体验，领悟重要的数学思想方法，这对于巩固课堂教学成果，深化知识网络结构，积累数学基本活动经验，培养学生思维能力，起到画龙点睛的作用。

一、中学数学课堂小结的现状分析

小结是课堂教学的升华所在，但是小结的时间正好是处在一堂课结束前的几分钟，这个时候学生已经比较疲倦，学生的注意力往往比较分散，大脑思考能力处于疲劳状态，有的老师只在快下课的1～2分钟时匆匆地引导学生说上一句，完成"量"却不重视"质"，甚至难以在教学中进行实践。有的老师对于课堂小结的重要性难以显现，更多的是一种表面性的工作，仅仅是从浅显的角度对课堂教学内容进行一遍回顾，难以达到深度的需要。

二、教师课堂小结应遵循的原则

有效的课堂小结能起到承上启下、启发灵感的作用，同时又能给人以美的艺术享受，但绝不是教师灵机一动就能达到效果的，而应该增强对课堂小结的有效设计意识。因此，教师进行有效的课堂小结时应遵循以下设计原则。

（一）精练性原则

课堂小结要做到内容精练，重点突出，切中要害，恰到好处。随着课堂时间的推移，25～45分钟，学生的记忆力和注意力出现了逐渐下滑的趋势，由此可见课堂小结以3～4分钟为宜，不能拖沓。在内容上，教师要牢牢把握住一节课的重点知识和方法，设法通过教师的课堂小结构建知识网络，从而提高数学课堂教学的有效性。

（二）引导性原则

《义务教育数学课程标准（实验稿）》指出，学生是数学学习的主人，教师是数学学习的组织者、引导者与合作者。[2] 在教学过程中，学生学习的主动性和积极性决定了学生学习的质量。课堂小结要结合教学目标，但教师不是目标的

"复述者"，不能包办代替，要把重心放在引导学生上。引导学生进行反思小结，就是对所学内容再思考，起到再现、整理、提炼和深化的作用，是一种重要的学习方法，有利于学生更全面、更深刻地掌握知识，领会方法，回味过程，增强体验，发展思维，形成良好的学习习惯。[3]

（三）选择性原则

课堂小结形式多种多样，它关系到课堂教学效果，因此在教学中要根据教学内容、教学设计以及学习过程等具体情况，灵活地选择相应的课堂小结的方式。这样，不但注重了知识体系的构建，还能促进学生参与学习过程，掌握数学学习方法，培养情感价值观，从而有效地发挥课堂小结的作用。

（四）层次性原则

学生掌握数学规律要经过一个由易到难、由浅入深、不断深化的认识过程。因此，课堂小结要依据数学内容的内在联系和逻辑顺序，遵循学生的认知规律，有层次地进行。课堂小结设计的问题要有层次性，有利于学生及时理解、巩固和掌握所学的知识与方法。

（五）激趣性原则

课堂小结不应是简单的知识和方法的再现，而应是把学生引向新的目标，设计新颖有趣、耐人寻味的小结，从而激发学生的学习兴趣，引起学生探究的欲望。

三、中学数学课堂小结形式的教学切片诊断

课堂小结有多种形式，或归纳总结，强调重点、难点；或留下悬念，引人遐思；或含蓄深远，回味无穷；或新旧联系，铺路搭桥；等等。

（一）归纳式

归纳式就是对授课的主要内容进行有条理的系统性的概括的小结方式。

例如，对课题"有理数的加法"的小结。

本节课对有理数加法法则的总结（见右图）：

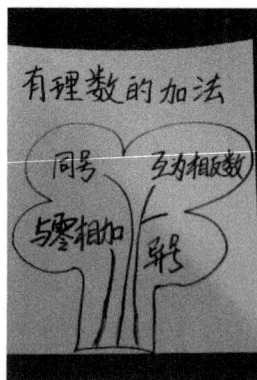

1. 同号两数相加；

2. 异号两数相加；

3. 一个与零相加。①

教师语言简练，条理清楚，抓主要内容，体现这节课的宗旨。

再例如，"平行四边形的判定"这节，教师与学生一起回顾平行四边形的判定方法：

1. 两组对边分别相等
2. 两组对边分别平行   的四边形是平行四边形②
3. 对角线互相平分
4. 有一组对边平行且相等

这个小结稍加说明，学生立刻回忆起本节课的内容，它是课堂教学经常采用的小结形式，起到了画龙点睛的作用。

（二）口诀式

课堂小结时将数学知识编成朗朗上口的口诀，不仅能够加深学生的记忆和理解，还能有效激发学生的学习兴趣，产生意想不到的效果。

在"解不等式组"的小结环节，老师采用"同大取大，同小取小，大小小大中间找，大大小小无处找"的口诀，语言简练、精确、朗朗上口，以帮助学生记忆。③

在"合并同类项"这节课，老师将合并同类项的法则编成口诀："同类项、同类项，两个条件不能忘。字母要相同，相同字母指数要一样。合并同类项，只求系数和，字母、指数不变样"。④

利用口诀式小结，学生念起来顺口，记起来方便，容易混淆的公式、法则能区分清楚，掌握牢固。但要注意口诀的编造不要牵强，随意而行，否则就会弄巧成拙。[4]

---

① 2017年9月10日，濮阳县第二中学刘老师执教的人教版数学七年级上册"有理数的加法"

② 2017年4月03日，濮阳县第二中学张老师执教的人教版数学八年级下册"平行四边形的判断"

③ 2017年5月30日，濮阳县第二中学王老师执教的人教版数学七年级下册"解不等式"

④ 2017年10月10日，濮阳县第二中学许老师执教的人教版数学七年级上册"合并同类项"

（三）比较式

有比较才有鉴别，比较是认识事物的重要方法，也是进行识记的有效方法，它可以帮助我们从事物之间的联系上来掌握知识。比较式课堂小结，就是在一节课教学的结束阶段从内容结构、形式与学生的认知水平上，有侧重地把本节课的内容与以前学过的知识、方法进行串联、整理、比较与归类，从而对照比较分析概括出它们的不同点和相同点，把握住特点，总结出规律，加深了解所学知识与方法。

例如，王老师在"立方根"课中通过平方根与立方根的比较，让学生直观形象地掌握立方根的定义以及计算，总结出规律，减少了学生出错率。[①]

归纳：立方根与平方根的区别和联系

关系＼名称	平方根	立方根
区别 定义不同	一般地，如果一个数的平方等于a，那么这个数叫做a的平方根或二次方根	一般地，如果一个数的立方等于a，那么这个数叫做a的立方根或三次方根
个数不同	一个正数有两个平方根，它们互为相反数；负数没有平方根	一个正数有一个正的立方根；一个负数有一个负的立方根
表示方法不同		数a的立方根，用符号"$\sqrt[3]{a}$"表示，这里的根指数3不能省略
被开方数的取值范围不同	在$\pm\sqrt{a}$中，被开方数a是非负数，即$a\geq0$	在$\sqrt[3]{a}$中，被开方数a是任意数

关系＼名称	平方根	立方根
联系 运算关系	都与相应的乘方运算互为逆运算	
转化条件	都可以归结为非负数的非负方根来研究，平方根主要通过算术平方根来研究，而负数的立方根也可转化为正数的立方根来研究	
0的方根	0的立方根和平方根都是0	

这种课堂小结通过图示或表格的方式展现，效果更佳。这种课堂小结多用于同一系列的前后内容之间或一章内容即将结束之时，其特点是能为学生提供良好的知识结构，能在归纳比较中加深学生对有关知识的理解与记忆，有效地促进学生认知结构的重新构建。

（四）悬念式

一堂数学课的结束，并不意味着教学内容和学生思维的终结。好的结尾，可以激发学生欲罢不能的探究欲望，收到"课虽尽而趣无穷"的效果。因此，在数学课堂小结时，教师可以提出一些富有启发性的问题，不做解答，形成悬念，预示新课，从而激发学生的求知欲，使他们渴盼"且听下回分解"的愿望。这样，此课的"尾"就成了彼课的"头"，使新、旧课之间有了衔接，把一次次的课堂教学连贯起来。

例如，"平行四边形的判定"一课，课堂小结时就可以这样总结。

[①] 2017年3月10日，濮阳县第二中学王老师执教的人教版数学七年级下册"立方根"

今天我们探讨了平行四边形的判定，根据已知条件，我们可以判断平行四边形。条件和结论交换一下，这个命题还成立吗？大家可以课下讨论一下，我们下一节课继续探索。①

这样学生一定很想知道答案，急切地等待下一节课，并为上好下一节课做好了铺垫。

（五）探究讨论式

探究讨论式课堂小结，就是把学生感到模糊的或容易引起意见分歧的问题有意识地留到最后，组织学生进行探讨、分析，畅所欲言，各抒己见，在充分讨论的基础上最终得出结论，统一认识。

这样的课堂小结，能使学生的学习由被动吸收转变为主动探索，以达到促进学生思维的锻炼、提高明辨是非能力的目的。

例如，"算术平方根"一课的小结：

①什么是一个数的算术平方根？非负数 a 的算术平方根的表示方法是什么？
②怎么样求一个非负数的算术平方根？
③会用算术平方根的双重非负性解决相应问题？②

这种课堂小结能激发学生探究的欲望、求知的热情，还能从不同程度上开发学生的潜能，同时又使学生在探究的过程中有效地巩固新知识，积累数学基本活动经验。

四、课堂小结的有效策略

高效的课堂小结应该重视学生的主体地位，构建生成性课堂，给学生提高可在创造的机会，挑战学生的最近发展区，优化数学思维策略，重视学生能力的培养，创造和谐课堂，实现生活化数学。

（1）教师要转变教学观念，重视课堂小结在课堂教学中的重要地位。数学课堂应突出体现基础性、普及性和发展性，使数学教育面向全体学生，实现人人有价值的数学，让课堂小结成为学生展现自我的平台，培养学生的概括总结以及言语表达能力。

---

① 2017 年 4 月 3 日，濮阳县第二中学张老师执教的人教版数学八年级下册"平行四边形的判定"
② 2017 年 3 月 5 日，濮阳县第二中学许老师执教的人教版数学七年级"算术平方根"

（2）教师要在教学设计中为课堂小结这一环节预留充足的时间。

（3）教师要设计多样化的课堂小结形式。

通过对课堂小结的切片，对每节课进行分析、评判。[5]教学有法，而无定法，课堂小结教法的设计，应该重视对课堂小结的预设，寻求预设与生成的融合，不断提高课堂小结的艺术水平[6]，做到真正意义上的"画龙点睛"。

参考文献

[1] 陈建芳. 初中数学教学中课堂小结常用的集中方法探析 [J]. 才智，2014（23）：24.

[2] 中华人民共和国教育部. 义务教育数学课程标准（实验稿）[S]. 北京：北京师范大学出版社，2012.

[3] 殷伟康. "数学课堂小结"的有效设计原则与方式 [J]. 数学教学通讯，2013（30）：37-39.

[4] 李佑武. 初中数学教学中课堂小结常用的几种方法 [J]. 吉首大学学报（社会科学版），2013（S1）：2.

[5] 魏宏聚，杨润勇. 中小学教师教学技能研训 [M]. 北京：教育科学出版社，2013：9.

[6] 陆建江. 让小结成为数学课堂的点击之笔 [J]. 教学与管理，2009（35）：41-43.

作业设计的有效性切片教学分析
——以初中"思想品德"课为例

王美玲

（濮阳县鲁河镇一中　河南　濮阳　457167）

在"思想品德"教学中，有效的教学是提高学生学习成绩的根本，是实现教学有效性的手段和途径。作业是教学的重要环节和有机组成部分，作业的有效性也是有效教学的一个重要方面。

一、有效作业设计的意义与目的

（一）有效作业设计的意义

有效的作业设计是应对中考"思想品德"开卷考试的必然。在"思想品德"开卷考试下，教师必须树立全新的作业观，即注重学生综合运用知识的能力以及在解决问题过程中的积极情感和坚强意志的培养；注重学生的合作意识、实践能力和创新能力的培养以及良好的道德、生活及学习习惯的养成。作业不再是教师强加给学生的负担，而已成为学生成长的履历，每一次作业都成为学生成长的生长点，学生在知识的不断运用中，在知识与能力的不断互动中，在情感、态度、价值观的不断碰撞中成长。因此，有效的作业设计显得更为必要。因此，在新课改的背景下，课堂作业的设计更应讲求实效性，要充分发挥学生主动做作业的积极性，激发学生学习的兴趣，提高学生的综合素质。[1] 作业的布置与设计，应充分体现新课程以人为本的新概念，应充分调动学生的兴趣，应充分促进学生的发展与进步。这样的作业才能适应新课程的要求，才能真正培养学生的能力。

根据二十多年的工作经验，我认为，有效作业是为了达到学生有效写作业的目的、教师精心设计出来的系列练习或者实践任务。教师所设计的有效作业要面向教学实际，在一定时间内较好地帮助学生进一步消化和巩固所学知识，掌握相应技能技巧，促进师生反馈与交流教学信息，最终促进学生全面发展能力的提升。

（二）有效作业设计的目的

一般说来，有效作业设计的目的如下。

1. 能及时检查学生的学习效果

有效作业的设计可以及时检查学生学习效果。如果学生做作业很顺利，就说明学生预习、听课和课后复习是有效果的。

2. 能加深学生对所学知识的理解和记忆

通过有效作业的设计，学生可以加深对所学知识的理解和记忆。学生通过做作业进行思考，有利于把混淆的概念弄明白，有利于把知识点之间的联系找出来，还有利于把书本上的知识转换成为自己的知识。

3. 能提高学生的思维能力

有效作业的设计还能够提高学生的思维能力。作业中的问题能促使学生积极地进行思考，在思考的过程中，学生不仅能掌握运用新学到的知识，而且能培养了学生的思维能力。

4. 能有利于教师积累复习资料

有效作业的设计有利于教师为复习课积累资料。如果做完作业后，教师对作业进行定期的分类整理收集错题，那么这就为复习课积累了适合提升学生个人成绩的宝贵资料。

5. 能培养学生独立解决问题的能力、运用能力和钻研精神

有效作业的设计不但有助于学生复习、巩固知识，还可以通过练习更好地培养学生的细心、耐心、独立解决问题的能力、运用能力和钻研精神。

二、初中"思想品德"有效作业设计的类型

不同的标准可以划分出不同的作业类型，根据布置作业的时间，作业可以被划分为以下几种类型。

（一）课前作业

课前作业具有知识回顾、问题思考与讨论、激发相关疑问等功能。第一，设置的问题或问题情境重在：诊断、巩固、检查上节课所学的旧知；诊断和新知有联系的旧知，了解学生掌握的情况。目的是发现问题后进行补偿教学，为新知的学习扫清障碍。第二，有利于导入新课，激发学生学习兴趣。呈现形式有：可以以问题的形式出现；也可以提供与授课内容相关的问题情境或素材（图片、演示、模拟情境等），让学生针对问题情境或素材（图片、演示、模拟情境等）发现问题，回答问题，这种设置往往会取得比预期更好的效果；也可以以其他具体形式出现，比如填空题、判断题等。[2]

（二）课堂作业

课堂作业是边讲边练的练习，这是备课的重中之重。观看《人人享有人格尊严权》①教学视频可以看出练习题目不在多而在于精。作业有利于学生巩固基础知识，突出易练、易混的知识点，培养学生细心审题的习惯，将学习目标问题化、情境化，形成了明确的探究问题。每个知识点学完后，要配以适当的题目进行训练，这是必要的，但题目不在多而在于精。要有利于学生巩固基础知识，突出易练、易混的知识点，培养学生细心审题的习惯。

（三）课内达标测试

课内达标测试不同于课堂中的练习，它是为了检测学习目标而设计的，时

---

① 2016年4月16日，濮阳县第八中学赵丽改老师执教的人教版思想品德八年级下册第四课第一框

间应当不超过 5 分钟，而且要立足基础。观看"珍惜学习机会"①教学片段，这位教师紧扣本节课的学习目标，选择能覆盖本节课所学内容的题目对学生进行达标测试，以查看本节课学生的学习效果，并针对学生反馈情况及时进行补偿教学。难度不可太大，以考查知识的掌握及运用为主，3 ~ 5 分钟完成，可以互批也可以教师批阅。

（四）课后练习及能力提高题

练习巩固的作业量应该少一点，尽可能减少重复性作业，一般 10 ~ 15 分钟为宜。能力提高题（学生选做）主要是针对程度好的学生而设计的，有助于突破课堂知识的难点，题型最好是学生平时最不愿意做、考试时最容易失分的那种。这类题侧重于能力训练，要融合分析能力和归纳能力，利于学生发散性思维的培养。该部分对一般的学生不作要求，但要做好引导。[3] 当然，这些作业类型并不是每节课都必须体现，在教学过程中需要教师灵活把握，选好适合本节课的作业类型，切实达到高效的目的，有利于学生全方面的提升。

三、有效作业设计遵循的原则

（一）坚持以生为本的原则

有效作业设计首先应坚持以生为本，追求作业的效率和效益，进一步优化作业设计和布置，改进作业批改，提高作业质量和反馈矫正评价的效果，使学生学得更有效率、有成效。[4] 那么，这就对教师提出了更高的要求，需要我们不断地改变观念，结合生本教育不断探索，才能在新课改中关注学生的发展，让作业布置更好地为学生的学习服务，真正实现作业布置的意义。

（二）坚持"优质减负""以少胜多"的原则

"优质减负""以少胜多"要求教师要聚焦作业，用心编写课内、外的练习，切实减轻学生作业负担，让学生的学习有效、高效。但是，切不可为了追求减负而不设计作业，无作业的授课也是一种缺憾，因为作业的有效设计是开展高效课堂探索的必然。新课程改革后，课堂教学发生了一些质的变化，作业设计要切实减轻学生负担，促进学生能力的发展，努力提高课堂教学效益，创建高效课堂。立足教材，优化课堂教学内容。

---

① 2015 年 5 月 6 日，濮阳县第八中学张焕珂老师执教的人教版思想品德八年级下册第六课第二框第一课时

（三）坚持师生角色合理定位的原则

新课改背景下的新课堂，教师与学生的角色定位逐渐明朗化了，不再是以往的"一言堂"，而是以教师为主导、学生为主体、训练为主线的高效课堂。教师是导演，学生是主演，所以学生是学习的内因，老师和一切教育环境都是外因，外因是通过内因起作用的，内因起决定作用。训练为主线：授之以鱼，不如授之以"渔"。教学始终要贯穿"训练"，训练使学生记忆理解所学知识；训练使学生提高分析问题解决问题的能力、概括能力、阅读能力、比较能力。[5]

（四）坚持合作性原则

在作业的布置过程中，教师要改变以往传统的作业完成模式，改变"自己作业自己做"的固定框架，采用合作的形式，由两个或两个以上的学生共同完成一份有质量、有深度、高效率的学科作业。在"思想品德"新课程标准要求下，课本上每单元、每课、每框和相关链接都设计了相应的作业，都要求学生运用小组讨论、交流合作来完成。教师应充分利用这些资源将学生从单一的作业中解放出来，激发他们浓厚的学习兴趣，培养他们的动手、动脑及合作等能力，在趣味无穷的氛围中享受作业的乐趣。下面我们以"珍惜学习机会"①课堂片段为例，首先，教师对这节课的教学目标进行检测的题目，接下来需要合作完成，同学们在合作中增进了友谊，增添了学习兴趣，辨明了知识点，这是由两个或两个以上的学生共同完成一份有质量、有深度、高效率的学科作业。

另外，设计的作业应该能让学生在知识与能力的不断互动中，在情感、态度、价值观的不断碰撞中成长。

四、有效作业设计需要注意的几个问题

（一）作业内容要生活化、趣味化

新课程标准强调从学生已有的生活经验和知识出发，让学生亲身经历将实际问题抽象成思想品德知识并进行解释与应用的过程。所以，教师在设计作业时应充分体现"以人为本"的理念，设计一些与学生生活息息相关的作业，积极鼓励学生在实际生活中运用课堂所学知识解决现实问题，真正做到"学以致用"。现在就来看一个实例，这是"礼貌彰显魅力"②一课，老师设计的这个课堂作业题为让学生判断有礼貌的表现有哪些。这些表现都是学生平时经常见到的，体现

---

① 2015 年 5 月 6 日，张焕珂老师执教的人教版思想品德八年级下册"珍惜学习机会"
② 2015 年 9 月 30 日，濮阳县鲁河镇一中王瑞南执教的人教版思想品德七年级下册"礼貌彰显魅力"

了生活化，为课堂增添了趣味。再比如，讲初一的内容"合理安排时间"时，可以布置学生回去制订一个学习计划，合理分配时间。为了调动学生的积极性，教师还可以在作业形式上多做点文章，增强其趣味性。比如，教师可以布置学生回家收看《今日说法》类的法制节目，既能开阔他们的视野，又能帮助他们更好地学习课本中的知识（法律常识），还可以指导他们进行课外阅读，多参加社会实践活动等，进一步提高其身心素质和整体认知能力。

（二）作业内容应具开放性和探究性

开放性是指在学科作业的设计中，既注重作业设计的多样性，又注重答案的多样性和广泛性。新教材最显著的特点之一就是内容丰富，信息量大，其中很多内容体现出鲜明的时代气息。因此，"思想品德"作业应赋予新的考查内容和实践课题，如一项研究任务、一篇小论文、一个调查报告等。通过设计一些具有思考性和难度性的问题，作业的答案具有一定的开放性，以此养成学生独立思考和勇于探索的学习习惯。与此同时，教师平时也应引导和鼓励学生参加一些贴近现实生活的实践活动，如帮父母做家务、到福利院慰问孤儿、去农村体验生活等。学生通过亲身体验，开阔了视野，加深了对社会的了解，做起题来也会得心应手。下面看这位教师设计的作业，这是一道辨析题，有人认为在交往中是否讲文明礼貌是个人的私事，是无关紧要的小事，你认为对吗？

这道题就是具有探究性的题目，同时也是一道开放性的问题，通过学生的探究巩固了这节课的重点，因此，作业设计非常有效。作业内容还需要具有探究性，在课堂教学中难免有遗漏的地方，学生也总会提出各种各样的问题，有些问题教师一时也难以解答。从这些问题中筛选出有探究价值的问题，作为学生的课外作业，不仅会大大激发学生的探究热情，而且还能强化学生的问题意识，提高学生参与师生互动、创新思维的积极性。要真正使探究性作业达到培养学生创新精神和实践能力的目的，还需要教师认真批改作业，并做好重点讲评。

（三）作业内容要有分层性

作业的分层性原则强调教师在设计和布置作业的过程中，应充分考虑题目对知识能力的要求不同，不能简单地"一刀切"。现在看"挫折面前也从容"[①]，教师的设计非常有层次，先是快乐猜猜看，接下来设计活动：演一演，想一想，议一议，最后落脚点在课堂的主题——挫折面前从容应对，由浅入深。在常规教学中，教师应该承认学生中存在的个体差异，在作业布置方面充分考虑这一因素，通过分层作业的形式减轻他们学习上的压力，激发他们学习"思想品德"的

---

① 2015年4月14日，濮阳县鲁河镇一中刘晓芳老师执教的人教版思想品德七年级下册"挫折面前也从容"

兴趣，给他们尝试成功的机会，让他们体会学习"思想品德"的快乐，进而促进他们的成长。

1. 以下言行属于有礼貌的表现是（　　）。
A. 同学们自觉遵守图书馆的纪律，安安静静地阅读。
B. 某同学给本班戴眼镜的同学起绰号"四眼"。
C. 老师提问小明，小明坐着沉默不语。
D. 老师正在上课，迟到的小李推门而入。

2. 中学生小高在校园见到老师急忙跑过去拍了拍老师的肩膀说："老王您好！"小高的行为（　　）。
A. 是和老师亲近的表现
B. 符合语言文明的要求
C. 是一种不懂礼貌的表现
D. 符合举止端庄的要求

3. 辨析题：有人认为"在交往中是否讲文明礼貌，是个人的私事，无关紧要的小事"你认为这种说法对吗？

3. 对造成挫折的原因，下列说法错误的是：
（D）
A. 天灾人祸　　　　B. 各种人为因素
C. 生理缺陷　　　　D. 命中注定，因果报应

4. 战胜挫折，既要有对待挫折的积极态度，也要掌握必要的方法和途径，这些方法和途径包括（ABCD）
A. 树立正确的人生目标　　B. 采取恰当的解决方法
C. 激发探索创新的热情　　D. 学会自我疏导

初中"思想品德"课教材是依据学生成长的规律编写而成，它的各个部分都是有机地组合在一起的。所以教师在设计作业时应注重把握整体，在融会贯通中促进学生的发展，以达到事半功倍的效果。比如，初一第三课的主题是"珍爱生命"，初二第三课的主题是"生命健康权与我同在"。教师在设计作业时完全可以将这两课的内容有机地结合在一起，以达到让学生主动回顾知识、理解知识、运用知识的目的。同时，知识是相通的，教师也可尝试将"思想品德"作业内容和其他学科知识有机整合在一起，让学生全方位、多角度地感知和认识事物，拓宽学生的认知面，提高学生的综合知识运用能力，使学生长足发展。教师要用心去探索、大胆去实践，要做到学科间知识的贯通，需要教师熟知其他学科内容，在布置作业前梳理好学科间的知识联系，做好作业的设计。例如在教学改革开放这一框题的时候，可以联系历史上关于改革开放的背景知识，历史教材更详细。因此可以这样设计作业：阅读历史课本改革开放的有关内容回答：①改革开放是哪次会议通过的？②改革开放是哪一年开始实行的？这样的作业设计把历史知识和思想品德知识紧密地联系了起来，既让学生体会到学科知识不是孤立的，又能把知识掌握得更牢固。

总之，学生的学习离不开做作业，而做什么样的作业既可以使学生不觉得是负担，同时又让他们有兴趣并且能够有效地掌握知识进而发展成为能力，是我们教师要认真思考的问题。实行作业有效是一条可以"减负高效"值得推崇的可行之路。有创意地设计作业的内容，让每一位学生都乐于去做作业，并通过作业轻松地掌握知识，提高能力，进而在最大程度上打造新课标所要求的高效课堂。

参考文献

[1] 叶子 . 作业的有效设计 [EB/OL]. http：//blog.sina.com.cn/leaf8643.[2009-12-13]

[2] 李功随 . 如何科学合理的布置作业 [EB/OL].http://www.360doc.com/content/12/1214/15/42715 74_254011363.shtml.[2012-12-14].

[3] 小学语文实践成果展示 —— 有效作业的研究 [EB/OL].http://www.doc88.com/p-38779190 04886.html .[2014-10-17].

[4] 学子，以生为本是教育理念的核心 [EB/OL].http://blog.sina.com.cn/s/blog_5f28fc000100fhex. html.[2009-10-23].

[5] 关于小学语文课堂教学中师生角色的定位 [EB/OL].http://www.docin.com/p-1091413844.html. [2015-03-14].

附录

关于教学切片诊断的学习心得

切片教研引领教师专业成长

贾红霞

（濮阳县第二实验小学 河南 濮阳 457183）

自 2016 年起，河南大学魏宏聚教授引领的"中小学课堂教学设计切片诊断"教学研讨专题活动在濮阳县第二实验小学已落地生根。在局领导的关注下，在濮阳县第二实验小学李香菊校长的大力支持下，在濮阳县第二实验小学全体教师的努力下，从模糊—探索—清晰—创造，教学切片研讨活动开展得如火如荼，得到了全体一线教师的高度认可。

谈到经验，从学校的办学理念、学校发展总体目标再到教育科研目标的制定与落实，是教学研讨活动能够有序、有效开展，并从宏观设计到微观落实的有力保障。现对"教学切片诊断"的有关内容梳理总结如下。

一、基于"教学切片诊断"，制定新的目标

（一）濮阳县第二实验小学"学校办学理念体系"

（1）学校办学价值追求：创造适合每位学生发展的教育，让濮阳孩子享受最优质教育。

（2）校训：我学习，我成长，我快乐。

（3）全面贯彻濮阳县第二实验小学办学理念。

（二）濮阳县第二实验小学"学校总体发展目标"

根据学校的办学理念制定学校的总体发展目标。

1. 学生培养目标

通过自主体验教学法、"五位一体"课程、学生社会建设、"我学习、我成长、我快乐"主题学校文化等，培养兼有家国情怀和国际视野、人文精神和科学素养堂堂正正的现代中国人。

2. 教师成长目标

通过专业阅读、专题研究、专业写作、专业成长共同体和"歌唱生活、享受工作"教师文化建设等，引领教师自觉修身养性，坚定教育信仰，实现由合格教师到骨干教师、学科带头人、教学名师、教育专家的阶梯式专业发展。

3. 学校发展目标

通过紧紧围绕课堂、课程、课题、文化、教师、机制等关键教育元素改革和优化，逐步形成较为完善的自主体验教学法、"五位一体"课程、系列化科研课题、教师专业发展的"一个信仰、五专模式"和民主化教育教学管理机制等，成为质量较高、特色鲜明、在濮阳有重要地位、在全国有一定影响的品牌名校。

（三）教育科研目标

根据学校的理念与总目标，濮阳县第二实验小学制定了教育科研发展目标。

1. 总目标

加强学校教育科研工作的规范化建设，通过培训、实践和课题研究，实现教师全员参与教育科研，推出一批教育科研成果，培养研究型教师，建设研究型学校。

2. 具体目标

（1）2016—2017学年：①对重点课题"小学课堂教学设计切片诊断"，做好情报研究、教学切片搜集汇编工作，酝酿形成中期报告。②研究制定教育科研五年专项规划，围绕"课堂教学、课程建设、文化建设、学校管理、教师发展"等关键点，推动教师"人人有课题、人人参与课题"研究，建立规范的教育科研激励机制。

（2）2017—2018学年：基本完成"小学课堂教学设计切片诊断"课题研究，提炼出版课题成果。

（3）2018—2019学年：推出一批课题研究成果，以备发表或出版。

（4）2019—2020学年：①初步形成涵盖各主要学科领域，体现课堂教学、课程建设、文化内涵、学生德育、学校品牌发展等关键点和关键教育环节的科研成果。②建成县级教育科研示范基地学校。

二、依据"教学切片诊断"，制定目标落实措施

在"2016—2017学年制定的教育科研规划目标"的指导下，我们具体从以下几个步骤进行落实。

（一）积极对接

我校教育科研课题在领导的支持下，在制度的保障下，实行学校领导—科室管理—课题主持人负责—实验教师的责任管理制度。将课题研究与学科教学相结合，以科研促教学，在教学中搞科研，以课例载体式教育科研活动、专题培训式校本教研、自我反思式校本教研相结合、教师课题专业研究领域的"精品课＋报告"特色教研，多措并举，教育科研常态化稳步推进。

2016年，濮阳县教育局领导聘请河南大学魏宏聚教授对濮阳县课堂教学改革进行引领。通过对"课堂教学切片诊断"的认真学习，校领导认为"课堂教学切片诊断"能改变传统的听评课，是一种崭新的课堂研究方法。我们可以借助教学切片，对教师的课堂进行微研究，让教学技能从经验上升到理论层次，精品课从"面"的关注转变到"点"的关注。我校领导积极对接"课堂教学切片诊断"活动，经过全体教师的努力，很荣幸地被魏宏聚教授选为"教学切片诊断"实验学校。

（二）文献研读，提升理论基础

为了尽快提升全体教师的理论基础，校领导以最快的速度为每位教师购买了《课堂技能诊断》《小学数学教学技能》《小学语文教学技能》《义务教育课程标准（2011版）》《课标教学切片式解读》，在中国知网查询相关文章，进行相关文献研究。

学校还为教师订阅了《小学语文教师》《小学数学教师》《教学研究》《中国教师报》《当代教育家》等期刊，让教师第一时间与教育前沿接触，了解先进的教育理念，关注教育的焦点。

这些书刊为教师们的教育科研提供了丰富的营养。教师们每周开展一次读书交流分享活动，同学科、跨学科的教师交流。每月开展一次读书沙龙，教师针对"课堂教学切片诊断研究"的文献进行交流、汇总。

（三）理论培训，提升教育科研水平

我校采取"走出去，请进来"的方法展开培训。2016—2017学年，英明的李香菊校长不断让教师"走出去"，有多位教师外出考察学习，拓宽了视野，增长了见识，丰富了经验，提升了理论。2016年，学校用于教师培训的费用达

十万余元。2017 年，我校刘文利、田美丽、马晓辉、董丽允、贾红霞老师的工作坊与乡镇学校成功对接，寻找新的生长点，促进了双方教师的专业化成长，实现了与兄弟学校的共同发展。

（四）课题推进式校本教研活动安排

为了提高教师的教学能力和教育科研能力，使"课堂教学切片诊断"教科研活动得到落实，稳步推进。学校把教育科研计划与校本教研活动有机融合，开展了课题推进式校本教研。在教师自主自愿的情况下，全校共有 60 多人次参与"课堂切片的实验与研究"课题研究，占全体任课教师的 85%。2017 年在前期研究的基础上，我们学校填报了河南省"十三五"教育科研课题立项申报书，已获批准立项。

为了保障教育科研活动的有序开展，我校还制定了系列性的教育科研活动：一日一次备课组随机交流；一周一次学科"校本教研日"；一月一次课题研讨成果汇总及进展发布；一学期一次大型的课堂教学切片诊断展示活动；不定期的"走出校门，联谊交流"活动等。为了便于考核，学校又以教育科研管理制度为依托，把教育科研活动纳入常规化管理。

（五）建立教学切片库，为教育科研活动提供丰富素材

"教学切片诊断"活动需要丰富的课例做支撑。我校教师齐心协力，收集课例，建立了"教学切片"库。收集课例通过以下活动达成目标。

1. 一师一优课课例收集

2015 年的一师一优课中，每位教师都有录制的课例。结合理论学习与文献研究，教师们首先对自己的课例进行自我剖析式的"课堂切片诊断"，提炼优点，发现不足，然后全体教师组织交流。

2. 一人同课多轮法

让同一教师连续多次上同一课，轮换班级，不断改进教学行为。多次试讲后形成新的教学方案，录制成视频充实研讨课例。

3. 多人同课循环法

多人同课循环法即同课异构。教研组同伴共同参与、研讨反思，优化课堂环节教学技能，最后一位教师上课，加上自己的灵感，形成精品课例，形成研讨课例。

4. 教师特长课收集

每学期我校都有大型课堂展示活动，教师选择最适合自己的特长课作为展示，录制视频，形成研讨课例。

（六）积极承办"教学切片诊断"研讨会

2016 年，我校荣幸地成为"教学切片诊断"实验学校。每次魏宏聚教授来濮阳进行理论培训时，李香菊校长总是带领教师们前去听课，从没有缺席培训。李香菊校长还热情邀请魏宏聚教授到校指导。

2016—2017 年，魏宏聚教授先后八次莅临我校指导教学。

（1）2016 年 3 月，结合贾红霞老师的一节数学课做教学切片示范引领。

（2）2016 年 5 月初，我校教师尝试教学切片，魏宏聚教授做现场指导，我们进入了临摹阶段。

（3）2016 年 5 月 28 日的全国教育创新区域联盟年会上，我校语文、数学各一位教师展示"课堂教学切片"，魏宏聚教授亲自坐阵点评，得到参会专家和参会教师的好评，标志着我校的教学切片诊断又上了一个新台阶。

（4）2016 年 12 月 23 日，我校语文老师李慧兰、赵景利和数学老师田静、李丽阁的四节课的现场点评让我们进入了新的探索阶段。

如果说第一学期我们是临摹阶段，2016—2017 学年的第二学期，我们对"课堂教学切片诊断"的专题性研究进入"破贴"阶段。

（5）2016—2017 学年第二学期开始，我们结合自己的课堂选取急需解决的点，然后汇总，根据得票的多少与先后，确定了"目标、导课、提问、预设与生成、课堂评价、板书"六个切点。为了把每一个切点做深入，我们每个年级领取一个切点，集年级之力，结合文献研读，深入研究，争取做到每一个切点都能在研讨活动结束后形成高质量的成果。每一位教师都经历走进课堂选取最典型的片段给予定性，然后认识某设计，寻找切点的理论支撑，结合课堂视频，对照分析，总结某一个教学技能的基本要求。

（6）2017 年 3 月 17 日，一年级、六年级的"目标"与"板书"数学切片的研讨活动按照计划准时召开，拉开了新学期第一次全县教学序幕，多所参与教学切片的实验学校都参与了这次活动，贾红霞、张伟鸿、白金花、封娅慧四位教师参与了汇报展示。魏宏聚教授高度赞扬了我校的教学切片诊断，认为已经进入创造阶段。

（7）2017 年 3 月 31 日，我校又承办了濮阳县本学期第二次教学切片活动，董利允、田美丽、徐永娟、高相杰、刘新华五位教师进行了教学切片汇报展示。

语文组教学切片展示研讨吸引了来自其他实验学校的 70 多位教师参与了活动，研讨活动取得了圆满成功。

（8）2017 年 4 月 28 日，该学期第三次教学切片研讨活动也如期开展。

一年来，我校每次教学切片诊断活动的开展，都得到魏宏聚教授的高度称赞。现在我们已经在切片诊断活动的基础上，注重了教育科研成果的提炼。到目前为止，已经形成高质量的成果论文近 10 篇。在"课堂教学切片诊断"活动中，一位位教师在教育科研的道路上经历了破茧成蝶，实现了华丽蜕变。2017 年 3 月 20 日，我校的董利允教师还荣幸地跟随魏宏聚教授到开封讲学。

（七）自我反思，积累资源

叶澜教授曾说过：一个教师写一辈子教案不一定能成为名师，如果一个教师写三年教学反思就有可能成为名师。教育科研研究过程中，教师的反思是教育科研的第一手资料。为了给实验教师提供一个交流的平台，我校建立了濮阳县第二实验小学教育家园博客，及时记录教师成长历程中的点点滴滴。3000 多篇反思和随笔真正成了教师的精神家园，成了教师们成长的助力器。

以"教学切片诊断"活动为主题推进的教育科研活动，促进了教师的专业写作。教师们在科研引领过程中进行专业反思。

自我反思主要有以下几个方面：①备课思考；②教学实施案；③教学反思＋教学案的再设计；④课例研讨；⑤"教学切片诊断"教学切片的梳理；⑥成果论文的撰写；⑦教研活动资料汇编。

在自我反思中，教师反思自己的教学活动，考查学生的学习情况；记录自己的体会和感想。教师总结成功经验，查找失败原因；看似点点滴滴，零零碎碎，但都来自教师教学实践的反思，让教师们在平常的教学工作中进行深入的思考，不断完善自我，以一种研究者的心态从事教学工作，多角度的自我反思途径，引领教师走向研究型教师。2016 年 12 月，汇集了全体教师心血的《享受教育——濮阳县第二实验小学教育梦华录》专著由湖北教育出版社正式出版。

回顾一个学年的工作，我们感谢魏宏聚教授的引领，感谢濮阳县教育局领导为我校提供的活动平台和大力支持，感谢李香菊校长在我们专业成长道路上的指引。前行的路上，我们相信：只要有毅力、有恒心，坚持用教育科研引领教师专业成长，定能实现"课题引领　科研兴校"的目标。

在今后的校本教研工作中，我们将继续立足学校实际，以追求实效为目标，坚持在实践中探求，在研究中反思，在反思中改进，祝愿我校的教育科研之路越走越宽，越走越实。期待濮阳教育事业课程改革的艳阳天！

"切片诊断"理论学习，燃起我的教研梦

董志华

（濮阳县八公桥镇第一初级中学　河南　濮阳　457100）

曾听过这样一句话，不要拒绝理论的学习，理论虽不能拿来烤面包，但理论能让面包吃起来更有味道。魏宏聚教授就是使面包吃起来更有味道的人。切片诊断理论的学习，使一群普通的教师迅速成长为有教研能力的名师。

俗话说：不想当将军的士兵不是好士兵。作为教师，谁不想在平凡的岗位上取得非凡的成绩，可是，由教书匠转变成教学名师，不仅需要勤奋和执着，更需要平台和机遇。

一、教学路上曾迷茫

遇到魏宏聚教授前，我曾有过迷茫。那时候，毕业已有十余年，刚毕业的热情和锐气在日复一日的授课中消耗殆尽，尽管自己兢兢业业，可授课水平却无大的长进。不是自己不努力，也不是自己懈怠，而是在困顿的现实中，我们的进取心显得苍白和无力。作为一线教师，我们常常抱怨两头受气。现在的课越来越难讲，靠传统的一支粉笔加黑板的授课方式，已很难吸引住那些古灵精怪的孩子，于是有人哀叹："让学生学点知识怎么这么难。"我们自己学习理论知识时，如果书上的理论大而空，看了就忘，即使不忘也往往不具备操作性，学了不能用于教学实践中，于是又哀叹："现在想提高自己怎么这么难。"

偶读一则小故事《你到底在抗拒什么》，大意是讲，某人酷爱养犬，常花巨款买昂贵的犬食品。有一次他听说深海鱼油对狗的发育很有帮助，于是每天一大早就把他的爱犬牵来，用双膝夹紧狗头，硬使它张开大嘴，然后对准它的喉咙灌进鱼油，可是他的狗总是挣扎着离开他的双膝。有一天，狗终于挣脱了主人的双膝，鱼油流得满地都是，主人生气之余，却惊喜地发现，狗竟然自己在地上静静地舔食鱼油。此时，他猛然醒悟，原来狗抗拒的不是鱼油，而是他喂鱼油的方式。这则故事虽短，却引起了我的深思。莫非我们的教育也是如此？哦！原来，学生抗拒的不是我们的教育内容，而是我们的教育方式。

"当前的生物课堂，教师大都具备新课程理念，教学方法已更新。教师上课时，已有充足的资源利用，如携带生物挂图、实物、模型、生物标本等直观教具。"[1]但少数还存在"四个一"现象。一是一讲到底，"满堂灌"；二是一练到

底，满堂练；三是一看到底，满堂练；四是一问到底，满堂问。从学生的学习状态上分析，学生的学习习惯较差，学生的竞争意识淡薄，不能吃苦，学生的基础差异较大，学生的基础知识掌握不牢等现象。怎样改变这种现状呢？我曾苦闷而彷徨……

二、学习路上遇知音

怎样改变我们的教育方式？怎样提高我们的教研能力？我一直在思考，在求索。为此，我不放过任何一次外出学习充电的机会。在求知的路上，我遇到了魏教授和他的"教学切片诊断"理论。刚开始听"教学切片诊断"理论，我一头雾水，好像医学上研究治病救人的东西，这和我们课堂教学有什么关系？我心中暗问，既然让大家学习，定有它的神秘之处。带着众多的好奇和疑问，我踏上了"教学切片诊断"研究之路。

有人说"心灵有家"，你是什么样的人，你就会遇到什么样的知己。魏教授一次次不辞辛苦奔赴濮阳讲课，这里有一群爱学爱问的教书人。怎样把一节课上好，是广大教师的共同心愿，苦于没有科学的指导方法，缺少细节指导和示范引领，我们的课改成果收效甚微。即使有些课改成果，也有很多宝贵经验，有很多第一手教育教学材料，却形不成自己的文字和观点，更没有理论的支撑，难以总结成科研论文，研究课堂一直处于闭门造车的困境。

魏教授来了，魏教授"教学切片诊断"理论的到来，给我们带来了研究生物课堂的灵感和动力，按照魏教授的指点，我将生物课堂小结作为切点，深入了解和探究。课堂小结是课堂教学的一个重要组成部分，是课堂教学的必然归宿。它是教师对一节课内容的归纳总结，能将学生所学的零散知识汇集起来，形成知识网络，能帮助学生理清思路，提高课堂效率，还能使学生的思想情感掀起波澜，激发学生的学习兴趣。传统的课堂小结以教师为主导，注重知识与技能的回顾，这种小结简单、省时，能促进学生的短时记忆。但在培养学生自主能力和学习效率的提高上，存在着很大的不足。对此，我们课题组几个生物教师根据多年的教学实践经验及新课程的教学理念，研究课堂小结的教学片段，归纳出一套针对不同生物课型的课堂小结方法。生物课堂小结有讲授课课堂小结课例分析、实验课课堂小结课例分析、复习课课堂小结课例分析，从一些典型课例中分析课堂小结的重要性，并归纳出不同课型课堂小结设计所应遵循的原则，以学生建构知识的角度进行课堂小结设计。教学切片诊断的切片分析让我们一下子找到了问题症结所在，让我们在迷茫中找到了解决问题的途径和方法。

三、教研路上多实践

俗话说："以铜为鉴，可以正衣冠，以人为鉴，可以知得失，以史为鉴，可以知兴替。""教学切片诊断"理论，就像一面镜子，照出我们在课堂教学中的优劣、美丑。"切片"是针对一节完整的课，切分成若干个具体典型的片段，每个切片都会选取一个典型的切点，切点的选取必须具有研究和推广的价值，可以提炼其优点，分析其优秀可学习借鉴的地方，让大家观摩学习，也可以选取一些违反教学规律、教学效果差的典型教学切片，从中吸取教训。优秀的教学切片为我们树起了鲜活的榜样，引导着我们，激励着我们，让我们振奋精神。违反教学规律的教学切片，像皮鞭一样警示着我们，鞭策着我们，让我们痛思错误的教学行为。

不管是提取优秀教学切片还是反面教学切片，都是为了优化课堂教学，取长补短，就好像一位良医，先诊断出病因所在，再对症下药，药到病除，效果自然显著。教学切片的提取，都来自一线教师课堂，事例真实生动，更具有普遍性和说服力。我们课题组成员通过搜集典型生物课堂小结切片课例，提出课堂小结设计的原则，对不同课型进行课堂小结设计，并在课堂教学中验证课堂小结设计的效果，经过逐步改进和完善，最终形成比较成熟的课堂小结设计原则。切片诊断教学的研究，提高了课堂效率。

"教学既是一门科学又是一门艺术，是建立在教师广博的专业知识和熟练的教学技能基础之上的。"[2] 一名教师如果没有深厚的专业知识，他的教学只能是照本宣科，生搬硬套；没有熟练的教学技能，也就谈不上教学的艺术，更不能使教学活动生动活泼，有效地促进学生学习。通过切片分析，我们找到了切点理论的支撑，更清晰地意识到教育行为背后的科学依据，课堂教学会更科学、更严密、更具有说服力。

四、成长路上常反思

我国著名学者叶澜教授指出，一个教师写一辈子的教案不一定成为名师，如果一个教师写三年的反思有可能成为名师。美国心理学家波斯纳认为，没有反思的经验，至多只能是肤浅的知识。他提出教师成长公式：成长＝经验＋反思。反思是教师专业化发展的重要途径，是对教学进行持续不断的试验和批判性的思考。建构主义认为，知识不是通过教师传授得到，而是学习者在一定的情境即社会文化背景下，利用必要的学习资料，通过意义建构的方式而获得的。生物学科具有很强的逻辑性，所以课堂小结对学生理解知识和理清思路至关重要。要从学习的习惯和教学的习惯抓起，放手让学生总结。通过生物课堂小结切片诊断研究，我们帮助学生构建本节课的知识框架，目的就是形成知识的网络，实现知识之间的联系，补充学生遗漏掉的知识点。教师尽力突出主题，纲目分明，同时指出容易模糊和误解之处，使学生攻克难点，掌握重点，加深记忆。引导学生对教学内容进行总结，个别学生结合预习及课堂学习情况归纳所学知识内容即集体质疑，教师补缺的课堂小结方法。

俗话说，教而不研则浅，研而不教则空，教学如同走路，我们应带学生去哪里？怎样去？如何知道到达了哪里？在切片理论学习中，魏教授可谓是我们理论学习的引路人，课堂实践的指导者，学习型人才的培育人，在学习中给予细心的指导，使我们由一个无知的摸索者成长为一个研究型的教育者，让濮阳涌出一批由普普通通的教师成长为理性思考教学行为的学科带头人。

优秀是什么？优秀是别人止步之后自己的坚持，是朝着目标行进时的不偏离，是光鲜背后的付出，是成长之后的不满足。不要拒绝理论的学习，不要停止践行的脚步，我们才会在教研的路上，越走越有力……

参考文献

[1] 汪忠 . 新版课程标准解析与教学指导　初中生物 [M]. 北京：北京师范大学出版社，2012：6.

[2] 朱芒芒 . 教学问题诊断与技能提高　初中语文 [M]. 长春：吉林大学出版社，2009：2.

目标明、脉络清、教师动、享成功
——学习课堂"教学切片诊断"教学反思

高　敏

（濮阳县八都坊小学　河南　濮阳　457100）

"教学切片诊断"以其独有的课堂观察与诊断方式，改变着我们的教学，也改变着我和其他老师。我有幸聆听了魏宏聚教授的课堂教学切片诊断的精彩讲座，魏教授的讲座如冬日暖阳、海中灯塔给我力量，为我指引方向。魏教授深厚的文化积淀、丰厚的知识积累、超高的职业品德修养，深深地打动着我这位求知者，让我感触颇深、收获颇丰，可谓获益匪浅、影响深远。为此，我们课题组于

2016 年 4 月成功申报了"小学语文课堂教学评价艺术切片研究"的课题。在此，对专家老师的辛勤付出表示衷心的感谢！

一、初识"教学切片"

何为教学切片？这一词来自生物学，是由生物学的"切片"术语自发而提出来的。在科学研究中，切片中包含着细胞、细菌与病毒，需要借助显微镜开展微观研究。所以，"教学切片"也意味着精细化的教学切片研究。教学切片是碎片化的教学设计行为片段，每一切片本质上就是包含某一相对独立教学技能的课堂教学行为片段。简言之，教学切片就是对一节课堂教学技能的分析研究。

二、相知"教学切片"

通过学习，我了解到"教学切片"是一种课堂研究理念，是一种崭新的课堂研究方法，它将录像观察与现场观察相结合，以定性视频分析的方式，提取典型的切片——教学行为切片，重视教学实践现场，以直观、真实的方式归纳出优秀的教学设计和要求，进而实现教学技能的提升与课堂教学的有效性。教学切片，作为一种课堂研究方法，所有的工作都是围绕"教学切片"展开的。

根据我校语文听课、评课的一般程式，即"授课者上课—听课者填写评价表—授课者谈设计思路—听课者集中评课"，课后组织相关的人员就示范课的教学目标的制定、学习内容的处理、教学过程的设计、学习方式的完善等方面进行纵向型的评课。由于课堂教学是一项复杂的活动，所以在评课的过程中容易出现泛泛而谈的现象。

如何充分挖掘和肯定授课教师的优点，又能在务真求实的氛围中，以实在的对话启迪教师积极思考、深度参与，发挥样本的剖析与示范效应，让听评课活动更有效，成了以评价促课改过程中值得研究的一个话题。因此，在小学语文教学中，运用"小学语文课堂切片诊断"进行研究是促进小学语文教研的一种有效方法。

三、相伴"教学切片"

课堂"教学切片"作为一种新兴的教学资源，它的发现、截取及应用，同时具有理论与实践两方面的价值。听课人员与执教者本人一起研讨，进行深度课堂研究，会对一线教师的教学行为变革产生直接的影响。课堂实录教学切片以其情境再现，灵活截取等优势，促进教研方式的改革，促进了教学研究不断深入，极大地提高了教学研究的成果。"切片式"课堂诊断的概念来自医学诊断领域，是听课者凭借自身的业务素养对授课者的课堂采取单一主题的诊断、研讨与交流的听课形式。比如，只针对激情导入、学生质疑、教师课堂评价方式、讲授与训练的时间比等某个角度定位观察，做出评价。小学语文课堂切片式实录教学切片研究、诊断，促进教师教学各方面的成长。执教者本人，通过观看自己的教学实录，可以看到自己在教学中的表现，如教学重点难点处理、师生互动中的优缺点等。"教学切片"所要解决的主要问题有：

（一）让执教者自审基本素质

教师在课堂教学行为的转变上，难以察觉自己课堂教学的问题症状。课堂切片的主人就如有了"日常生活的镜子"也能更多地看到自己在课堂上的一切表现，如自己语言上的优缺点，甚至是俗语与口头禅等，形体动作，下意识和无意识的不知所措，得体而激情的手势等。这对于教师反复研究自己或他人的"课堂切片"能起到无法取代的作用。

（二）诊视整节课的教学流程

听课者对执教者进行现场切片来诊视，而这种诊视则往往是对课堂所表现出来的设计思想、课堂现场反复切片，不同的听课者的水平不同，其做切片的视角往往也不同，而对这些切片的诊视往往是评价一节课是"好课""优课"的基石；切片越多，视角也越多，一堂课的流程、设计思想甚至是语言的修改也就越多，教师的上课水平与品位也就越高。

（三）有效的教学策略

在实录教学切片分析系统中任何一位教师都可以把自己日常的教学录像课，经过简单的切片技术处理，与示范课进行各个环节的互动对比。例如，同样是"激情导入"，观课者可以先观看自己的"激情导入"教学，然后再观看示范课的"激情导入"，两者对比后，则能较清晰地知道自己的不足。

教学实录课例诊断分析研究为载体的研修活动是一种合适的反思策略。通过视频切片分析发现教学中的问题，并通过研修活动自我反思、同伴互助、专业引领，发挥集体智慧，它具有更深入、更规范、更科学、更具针对性等特点。

作为课题组负责人，我深知课堂切片研究对教师的成长进步和教学研究的支撑发挥着越来越大的作用。课堂切片让执教者自审基本素质，课堂切片可以诊视教学流程，课堂切片可以决策教学策略。我组织课题组成员开展切片实验研究，对我的一节公开课"活化石"①进行切片分析。课题组成员结合录像，对典

---

① 2016年4月18日，濮阳县化工厂小学高敏老师执教的人教版语文二年级上册"活化石"

型切片进行系统分析。第一步，定性，判断切片属于何教学设计——教师评价语言；第二步，寻找该教学设计的教学功能——在教学中关注学生学习的状态很重要，要时刻保持清醒的头脑，对学生难得表现的机会进行有效的评价，从而激发他们学习的积极性，让课堂更活跃，氛围更轻松；第三步，对照教学切片，对于不足的典型切片，指出我在整节课教学过程中组织学生读得少；第四步，形成对整节课切片分析的文本。

课题组顾问邢韬校长参与切片研究时指出：一节高效课，要呈现学生活动面广、课堂效率高的特点。教师要以学生为本，为学生构建表演舞台。教师要彻底把学习主动权交给学生，充分发挥学生的潜能。教学要符合新课程要求，即以探究式学习为主，充分开发和利用课程资源，关注学生素质的培养。教师应从课程计划的执行者变成创造者。教学目标叙写要符合学生实际情况，目标描述清晰、具体、可操作。要上好一堂高效课，要建立和谐的师生关系，营造健康向上的教学气氛；启动生活中的情感因素，不失时机地把思想教育寓于课堂教学中；创设较为真实的、有意义的语境。教学要有独创性，要善于发掘教学内容的审美价值。简言之，就是"目标明、脉络清、教师动、享成功"，并提出一堂高效课应符合以下几个要求：①情境创设新颖，导入方法自然，逐渐聚焦到新内容，而不是无关系或扩大。②制定教学目标时，应有强烈的达成意识，预设好将要达成目标的相应教学活动，深挖内容、读懂课标。③教学目标的叙写，表述要具体、清晰、可操作。应该避免运用一些笼统、模糊的术语。④课堂教学活动时，应有强烈的目标意识，这样才能聚焦并有效达成目标，并向教师们提出殷切期望，希望大家在今后的教学实践中，多学习专家的敬业、钻研精神，立足课堂，继续深入开展课堂研究。

总之，"教学切片""固化"了教学细节、教学情境，对于教师们而言，反复研究自己或他人的课堂"切片"，能起到理论培训、学术讲座无法替代的作用。

关于"教学切片诊断"的思考

张伟鸿

（濮阳县第二实验小学　河南　濮阳　457100）

课堂"教学切片"是一种新兴的教学资源，它的发现、截取及应用，具有理论与实践两方面的价值。[1] 随着新课程理念的改变，教研的改革也占据了相当大的舞台，一些定量观察的方式逐步被引入实践界，比如借鉴专家制定的量表进行课堂观察，但由于操作复杂没有实践性而广受抱怨。因此，探索一种实用有效、操作方便的课堂研究方法具有极为重要的实践价值与理论价值。

一、教学切片诊断的意义

教学切片诊断创意的提出，开创了校本教研的新局面。教学切片诊断是一种新的课堂研究方法，它把录像观察与现场观察有机结合，以定性视频分析的方式，提取典型的切片——教学行为片段，重现课堂，直观、真实地归纳出优秀的教学设计特点与要求，进而实现教学技能的提升与课堂教学的有效性。对"切片诊断"的深入研究，极大地激发了教师教学研究的积极性，大幅度提升了教师的专业素养，提高了教学的实效性。"教学切片诊断"会促进更多的经验型教师转变为科研型教师，打造更多的专家型教师。

二、教学切片诊断的选取

根据教学技能视频切片的研究框架——两环节、三步骤[2]进行诊断分析的时候，选取切片非常关键。我认为选取切片要做到以下几点。

1. 选取的切片必须有代表性

针对一节课，要么非常优秀，要么非常失败，如果是为切片而切片，泛泛而谈，那就失去了切片诊断的价值，还浪费资源，也就是说，要找出值得分析的优秀典型和不足典型之处。比如说，能不用板书就能说清楚的就不用板书，不是非得有视频才算是"教学切片诊断"。例如，"圆的面积"这节课的板书可以分为两种形式。

（1）图文式板书设计

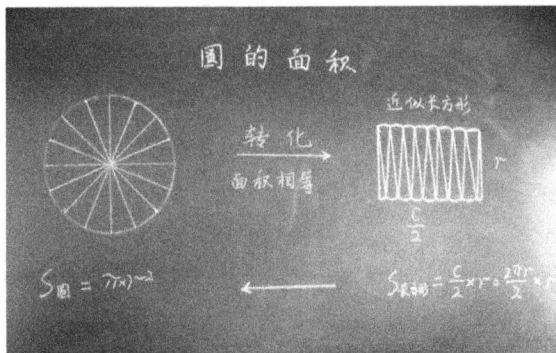

此板书把圆平均分割成若干个扇形（偶数），再拼成一个近似的长方形的直观图展示出来，让学生感受到转化的数学思想，还能直观地看到，圆与近似的长方形有哪些等量关系。近似的长方形的长就是圆周长的一半，也就是圆周长的一半 $\dfrac{C}{2}$ 即 πr，近似的长方形的宽就是圆的半径，即 r。因为长方形的面积 = 长 × 宽，所以圆的面积 = 圆周长的一半 × 圆的半径，也就是 $S=\pi r \times r=\pi r^2$。图形的转化和公式的推导一气呵成，顺势诱导。相信这样的板书在学生的一生记忆中都难以被磨灭，当然理解和掌握也就非常容易了。

（2）文字式板书设计

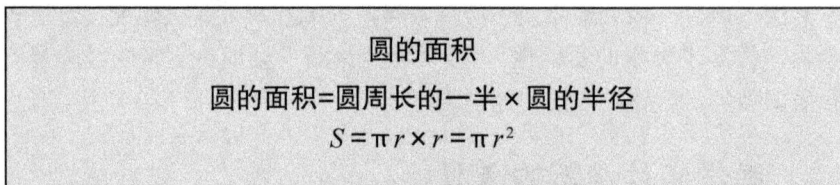

圆的面积

圆的面积=圆周长的一半 × 圆的半径

$S=\pi r \times r=\pi r^2$

像这样的板书，虽然重难点突出又简洁，即使学生通过摸一摸，知道了转化的过程，但缺少让学生视觉直观经历转化的展现过程，哪怕老师板书写得再工整，重复叙说多少次，学生也难以掌握，即便是记住了，也不甚理解，要么是死记硬背。由于不理解，不久之后也很容易忘记。

通过对这两个板书教学切片的对比，我们从中感受到优秀典型板书的重要性，也感悟到教学切片的选取是何等关键。

2. 选取的切片要有创意

所谓创意，就是说别人没有的设计自己有，别人有的设计，自己的更加新颖。例如，张齐华老师在教学"用数对确定位置"时，他的环节设计就非常有创意。他不是直接告诉学生怎样用数对表示位置，而是让学生们自己创造数对，经历创造数对的建模过程，让学生更进一步地理解数对的含义。

【张齐华老师教学实录片段】"用数对确定位置"[3]

师：除了第 4 组第 3 个以外，还可以怎么确定它的位置？

生：第 3 排第 4 个。

师：既然这样的方式已经能够确定位置了，那我们今天还来研究什么呢？

生：我觉得是不是有比像第 3 排第 4 个、第 4 组第 3 个更简洁的方法，也可以用来确定位置。

师：是呀，真和数学家们想一块儿去了！那你们觉得，会不会有比它更简洁的确定位置的方法呢？如果有，那又会是什么样的呢？下面的时间，我把这一任务留给四个小组，看看能不能集中大家的智慧，创造出一种更简洁同时也很准确的方法。别忘了，把研究出的方法记录在自己的作业本上。如能找到不同的方法，都可以记录下来！

（学生以小组为单位展开研究，时间是5分钟。教师巡视，并将学生中出现的典型方法记录下来，然后板书如下）

①4排3个

②43

③4.3

④4横3

⑤4→3

⑥4-3

⑦（4，3）

师：这些方法似乎都挺简捷，到底该选哪一种呢？还是请大家评判吧。

师：数学家们最终的方法，已经被你们给否定掉了！

生：啊？

师：猜猜看，他们最终采纳的可能是其中的哪种方法？

生：不会是最后一种吧？

师：真被你给猜中了。那现在，你们觉得这种方法怎么样？

生：我还是觉得不行，你不说清楚哪个表示列，哪个表示行，别人还是要混淆的。

师：这么说，连数学家们的观点你们也反驳？

生：当然了，因为他们的观点是错的！

师：那你们说该怎么办？数学家就这么定的，你们又不同意。别的方法，你们又觉得不行。

生：用第7种也行，但必须得加个规定。

师：什么规定？

生：得规定哪个数是行数，哪个数是列数，以后遇到这样的情况，都按照这样的规定。

师：真是太棒了。你绝对和数学家们心有灵犀！告诉大家，其实数学家们选择第7种方法时，也发现了它的漏洞。怎么办呢？后来一讨论，干脆一不做、二不休，给它来个规定：以后凡是像这样用行数和列数来确定一个点的位置的，我们通常都将列数写前面，行数写后面。现在，还会引起误会吗？

生：不会了。

师：按照这样的规定，哪个数写前面？

生：4。

师：后面呢？

生：可以写上3。

师：中间还得加上个逗号。后来，为了进一步做出区分，他们干脆又在列数和行数外面加上了一个小括号。（边介绍边板书）像这样，用列数和行数所组成的一个数对来确定位置，就是我们今天要研究的内容。

张齐华老师这样有创意的环节设计让学生经历了建模过程，不仅有助于学生的理解记忆，更有助于培养学生自主探究的欲望。如果老师直接把数学规定（列数，行数）告诉学生，就激发不起学生探究知识的欲望，只是生硬记忆。

三、教学切片诊断的分析

选取典型的教学切片进行诊断分析越来越被人们重视，能够按照教学切片分析诊断的步骤进行剖析。

第一，选取切片判断属于何设计。

第二，呈现该设计理想效果的设计标准与操作要求。

第三，对照标准分析切片，哪些印证了标准，哪些丰富了标准。

第四，归纳总结该设计的操作要求。

按照以上步骤，我们一线教师的研究已经由最初的模模糊糊阶段，到了诊断分析较为深刻的阶段，有效弥补了传统听评课的不足，还能突破时空限制，直观形象地研究课堂教学。我校已经把教学切片诊断当成每周一次的教研活动来举行，效果非常明显。由此看来，教学切片诊断的研究给我们的教学带来了前所未有的课堂效率。

四、教学切片诊断的运用

在教学切片诊断的研究中我们不难发现，教学切片诊断的运用比起教学切片诊断的分析上有点欠缺。这些欠缺首先体现在不能整体把握教学切片的实质，教学切片诊断的目的是根据教学切片诊断的结果，提出更加合理化的教学建议，用来激励学生的学习和改进教师的教学；其次还体现在忽略了结合自己的教学教学切片，改进自己的教学。有点像"种了别人的田，荒了自己的地"的感觉。别忘了我们的起点是为了改进教学，通过"教学切片诊断"这种研究手段做辅助，把"教学切片诊断"作为载体，最终来改进我们的教学，也就是走了一个圆，最后还得回到起点（改进教学）。因此，我认为进行"教学诊断分析"最后要落根于自己的教学，教师要结合自己的教学进行"切片""诊断""分析"，只有深刻地反思了自己的教学，才能最终达到促进教师的专业化成长。

通过"教学切片诊断"分析，我是边进行课堂研究边感悟，从中汲取了有效的营养成分。比如，我通过对"教学目标的诊断分析"，感悟到教学目标的意义和价值，理解和把握了魏宏聚教授的理想目标预设结构——达成目标的活动（具体的过程与方法目标）＋目标（具体的学习结果）的重要性。下面就我所执教的"倒数的认识"的目标预设为例进行深层次的剖析。

根据新课程标准的要求，我预设的目标如下：

1. 知识与技能

使学生通过观察、讨论等活动认识倒数，理解倒数的意义，会求一个数的倒数。

2. 过程与方法

让学生主动参与观察、交流等活动，经历探索"倒数的意义"和"求倒数的方法"的过程。

3. 情感态度与价值观

在探索交流的活动中，培养学生观察、思考、质疑、归纳、推理和概括的能力以及合作学习的能力，发展学生学习数学的良好品质，体会数学的特点，感受数学的价值。

根据魏宏聚教授的理想的目标结构，加上我对"倒数的认识"一课的深刻反思，修改成以下内容。

1. 知识与技能

在两个数乘积是 1 的算式计算中理解倒数的意义，在寻找一个数的倒数的过程中体会掌握求倒数的重要性，并通过除以一个非 0 的数与乘这个数的倒数的比较，感受到数学的价值。

2. 过程与方法

通过主动参与观察、比较、交流、概括等过程性活动，经历探索"倒数的意义"和"求倒数的方法"目标达成的过程。

3. 情感态度与价值观

从语文中的颠倒现象延伸到数学中的倒数，旨在提高学生学习数学的兴趣，在对课题的质疑中感受到数学的价值，培养学生的目标达成意识的好习惯。

通过对比可以看出，经过教学切片诊断分析修改后的教学目标更能体现"三维性"，更具有可操作性，使评价目标的达成更直观。

本着以"教学切片诊断"为载体，以"改进我们的教学"为原则，我们要始终不偏离研究方向，在改革的浪潮中不迷失方向，不以偏概全，不断章取义，在研究中不断创新，才能做到"不忘初心，方得始终"，修得正果。

参考文献

[1] 魏宏聚."教学切片"：细节剖析促教改 [N]. 中国教育报，2015-09-09.

[2] 魏宏聚，杨润勇. 中小学教师教学技能研训 [M]. 北京：教育科学出版社，2013（9）：18.

[3] 张齐华."用数对确定位置"教学实录 [EB/OL].https://wenku.baidu.com/view/1cc46569561252 d380eb6e34.html.[2017-08-16].